# 现代国际贸易理论与实践创新研究

谭丽涛 杜 强 宋 芳 ◎著

线装书局

图书在版编目（CIP）数据

现代国际贸易理论与实践创新研究 / 谭丽涛，杜强，宋芳著. -- 北京：线装书局，2022.2
ISBN 978-7-5120-4930-7

Ⅰ.①现… Ⅱ.①谭… ②杜… ③宋… Ⅲ.①国际贸易理论－研究 Ⅳ.①F740

中国版本图书馆 CIP 数据核字(2022)第 015343 号

---

现代国际贸易理论与实践创新研究
XIANDAI GUOJI MAOYI LILUN YU SHIJIAN CHUANGXIN YANJIU

| 作　　者： | 谭丽涛　杜　强　宋　芳 |
|---|---|
| 责任编辑： | 林　菲 |
| 出版发行： | **线 装 書 局** |
| | 地　　址：北京市丰台区方庄日月天地大厦 B 座 17 层（100078） |
| | 电　　话：010-58077126（发行部）010-58076938（总编室） |
| | 网　　址：www.zgxzsj.com |
| 经　　销： | 新华书店 |
| 印　　制： | 北京四海锦诚印刷技术有限公司 |
| 开　　本： | 787mm×1092mm　1/16 |
| 印　　张： | 17.5 |
| 字　　数： | 340 千字 |
| 版　　次： | 2023 年 5 月第 1 版第 1 次印刷 |
| 定　　价： | 68.00 元 |

线装书局官方微信

# 前　言

在各国经济合作与竞争日益加强的今天，国际贸易一直是各国经济联系的主要形式之一。随着经济活动的进行，国际贸易作为一门既古老又年轻的学科，得到了空前的发展。国际贸易是社会生产力发展到一定阶段的产物，它是随着国际分工的出现和世界市场的形成而产生与发展起来的。在当今世界，经济活动发展迅速，国际分工体现出新的特点和趋势，商品和服务的交换行为也呈现出新的发展方向。

世界经济一体化的快速发展，使发生在地球任何一地的事件，都可能按照时间的先后差异，不同程度地影响到我们每个人的生活和工作。加入世贸组织以来，我国对外贸易取得了举世瞩目的成就，中国是近年来世界范围对外贸易增长首屈一指的国家，不仅在全球贸易总量中的份额和排名不断攀升，而且对全球贸易增量的贡献也更为显著。

我国的经济发展方式已经开始从出口导向型和投资拉动型经济发展方式向投资、消费、出口共同驱动协调发展方式转变，越来越多的国内企业涉足国际市场和国际贸易，涉外交易发展迅速，对我国经济的发展产生了深刻影响，这也为我国对外贸易发展增加了压力。我们必须不断提高产品附加值，促进贸易结构升级，保持对外贸易的相对平衡，才能实现由贸易大国向贸易强国的转变，实现我国对外贸易的可持续发展。

国际贸易是国家之间经济交往最古老与最主要的一种方式，它促进了国际分工与世界市场的形成，也推动了各国经济与世界经济的发展。在世界经济发展的进程之中，西方国家之所以能够后来居上，并且至今一直保持着领先地位，尽管原因众多，但是对于国际贸易的高度重视，并且制定了正确的贸易政策，无疑是其中一个重要的原因。进入21世纪以来，世界经济的贸易格局发生了很大的变化，中国加入了世界贸易组织，并且成为世界第一大贸易国，这是中国在20世纪70年代末，顺应国际贸易自由化的潮流，主动着手进行改革开放，积极融入世界经济之后所取得的骄人成就。

本书在编写过程中，曾参阅了相关的文献资料，在此谨向作者表示衷心的感谢。由于水平有限，书中内容难免存在不妥、疏漏之处，敬请广大读者批评指正，以便进一步修订和完善。

# 目 录

前 言 ............................................................................................ 1

## 第一章　现代国际贸易理论 ................................................ 1

第一节　规模报酬递增理论 .................................................... 1
第二节　产业内贸易理论 ........................................................ 3
第三节　技术差距论与偏好相似理论 .................................... 7
第四节　产品生命周期理论与人力资源说 ............................ 8

## 第二章　国际贸易方式 ........................................................ 11

第一节　包销、经销与独家代理 .......................................... 11
第二节　寄售、展卖与拍卖 .................................................. 16
第三节　招投标业务 .............................................................. 21
第四节　对销贸易 .................................................................. 23
第五节　加工贸易 .................................................................. 26
第六节　商品期货交易 .......................................................... 32

## 第三章　国际分工与国际市场 ............................................ 37

第一节　国际分工的形成与发展 .......................................... 37
第二节　影响当代国际分工的主要因素 .............................. 41
第三节　国际分工对国际贸易的影响 .................................. 44
第四节　国际市场的产生与发展 .......................................... 47
第五节　国际市场价格 .......................................................... 49

## 第四章　国际贸易政策 ........................................................ 53

第一节　对外贸易政策概述 .................................................. 53
第二节　国际贸易政策的历史演变 ...................................... 56
第三节　国际贸易政策的选择 .............................................. 60
第四节　发展中国家的贸易政策 .......................................... 63

## 第五章　国际金融市场 ........................................................ 69

第一节　国际金融市场含义 .................................................. 69
第二节　国际货币市场与国际资本市场 .............................. 72
第三节　离岸金融市场 .......................................................... 75

第四节 国际金融市场的发展与创新 ...... 80

## 第六章 国际金融机构 ...... 83

第一节 国际金融组织含义 ...... 83
第二节 全球性国际金融组织 ...... 85
第三节 区域性国际金融组织 ...... 95
第四节 跨国公司与跨国银行 ...... 98

## 第七章 国际贸易措施与货物运输 ...... 105

第一节 进口限制措施 ...... 105
第二节 出口鼓励措施 ...... 112
第三节 出口管制措施 ...... 114
第四节 国际货物运输方式 ...... 116
第五节 国际货物运输条款 ...... 121
第六节 国际货物运输单据 ...... 123

## 第八章 国际贸易的政策工具 ...... 127

第一节 关税措施 ...... 127
第二节 非关税壁垒 ...... 134
第三节 鼓励出口与出口管制措施 ...... 137

## 第九章 世界贸易组织 ...... 141

第一节 世界贸易组织的概述 ...... 141
第二节 世界贸易组织的基本原则和争端解决机制 ...... 147
第三节 中国与世界贸易组织 ...... 157

## 第十章 国际电子支付与结算 ...... 161

第一节 国际贸易结算的主要方式 ...... 161
第二节 电子信用证业务发展状况 ...... 172
第三节 电子信用证业务流程 ...... 174
第四节 国际电子支付 ...... 177

## 第十一章 国际贸易程序简化 ...... 187

第一节 国际贸易程序简化含义 ...... 187
第二节 国际贸易程序简化机构 ...... 190
第三节 国际贸易程序简化方法 ...... 195

## 第十二章　国际服务贸易 ............................................................................ 205

第一节　国际服务贸易含义 ........................................................................ 205
第二节　国际服务贸易的分类 .................................................................... 210
第三节　国际技术贸易 ................................................................................ 216

## 第十三章　区域经济贸易一体化 ................................................................ 223

第一节　区域经济贸易一体化的含义 ........................................................ 223
第二节　区域经济贸易一体化的理论 ........................................................ 227
第三节　区域经济贸易一体化的影响 ........................................................ 232
第四节　区域经济贸易一体化的现状与趋势 ............................................ 234

## 第十四章　国际货物运输保险 .................................................................... 237

第一节　海洋运输货物承保的责任范围及费用 ........................................ 237
第二节　海洋运输货物保险条款 ................................................................ 239
第三节　其他运输方式货物保险条款 ........................................................ 245
第四节　保险单据 ........................................................................................ 247

## 第十五章　国际电子商务下的现代物流 .................................................... 249

第一节　国际电子商务与物流 .................................................................... 249
第二节　国际电子商务下的供应链管理 .................................................... 258
第三节　国际物流管理信息系统 ................................................................ 262
第四节　国际电子商务下的物流配送 ........................................................ 265

**参考文献** ........................................................................................................ 271

# 第一章 现代国际贸易理论

## 第一节 规模报酬递增理论

规模报酬递增理论也称规模收益递增理论,是著名经济学家克鲁格曼在与艾瀚南合著的《市场结构与对外贸易》一书中提出的。其论点为:规模报酬递增也是国际贸易的基础,当某一种产品的生产发生规模报酬递增时,随着生产规模的扩大,单位产品成本递减而取得成本优势,因此导致专业化生产并出口这一产品。

传统的国际贸易理论都假设产品的规模报酬不变,即所有的投入增加一倍,产出也增加一倍。这种假设在以初级产品为中心的时代是接近现实的。但是,在现代经济社会中,尤其是在大工业生产中,许多产品的生产却具有规模报酬递增的特点,即随着生产规模的扩大,每单位生产要素的投入会有更多的产出,也就是说大规模生产能够获取"规模经济"。

所谓规模报酬递增是指产出水平的增长比例高于要素投入的增长比例的生产状况。例如,所有的投入都增加一倍,产出将增加一倍以上。

规模报酬通常可以分为内部规模经济和外部规模经济。内部规模经济主要来源于企业本身规模的扩大。由于生产规模的扩大和产量的增加,企业就能够充分发挥各种生产要素的效能,能更好地组织企业内部的劳动分工和专业化,提高厂房、机器设备的利用率,从而使分摊到单位产品上的固定成本越来越少,进而使产品的平均成本降低。具有内部规模经济的一般为大企业,多集中在汽车、钢铁等资本密集型产业中。外部规模经济主要来源于企业行业内数量的增加所引起的产业规模的扩大。由于同行业的增加和相对集中,使得企业能够更好地利用交通运输、通信设施、金融机构、自然资源、水利能源等生产要素,从而促使企业在运输、信息收集、产品销售等方面成本的降低。如义乌的"小商品市场"、北京的"中关村电脑城"等。

规模报酬递增为国际贸易直接提供了基础。现以 A 国和 B 国为例分析说明由规模报酬递增取得的贸易优势及在规模收益递增基础上互惠贸易的发生。(如图 1-1 所示)

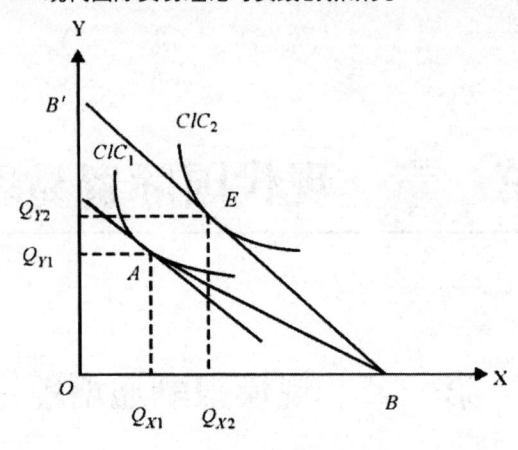

图1-1　赫克歇尔-俄林基本理论逻辑框架

为了分析的方便，现假定A国、B国在各方面（要素禀赋、技术水平、消费偏好、经济的绝对规模）都完全相同，这样我们可以用同样的生产可能性曲线与无差异曲线图来表示两国的情况。生产可能性曲线凸向原点，表明生产X、Y产品发生规模报酬递增（成本递减），即增加每一单位的X商品生产需要牺牲Y商品的数量越来越少，增加每一单位Y商品生产需要牺牲X商品的数量也越来越少。A点为两国在封闭经济状态下共同点的生产点，国内均衡商品的相对价格也相等（PA），显然，这时两国并不存在比较优势，但却存在由专业化分工和贸易所能带来的潜在利益，优势和利益正来自规模报酬递增。如果A国试图增加X商品的生产，哪怕开始只是比对方扩大一点点，但在规模报酬递增的作用下，稍微扩展的X商品就会获得成本优势，促使其进一步扩张，这种扩张反过来又强化它的优势，出现了一种滚雪球式的专业化分工倾向，推动A国专业化生产X产品，产量为$OB$；反之亦然，B国也会专业化生产Y产品，产量为$OB'$，若两国各自以自己生产的一部分产品进行贸易，即A国用$Q_{x2B}$与B国的$Q_{x2B}'$相交换，结果两国的消费均确立在E点上，较之分工前A点提高了，经济福利也随之增加，达到了位置更高的无差异曲线$CIC_2$，各获利$Q_{x1x2}$、$Q_{Y1}Q_{Y2}$，所得就来自各国只生产一种产品的规模报酬递增。可见，在规模报酬递增条件下，以规模报酬递增为基础的分工和贸易会通过提高生产率、降低成本使产业达到更大的国际规模而获利，而参加分工和贸易的双方均获其利。

此外，规模报酬递增，尤其是内部规模报酬递增会破坏完全竞争，导致独占和倾销，也会发生国际贸易。

有必要指出的是，规模报酬递增理论不能事先预测贸易模式，或者说某国生产何种产品是由随机因素决定的。换句话说，上述的A国与B国无论是生产X还是生产Y都是没有区别的，在现实世界里，到底是A国生产X还是B国生产X是由某些历史原因造成的。但是，它提出了一个很重要的观点，那就是规模收益能够产生比较优势。另外，在规模报酬递增的条件下，放松要素禀赋、技术水平、消费偏好、经济的绝对规模都完全相同的假设，并不影响结论的成立。

## 第二节　产业内贸易理论

产业内贸易理论又称差异化产品理论，是解释产业内同类产品贸易增长特点和原因的理论。

### 一、产业内贸易理论的发展

产业内贸易理论是20世纪60年代以来在西方国际贸易理论中产生和发展起来的一种解释国际贸易分工格局的理论，其发展可以分为两个阶段：一是对统计现象进行直观推断解释，主要是在20世纪70年代中期以前的经验性研究；二是20世纪70年代中期以后对统计资料进行理论解释。

20世纪70年代中期以前，经济学家佛丹恩、迈凯利、巴拉萨和考基玛对产业内贸易做了大量的经验性研究。佛丹恩对比荷、卢经济同盟的集团内贸易格局变化的统计分析表明：与集团内贸易相关的生产专业化形成于同种贸易类型之内，而不是在异种贸易类型之间，而且交易的产品具有较大的异质性。迈凯利对36个国家五大类商品的进出口差异指数的计算结果说明：高收入国家的进出口商品的结构呈现明显的相似性，而大多数发展中国家则相反。巴拉萨对原欧共体贸易商品结构的研究表明，欧共体制成品贸易的增长大部分是产业内贸易。考基玛对发达国家间的贸易格局的研究发现：高度发达的、类似的工业国之间横向制成品贸易增长迅速。

在上述经验检验的基础上，20世纪70年代中期，以格鲁贝尔、劳尔德、格雷、戴维斯、克鲁格曼、兰卡斯特等人为代表的一大批经济学家对产业内贸易现象做了开创性、系统性的研究，使产业内贸易理论发展从经验性检验进入理论性研究的阶段。他们认为，从当代国际贸易产品结构来看，大致可以分为产业间贸易与产业内贸易两大类。前者是指一国进口与出口的产品属于不同的产业部门，而后者则指一国既出口同时又进口某种或某些同类产品。例如，美国和日本相互进口对方的计算机，德国与法国相互进口对方的汽车，意大利和德国相互进口对方的打字机等就属于产业内贸易。

20世纪70年代中期以后，在对产业内贸易的理论性研究不断深化的同时，对产业内贸易的经验性研究也步步深入。这一阶段的经验性研究已从70年代中期以前主要研究地区经济集团形成而导致专业化格局变化，转向主要致力于研究产业内贸易的程度和趋势，以及在不同类型国家、不同产业中的发展状况及原因。

## 二、产业内贸易的理论解释

产业内贸易是相对于产业间贸易——不同产业之间完全不同的产品的交换而言的。当今世界，两种类型的国际贸易均有发生。

产业间贸易发生的基础和原因是各个国家要素禀赋的差异引起的比较成本差异。国家间的要素禀赋差异越大，产业间贸易量就越大。但国际贸易中的产业内贸易现象显然无法用传统的贸易理论来解释，因为传统贸易理论有两个重要的假定：一是假定生产各种产品需要不同密度的要素，而各国所拥有的生产要素禀赋是不同的，因此贸易结构、流向和比较优势是由各国不同的要素禀赋来决定的；二是假定市场竞争是完全的，在一个特定产业内的企业，生产同样的产品，拥有相似的生产条件。而这些假定与现实相去甚远。

产业内贸易形成的原因及主要制约因素涉及面比较广，经济学家主要是从产品差异性、规模报酬递增理论及偏好相似的角度对产业内贸易现象进行了理论说明。

### （一）同类产品的异质性

在每一个产业部门内部，由于产品的质量、性能、规格、牌号、设计、装潢等的不同，每种产品在其中每个方面都有细微差别，从而形成无数种具有差别的产品。如混凝土就有几百个品种。受财力、物力、人力、市场等要素的制约，任何一个国家都不可能在具有比较优势的部门生产所有的差别化产品，而必须有所取舍，着眼于某些差别化产品的专业化生产，以获取规模经济利益。因此，每一个产业内部的系列产品生产自不同的国家。而消费的多样化造成的市场需求多样化，使各国对同种产品产生相互需求，从而产生贸易。例如，欧共体（现欧盟）建立以后，共同体内部贸易迅速扩大，各厂商得以专业化生产少数几种差异化产品，使单位成本大大下降，成员国之间的差异产品交换随之大量增加。

与产业内差异产品贸易有关的是产品零部件贸易的增长。为了降低成本，一种产品的不同部分往往通过国际经济合作形式在不同国家生产，追求多国籍化的比较优势。

### （二）规模经济或规模报酬递增与不完全竞争

产业内贸易的根本原因是为了利用规模经济。由于国际上企业之间的竞争非常激烈，为了降低成本，获得比较优势，工业化国家的企业往往会选择某些产业中的一种或几种产品，而不是全部产品。

对企业而言，规模经济有外部的和内部的。前者不一定带来市场不完全竞争，后者则将导致不完全竞争，如垄断性竞争、寡占或独占。这是因为国际贸易开展以后，厂商面对更大的市场，生产规模可以扩大，规模经济使扩大生产规模的厂商的生产成本、产品价格下降，生产相同产品的规模不变的其他国内外厂商因此被淘汰。因此，在存在规模经济的某一产业部门内，各国将各自专业生产该产业部门的某些差异产品再相互交换（即开展产业内贸易），以满足彼此的多样化需求。

国家间的要素禀赋越相似，越可能生产更多相同类型的产品，因而它们之间的产业内贸易量将越大。例如，发达国家之间的要素禀赋和技术越来越相似，它们之间的产业内贸易相对于产业间贸易日益重要。

### （三）经济发展水平

经济发展水平越高，产业内异质性产品的生产规模就越大，产业部门内部分工就越发达，从而形成异质性产品的供给市场。同时，经济发展水平越高，生产水平也就越高，而较高的收入水平使得人们的消费模式呈现出多样化的特点，而需求的多样化又带来对异质性产品需求的扩大，从而形成异质性产品的需求市场。在异质性产品的供给市场和需求市场的推动下，经济发展水平比较高的国家出现了较大规模的产业内贸易。

## 三、产业内贸易的特点

为了分析的方便，现假设世界上只有 A、B 两个国家，其中 A 国为劳动密集型国家，B 国为资本密集型国家，两国都共同拥有两种生产要素和资本；并假定有两个产业——X 和 Y，其中 X 为劳动密集型产业，Y 为资本密集型产业。

如果 Y 不是一个具有差异性的产业，那么这种贸易模式可以用图 1-2 来表示，其中箭头的方向表示贸易方向，箭头的长度表示贸易额。X 和 Y 的贸易中，比较优势是贸易的主要动因。贸易模式是资本丰裕的 B 国成为资本密集型产品 Y 的净出口国和劳动密集型产品 X 的净进口国。

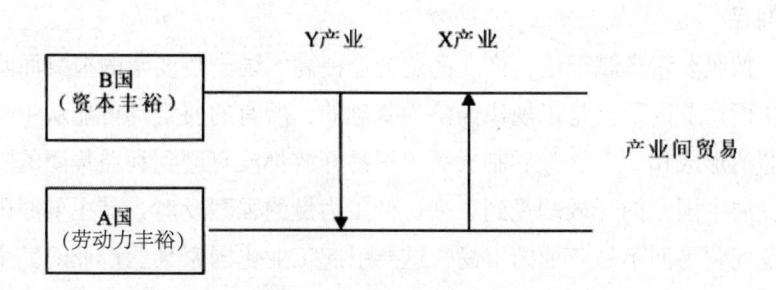

**图1-2 产业间贸易**

假设 Y 是一个具有异质性的产业，那么，由于规模经济的存在，该产业会形成垄断竞争的市场结构。本国和外国的生产厂商将生产具有异质性的资本密集型产品 Y。虽然 B 国仍然是资本密集型产品 Y 的净出口国，但由于 A 国厂商生产的商品与 B 国生产的商品具有不同之处，而 B 国又不可能生产每一种消费者偏好的产品，从而导致在 Y 内部形成产业内贸易，如图 1-3 所示。这样通过产业内贸易，实现了生产的规模经济并满足了消费者的多样需求。这种 Y 内部之间产业内贸易并不反映比较优势。即使两国具有相同的资本/劳动比率，各国的厂商仍然会充分利用规模经济来生产差异性的产品，因而规模经济本身也成了影响国际贸易模式的一个要素或因子。

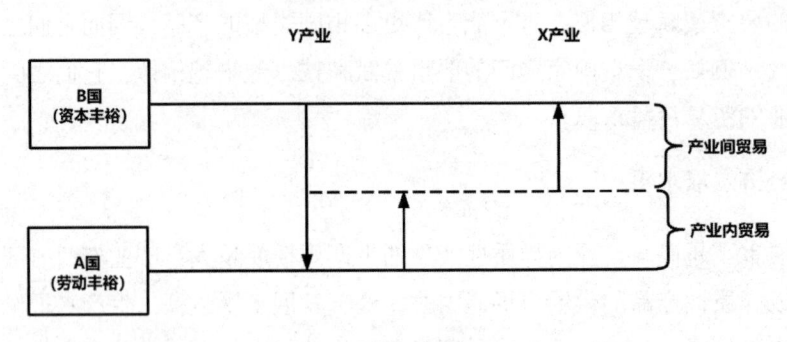

图1-3　产业内贸易

通过与产业间贸易模式的比较，我们可以发现产业内贸易模式具有以下几个特点。

第一，根据要素禀赋理论，产业间贸易是建立在国家之间要素禀赋差异产生的比较优势之上，而产业内贸易则是以产品的异质性和规模经济为基础。因此，国家间的要素禀赋差异越大，产业间贸易的机会就越大；国家之间的要素禀赋差异越相似，经济发展水平越接近，产业内贸易发生的可能性就越大。产业间贸易反映的是自然形成的比较优势，而产业内贸易反映的是获得性的比较优势。

第二，产业间贸易的流向可以凭借贸易前同种商品的价格差来确定，而产业内贸易则不可以简单地凭贸易前同种商品的价格差来确定贸易模式。因为在产业内贸易发生之前，价格是由于规模不同造成的，一个大国可能由于国内市场容量大而生产成本较低。但发生产业内贸易之后，各国都以世界市场作为自己的市场，因而无论是大国还是小国，所有国家利用规模经济降低成本的机会是相同的，所以很难事先预测哪个国家将生产哪一种商品。

第三，按照要素禀赋理论，产业间贸易会提高本国丰裕要素的报酬而降低本国稀缺要素的报酬，而产业内贸易是以规模经济为基础的，所有的要素都可能从中受益。这可以用来解释欧盟的形成和"二战"后制成品的贸易开放都没有遭到利益集团的阻挠，而发达国家向新兴发展中国家的开放却受到了来自劳工力量的强烈反对。其主要原因是后一种贸易模式是产业间贸易而不是产业内贸易，这会引起工业化国家某些产业的完全崩溃和大批劳动者的失业。

第四，产业间贸易是由各国要素禀赋之间存在的差异引起的，要素的流动在一定程度上是贸易的一种替代品。但是在一个以产业间贸易为主的世界里，要素流动带来了作为产业内贸易载体的跨国公司的兴起，从这点上看，产业内贸易与要素流动之间存在着一定的互补关系。

# 第三节　技术差距论与偏好相似理论

## 一、技术差距论

技术差距论又称创新与模仿理论，由波斯纳首创，他于1961年在《国际贸易和技术变化》一文中提出了这一理论。

在赫克歇尔、俄林要素禀赋的模型中，如果两国具有相同的要素禀赋条件和相同的需求条件，那么两国在贸易前就具有相同的要素价格比例，从而使得两国无法开展贸易。对此，波斯纳技术差距论认为，技术进步或技术创新意味着一定的要素投入量可以生产出更多的产品，这样技术进步会对各国生产要素禀赋的比率产生影响，从而影响各国产品的比较优势，对贸易格局的变动产生作用。因而，技术差距也是国家间开展贸易的一个重要原因，一国的技术优势使其在获得出口市场方面占优势，当一国创新某种产品成功后，在国外掌握该项技术之前产生了技术领先差距，便可出口技术领先产品。但因新技术会随着专利权转让、技术合作、对外投资、国际贸易等途径流传至国外，当一国创新的技术被外国模仿时，外国即可自行生产而减少进口，创新国渐渐失去该产品的出口市场，因技术差距而产生的国际贸易逐渐缩小。随着时间的推移，新技术最终将被技术模仿国掌握，使技术差距消失，贸易即持续到技术模仿国能够生产出满足其对该产品的全部需求为止。

波斯纳把从技术差距产生到技术差距引起国际贸易终止之间的时间间隔称为模仿滞后时期，全期又分为反应滞后和掌握滞后两个阶段。其中，反应滞后阶段初期为需求滞后阶段。反应滞后是指技术创新国家开始生产新产品到其他国家模仿其技术开始生产新产品的时间。掌握滞后是指其他国家开始生产新产品到其新产品进口为零的时间。需求滞后则是指技术创新国开始生产新产品到开始出口新产品之间的时间间隔。反应滞后期的长短主要取决于企业家的决定意识和规模利益、关税、运输成本、国外市场容量及居民收入水平高低等因素。如果技术创新国家在扩大新产品生产中能够获得较多的规模利益，运输成本较低，进口国关税税率较低，进口国的市场容量差距及居民收入水平差距较小，就有利于保持出口优势，延长反应滞后阶段；否则，这种优势就容易失去，反应滞后阶段将缩短。掌握滞后阶段的长度主要取决于技术模仿国吸收新技术能力的大小，吸收新技术能力大的间隔时间较短。需求滞后的长度则主要取决于两国的收入水平差距和市场容量差距，差距越小长度越短。

## 二、偏好相似理论

偏好相似理论又称需求相似理论，是瑞典著名经济学家林德在 1961 年出版的《贸易与变化》一书中提出的。在该书中，他第一次从需求角度试图对当代工业国家之间的贸易和产业内贸易现象进行解释。

林德认为，一国经济增长带来的收入水平提高会使得该国的代表性需求向着某种比较昂贵的商品移动。不同国家由于经济发展水平不同，对商品需求偏好也不同。基于需求偏好相同的要素禀赋理论只能解释初级产品的贸易，而不能解释工业品的贸易。这是因为前者的贸易模式主要是由供给要素决定的，而后者的国际贸易模式是由需求决定的。国际工业品贸易的发生，往往是先由国内市场建立起生产规模和国际竞争能力，而后再拓展国外市场，因为厂商总是出于利润动机首先为其所熟悉的本国市场生产新产品，当发展到一定程度，国内市场有限时才开拓国外市场。因此，两国经济发展程度越相近，人均收入越接近，需求偏好越相似，相互需求就越大，贸易可能性也就越大。如果两个国家的需求结构和需求偏好完全相似，一国可能进出口的产品，也就是另外一国可能进出口的产品。相反，如果两国之间收入水平相差较大，会使得两国需求偏好差异较大，相互之间对对方生产消费的商品没有需求，从而使相互之间的贸易难以发生。

# 第四节　产品生命周期理论与人力资源说

## 一、产品生命周期理论

产品生命周期理论是解释工业制品贸易流向最有说服力的理论之一。1966 年，美国经济学家弗农在其《生命周期中的国际投资与国际贸易》一文中，建立了产品生命周期论。后来许多经济学家，如威尔斯、赫希哲等对该理论进行了验证，并进一步充实和发展了这一理论。根据这一理论，凡制成品都有一个生命周期。在这个生命周期中，产品的创新国在开始时出口这种新产品，但随着产品的成熟与标准化，创新国逐渐丧失优势，最后变成这种产品的进口国。

产品生命周期论撇开传统国际贸易理论的前提，推出了如下假设：一是国与国之间的信息传递受到限制；二是生产函数是可变的，而且当生产达到一定水平后会产生规模经济；三是产品在生命周期的各阶段所表现的要素密集特点是各不相同的；四是不同收入水平国家的需求和消费结构是有差异的。

由于技术的创新和扩散，制成品和生物一样具有生命周期，先后经历了五个不同的阶段，即新生期、成长期、成熟期、销售下降期、让与期。在产品生命周期的不同阶段，各国在国际贸易中的地位是不同的。

新生期是指新产品的研究和开发阶段。在新生期，需要投入大量的研究开发费用和大批的科学家与工程师的熟练劳动，生产技术尚不确定，产量较少，没有规模经济的利益，成本很高。因此，拥有丰富的物质资本和人力资本的高收入的发达国家具有比较优势。这一阶段的产品表现出知识和技术密集的明显特征，主要供应生产国本国市场，满足本国高收入阶层的特殊需求。

经过一段时间以后，生产技术确定并趋于成熟，国内消费者普遍接受创新产品，加之收入水平相近的国家开始模仿消费新产品，国外需求发展，生产规模随之扩大，新产品进入成长期。在成长期，由于新技术尚未扩散到国外，创新国仍保持其比较优势，不但拥有国内市场，而且在国际市场上处于完全垄断的地位。

国际市场打开之后，经过一段时间的发展，生产技术已经成熟，批量生产达到适度规模，产品进入成熟期。在成熟期，由于生产技术已扩散到国外，外国生产厂商模仿生产新产品，且生产者不断增加，竞争加剧；由于生产技术已趋成熟，研究与开发（R&D）要素已不重要，产品由智能型（或 R&D 密集型）变成基本密集型，经营管理水平和销售技巧成为比较优势的重要条件。这一阶段，一般的发达工业国都有比较优势。

当国外的生产能力增强到满足本国的需求（即从创新国进口新产品为零）时，产品便进入销售下降期。在这一时期，产品已高度标准化，国外生产者利用规模经济大批量生产，使其产品的生产成本降低，因而开始在第三国市场以低于创新国产品售价销售其产品，使创新国渐渐失去竞争优势，出口量不断下降，品牌竞争让位于价格竞争。当模仿国在创新国市场也低价销售其产品，创新国的该产品生产急剧下降，产品进入让与期，该产品的生产和出口便由创新国让位于其他国家。在这个阶段，不但 R&D 要素不重要，升值资本要素亦不甚重要，低工资的非熟练劳动成为比较优势的重要条件。具备这个条件的是有一定工业化基础的发展中国家。创新国因完全丧失比较优势而变为该产品的净进口者，产品生命周期在创新国结束。此时，创新国又利用人力资本和物质资本丰富的优势进行再创新，开发其他新产品。

## 二、人力资源说

人力资源说是美国经济学家舒尔茨创立的。该学说用人力资本的差异来解释国际贸易产生的原因和一国开展国际贸易的模式。

舒尔茨和许多其他西方经济学家认为，劳动不是同质的，这种不同质表现在劳动效率的差异上，而劳动效率的差异主要是由劳动熟练程度决定的，而劳动熟练程度的高低又取决于劳动者受教育、培训等智力投资的影响。因此，高素质的劳动力是一种投资的结果，是过去资本支出的结果。商品生产中的资本除了包括物质资本以外，还应该包括人力资本。物质资本指厂房、机器设备、原材料等有形资本，它是物质资料投资的结果。人力资本指寓于人体中的人的智能，表现为人的文化水平、生产技巧、熟练程度、管理才能及健康状况，它是人力投资的结果，即政府、企业和个人投资于教育与培训的结果。各国人民的天赋是相近的，而人的智能差别则是后天人力投资的结果。一国通过对劳动力进行投资，可以使劳动者的素质得到极大的改善，大大提高劳动生产率，从而对该国的对外贸易格局产生重要影响。一般来说，人力资本丰富的国家，如美国、日本，在知识、技术密集型产品生产和出口上具有比较优势，而人力资本比较缺乏的发展中国家在知识、技术密集型产品生产上则处于劣势地位。

人的智能之所以称为资本，是因为这种智能需要通过教育和训练来获得，并能够促进劳动生产率的提高。例如，第二次世界大战后一片瓦砾，有的国家能飞跃发展，其重要原因之一是"二战"前积累的人力资本保存了下来。"二战"后大萧条时期，美、日等国家的家长含辛茹苦供子女上学，寄希望于教育，也为其后来的经济发展积累了大量的人力资本。

人力资本在比较优势的决定中所起的重要作用，则是由于不同产品生产需要的人力智能高低、多寡不同。初级产品的生产需要较少、较低的人力智能，因而人力资本缺乏，但自然资源和劳动力丰富的发展中国家具有生产和出口优势；而信息、生物、空间、新材料等新兴产业的产品需要较高的人力智能。因此，人力资本丰富的发达国家具有比较优势。

资本丰裕的国家，教育都比较发达，因而人力资本资源也比较丰富，在需要大量人力资本的产业中就具有相对比较优势。所以，美国在生产商品时就投入较多的人力资本，而拥有更多的熟练劳动力。所以，美国出口产品中含有较多的熟练劳动。如果把熟练劳动的收入高于简单劳动的收入看作人力资本并同有形资本，经过这样的处理之后，美国仍然是出口资本密集型产品为主的国家。这个结论是符合要素禀赋理论的，从而很好地解释了里昂惕夫之谜。

# 第二章　国际贸易方式

## 第一节　包销、经销与独家代理

### 一、包销

**（一）包销的含义**

包销是指出口企业与国外一个客户或几个客户组成的集团即包销商达成书面协议，由前者把某一种商品或某一类商品给予后者在约定地区和一定期限内独家经营的权利。包销是贸易双方通过协议建立起的一种较为稳固的购销关系。

**（二）包销业务中当事人之间的关系**

包销商与出口企业之间的关系是买卖关系，包销商从出口企业购进货物后，自行销售，自负盈亏，承担货价跌落及库存积压的风险。

**（三）包销协议的主要内容**

包销协议是供货人和包销人之间订立的确立双方法律关系的契约。通常，包销协议包括以下内容。

1. 包销商品的范围

在包销方式下，包销人经销的商品可以是供货人经营的全部商品，也可以是其中的一部分，这要根据包销人的经营能力、资信状况等来合理确定。在协议中要明确规定商品的范围，以及同一类商品的不同牌号和规格，以便于执行。

2. 包销的区域

包销区域也就是包销人行使独家经营权的地理范围。包销的区域可大可小，确定包销区域时要考虑包销人的经营能力、包销网点大小以及商品的性质等因素。对于包销区域的规定并非一成不变，它可以根据业务发展的具体情况，由双方协商加以调整。在包销协议中，规定了包销区域后，供货人即要承担义务，在该区域内不再指定其他经销商经营同类产品,以维护包销人的专营权。

3. 包销数量或金额

在包销协议中通常都要规定包销人在一定期限内负责推销商品的数量或金额,这一规定具有双重意义,它既规定了包销人的应承购数额,也规定了供货人应保证供应的数额,对协议双方有同等的约束力。

4. 作价方法

包销商品作价通常采用两种方式:一种是在规定期限内一次性作价,即无论协议期内包销商品价格是上涨还是下降,都以协议价格为准;另一种是在规定期限内分批作价,按国际商品市场价格进行调整,该方法较为普遍。

5. 包销商的其他义务

这主要包括做好广告宣传、市场调研和维护供货人权益等。在通常的包销协议中往往规定包销人有义务为其所经营的商品做广告宣传工作,以促进销售。在协议中还可以规定包销人承担市场调研的义务,这主要是收集和报告当地市场的情况,供出口人在制定销售策略和改进产品质量时参考。有的包销协议中还规定,在包销区域内如果发生侵犯供货人知识产权的问题,包销人要及时向供货人通报,并配合供货人采取必要的行动,维护其合法权益。

6. 协议期限和终止条款

在这一条款中,首先要规定协议的生效时间,一般采用签字生效的做法。协议期限可规定为一年或若干年。本条款中还往往要规定延期条款,其做法可以是经双方协商后延期,也可以规定在协议到期前若干天如没有提出终止的通知,则可以继续延长一期。

除了协议期限届满可以终止外,如遇到下列情况之一,也可以终止协议。第一,任何一方有实质性的违约行为,并在接到另一方的要求纠正该违约行为的书面通知后的一段时间内,未能加以纠正;第二,任何一方发生破产清算或公司改组等事项,另一方提出终止协议的书面通知;第三,由于发生了人力不可抗拒的意外事件,造成协议落空,而且遭受事件的一方在一定的期限之后仍无法履行协议规定的义务,另一方发出终止协议的书面通知。

### (四)采用包销方式应注意的问题

对出口商来讲,采用包销方式是稳固市场、扩大销售的有效途径之一。这主要是因为,在包销方式下,出口商通常要在价格、支付条件等方面给予包销商一定的优惠,这有利于调动包销商的积极性,利用其经销渠道为推销出口商品服务。由于包销商在经销区域内对指定的商品享有独家专营权,这在一定程度上可避免或减少因自相竞争而造成的损失。当然，这只是成功的经验。在实际业务中，我们也有过失败的教训。根据以往经验，为了扩大出口而采用包销的方式时，应注意以下问题：

1. 慎重选择包销商

经验证明，如果包销商选择得当，他可以利用自己熟悉所在国或地区的消费习惯，以及政府条令、法规等方面的便利，及时为供货商提供必要的信息，如市场供需情况、消费者对产品的反映等，以帮助其改进产品，做到适销对路，并且减少不必要的法律纠纷。然而，如果包销商选择不当，其经营能力较弱，或者信誉不佳，则会使供货人陷入困境。有些包销商在市场情况不利时，拒绝完成包销协议中规定的承购数额，或"包而不销"，结果不仅不能使供货商通过包销方式达到扩大出口销售的目的，反而减少了出口销量，又丢掉了其他客户。也有的包销商凭借自己多年来独家经营所形成的特殊地位，反过来制约供货商，如在价格以及其他条件上与其讨价还价，为自己谋取好处，损害了对方的利益。为了防止这类情况的发生，出口商在选择包销商时，必须认真进行资信调研，以防后患。

2. 订好包销协议

包销协议是确定供货人和包销人之间的权利与义务的法律文件，协议规定的好坏，直接关系到业务的成败。在协议中应合理确定包销的商品种类，因为并非所有的商品都适合采用包销方式。一些市场潜力较大、出口方货源又有限的畅销产品就不宜采用包销方式。对于包销商品的数量或金额，也应根据实际情况合理规定，不要过高或过低。过高，完不成定额，会产生纠纷；过低，则达不到扩大出口的目的。另外，还应妥善地规定包销的区域和期限。一开始，区域不宜过大，期限不宜过长，以后随着双方合作的发展情况再逐步调整。关于其他条款，均可根据双方的共同意愿，做出合理明确的规定。

## 二、经销

### （一）经销的概念

经销是指进口商（即经销商 Distributor）与国外出口商（即供货商 upplier）达成协议，承担在规定期限和地域内购销指定商品的义务。

根据经销商权限的不同，经销分为包销和定销。定销指一般经销，经销商不享有独家专营权，供货商可在同一时间、同一地区内委派几家商号来经销同类产品。

### （二）经销协议的基本内容

经销协议通常包括以下内容。

1. 经销商品的范围

在协议中要确定商品范围及同一类商品的不同规格，同时经销商品的范围要同供货人的经营意图和经销人的经营能力与资信状况相适应。

2. 经销地区

经销地区指经销人行使经营权的地理范围。这其中要考虑经销人的经营能力、规模及销售网络，还应考虑地区的行政区域划分、地理和交通条件以及市场差异程度等因素。

3. 经销数量或金额

经销数额一般采用最低承购额的做法，规定一定时期内经销人应承购的数额下限，并明确数额的计算方法。在规定最低承购额的同时，还应规定经销商未能完成承购额时供货商可行使的权利。

4. 经销期限

经销期限即协议的有效期，一般还要规定延期条款。除了协议期限届满可以终止外，如遇到下列情况之一，也可以终止协议。第一，任何一方有实质性的违约行为，并在接到另一方的要求纠正该违约行为的书面通知后的一段时间内，未能加以纠正；第二，任何一方发生破产清算或公司改组等事项，另一方提出终止协议的书面通知；第三，由于发生了人力不可抗拒的意外事件，造成协议落空，而且遭受事件的一方在一定的期限之后仍无法履行协议规定的义务，另一方发出终止协议的书面通知。

## 三、独家代理

### （一）独家代理的含义

独家代理指出口企业与国外的独家代理商签订书面协议，在约定的期限和地区范围内，给予对方独家推销约定商品的权利——专营权。

独家代理商与出口企业之间的关系是委托代理关系，独家代理商为出口企业寻访客户，进行交易磋商，由代理商以自己的名义与第三方购货人订立合同。只是在特定情况下，根据协议规定由被授权代理人以出口企业名义代订销售合同，由出口企业承担法律责任。

在独家代理方式下，出口企业是委托人，独家代理商是代理人，二者之间是委托代理关系。独家代理商不负盈亏，不承担货价涨落的风险，只收取佣金。如由于第三方不履行义务致使委托人受损时，独家代理商应对委托人承担责任。因此，独家代理一般应属经纪合同性质。

### （二）独家代理协议

独家代理协议是规定出口企业和独家代理商之间的权利与义务的协议。我国现阶段使用的独家代理协议的内容主要有以下几点：

1. 协议名称及当事人

需明确注明它是一份独家代理协议，不能与独家经销协议相混淆，协议的法律性质及其权利义务也由此得以明确。此外，还必须保证所签订的代理协议与所适用法律的强制性规定无抵触。

协议必须清楚地规定双方当事人的全名、地址，如果是商行或公司，必须注明商行、公司的完整名称，它的法律地位、总办事处以及可以用来识别它的任何其他标志，等等。

2. 独家代理的权限及其对等义务

独家代理的权限可以分成两个方面：一是独家代理权，即独家代理约定商品的专营权。委托人给予独家代理商专营权后，委托人在约定期限和约定地区内，不得将约定商品在同一区域内另选代理商或自己直接销售；二是独家代理商是否有权代表委托人订立具有约束力的合同。为避免独家代理商利用委托人的名义和信誉从事不利于委托人的活动，在独家代理协议中一般规定独家代理商的权限仅限于替委托人物色买主、招揽订单和中介交易，而无权以委托人的名义或作为委托人的代理人与第三者订立合同。

3. 独家代理推销的商品、地区和期限

在独家代理协议中，应将代理商品的种类、名称、规格等做明确、具体的规定，以免日后因授权不明确而引起争议。代理商品的范围，应根据出口企业的经营意图、代理商的规模、经营能力及资信状况等决定。

4. 最低代销额

出口企业授予独家代理商对于约定商品的专营权后，即使代理商不努力推销，出口企业也无法在代理区域内越过代理商销售约定商品。因此，为保障卖方权益，应在协议中规定最低代销额。最低代销额一般以出口企业实际收到的货款计算，计算的期限不宜太长也不宜太短，多数以半年或一年为计算最低代销额的期限，如届时代理商由于其本身的能力而未能完成最低代销额，也应在协议中规定如何处理。

5. 代理佣金

代理佣金是代理商为委托人推销商品所得的报酬，支付代理佣金也是委托人的一项义务。在独家代理协议中，应就佣金率、佣金的计算方法、佣金的支付时间和方法做出明确规定。

6. 宣传推广和商情报告

对独家代理商来说，对代理商品进行宣传推广是他应尽的义务。为明确责任，独家代理协议应当规定独家代理商有促进销售和宣传推广的义务，以及卖方应提供宣传推广所必需的资料。独家代理商应承担定期或不定期向卖方提供商情报告的义务。报告的内容，通常是关于代理商的工作情况、市场供销、竞争以及有关进口国的政策法令和客户的反应等。

7. 例外规定

在独家代理协议中，出口企业在授予独家代理商专营权时往往须保留一定的销售权限，即在协议中做出出口企业可以直接销售的例外规定。这种例外规定通常属于下列情况：政府机构或国有企业向委托人直接购货、进行国际招标或参与合资经营等。出口企业在进行上述业务时，不受协议约束，也不付给佣金和报酬，其销售额也不列入协议的最低推销额。此外，独家代理协议还应规定代理商应负责进行产品的售后服务及保护委托人的知识产权等条款。

# 第二节 寄售、展卖与拍卖

## 一、寄售

### （一）寄售的含义

寄售是寄售人先将准备销售的货物运往寄售地，委托当地代销商按照寄售协议规定的条件和办法代为销售的方式。

寄售是一种先出运后出售商品的委托代售的贸易方式。寄售人是卖方，也可称为委托人或货主，代销商也可称为受托人。通过寄售出售的商品，要待货物售出后才由代销商将货款交付寄售人。

在国际贸易中，寄售是寄售人为开拓商品的销路，委托国外代销商扩大出口而采用的一种贸易方式。

### （二）寄售的特点

寄售是由寄售人先将货物运至目的地市场，再经代销商向买主销售，因此，它是凭实物进行的现货买卖。商品售出前所有权属寄售人。在代销商将商品售出前，商品的所有权仍属寄售人所有。若代销商破产，寄售人可以收回寄售商品。

寄售人与代销商之间是委托代售关系，代销商只能根据寄售人的指示代为处置货物。但是，代销商在委托人授权范围内可以以自己的名义出售货物，收取货款并负责执行与买主订立的合同。代销商不承担商品市价涨落与销售畅滞的风险和费用，只收取佣金作为报酬。

### （三）寄售的优缺点

1. 优点

采用寄售方式可以在当地市场出售现货，有利于卖方根据市场供求情况掌握销售时机，提供商品的竞争力并使商品卖出好价。货物与买主直接见面，买主可以看货成交，即时采购，对开辟新市场、推销新产品有一定推动作用。代销商一般无须垫付资金，除在售出前负责保管外，无须承担风险，多销多得，有利于促进其经营积极性。

2. 缺点

采用寄售方式的主要缺点是：出口商资金周转期长、费用增加、风险较大、收汇不安全，特别是货物到达目的地后，如遇市场不景气，货物一时不能售出，或代销商有意压低价格，局面就比较被动。

### （四）寄售协议

寄售协议是寄售人和代销商之间为了执行寄售业务就双方权利、义务和有关寄售的条件和具体做法而签订的书面协议。寄售协议中特别应该处理好寄售商品的价格确定、各种费用的负担和安全收汇三个方面的问题。寄售协议一般包括下列内容：第一，协议名称及双方的义务与责任。一般应明确列明"寄售协议"，以表示协议的性质。在协议中，应明确规定双方的义务、责任，以及在售出前货物的所有权仍属寄售人，风险和费用一般也由寄售人承担，并规定寄售货物售出时，所有权由寄售人直接转移给买方。第二，寄售区域及寄售商品。寄售协议必须规定委托代销的商品及销售的指定地区。第三，定价方法。寄售商品的定价一般有三种方法：一是由寄售人限价，即寄售人在寄售时规定最低售价，代销商只能以此价格或高于此价的价格出售，否则，必须事先征得寄售人同意；二是随行就市，即由代销商按市价自行定价出售，寄售人不作限价；三是在销售前逐笔征求寄售人同意。这种作价方法弹性较大，实践中使用较多，代销商在找到买主并得到其出价后，立即征求寄售人意见，经接受或确认后才出售。第四，佣金。寄售业务中，代销商是以收取委托人付给的佣金作为报酬的。因此，佣金率的高低直接关系到双方利益和代销商的经营积极性。第五，付款。寄售货物售出后收到的货款，一般由代销商扣除佣金及代垫费用后汇付给寄售人。因此，为保证及时收汇，以利资金周转，在寄售协议中应规定汇付货款的方式和时间。

此外，寄售协议中还应规定货物的保险、各种费用的负担等预防性条款，以避免发生纠纷。为减少风险，必要时还可规定由代销人提供银行保证函或备用信用证，如代销人不履行协议规定的义务，由银行承担偿付一定金额的责任。

## 二、展卖

### （一）展卖的含义及做法

展卖是利用展览会、博览会、展销会、交易会及其他会展形式，对商品实行展销结合，以展促销的一种贸易方式。

展卖可以采取各种不同的方式，我国企业可以到海外参展，利用国外举办的各种展卖会来推销商品，与各国同行同台竞争，一比高下，还可以参加国内举办的展卖会。改革开放以来，会展业在我国得到蓬勃发展，成为一项前景广阔的新兴产业。

到海外参展时，从展卖商品的所有方和客户的关系来看，展卖的做法主要有两种：一是将货物通过签约方式卖给国外客户，由客户在国外参加展览会。另一种方式是由双方合作，展卖时货物的所有权不变，展品出售的价格由货主决定。国外客户承担运输、保险、劳务及其他费用，货物售出后收取一定手续费作为补偿。展出结束后，未出售的货物可以折价卖给合作的客户，或运往其他地方进行另一次展卖。

除此之外，还可以将寄售和展卖方式结合起来进行。即在寄售协议中规定，代销人将寄售的商品在当地展卖。至于展卖的有关事项，可在该协议中同时规定，也可另签协议做出规定。

无论是哪一种做法，展卖作为一种商品推销方式，其基本特点可概括为：把商品的展览和推销有机地结合起来，边展边销，以销为主。展卖这种方式的优点主要表现在以下几方面：一是有利于宣传出口商品，扩大影响，招揽潜在买主，促进交易；二是有利于建立和发展客户关系，扩大销售地区和范围；三是有利于开展市场调研，听取消费者意见，改进产品质量，增强出口竞争力。

### （二）我国开展的展卖方式

我国从 20 世纪 50 年代就开始在广州举办中国出口商品交易会，以后又陆续开展了各种类型的交易会、展览会、小交会，并多次参加国外举办的博览会。随着改革开放的深入进行，展卖业务在我国也得到了更为广泛的应用，极大地促进了我国对外经贸的发展。

1. 国际展览会

国际展览会也称国际集市，是指在某个地点定期举办的，由一国或多国联合举办，邀请各国商人参加交易的贸易形式。

这一方式不仅为买卖双方的交易提供了方便，而且越来越多地作为产品介绍和广告宣传以打开销路，以及作为介绍新产品、新工艺以进行技术交流的重要方式。参加博览会的商人除进行现场交易外，还可通过这一机会同世界各国建立更广泛的商业关系。

国际博览会可分为综合性和专业性两种类型。凡各种商品均可参加展出和交易的博览会属于综合性，又称"水平型博览会"，比较著名的有智利圣地亚哥和叙利亚大马士革的国际博览会，其展出期限长，展出规模大，而且对普通公众开放，当地人习称为庙会；凡只限某类专业性商品参加展览和交易的博览会属于专业性，又称"垂直型博览会"，如比较著名的纽伦堡玩具博览会、慕尼黑的体育用品博览会以及法兰克福的消费品展览会等，它们都是专业性很强的国际博览会。

2. 中国进出口商品交易会

中国进出口商品交易会的前身是中国出口商品交易会，又称广交会，是中国各进出口公司联合举办的，邀请国外客户参加的一种集展览与交易相结合的商品展览会。半个世纪以来，中国利用广交会定期邀请国外客户来华集中谈判成交，根据"平等互利、互通有无"的对外贸易原则，以出口为主，进出结合，又买又卖，形式多样，极大地促进了中国对外贸易的发展，加强了中国同世界各国的经济联系。

中国进出口商品交易会的作用主要体现在以下几个方面：一是来会的各国客商和友好团体众多，为集中成交创造了有利条件；二是加强了与各国客户的广泛联系，便于了解国外市场动态，开展行情调研，熟悉客户的资信和作风；三是有利于生产部门和其他有关部门直接听取客户对产品的要求和反馈；四是因交易会采取当面洽商、看样成交的方式，有利于及时发现与解决问题。

除了广交会外，近年来在我国各地和各口岸还定期开展了各种类型的会展业务，例如小交会、博览会、洽谈会、高新技术成果交易会等，均产生了巨大的社会影响和经济效益。

### （三）开展展卖业务应注意的问题

展卖是一种将产品宣传、推销和市场调研结合起来的贸易方式。它所带来的经济效益，不能单纯地从一次展卖会的销售额来衡量。经验证明，一次成功的展卖会后，由于建立了广泛的客户联系，往往会给参展者带来数量可观的订单。为了进一步更有效地开展展卖业务，还应注意以下问题。

1. 选择适当的展卖商品

展卖这种交易方式并不是对所有商品都普遍适用的，它主要适用于一些品种规格复杂，用户对造型、设计要求严格，而且性能发展变化较快的商品，如机械、电子、轻工、化工、工艺、玩具、纺织产品等。选择参展商品时，要注意先进性、新颖性和多样性，要能反映现代科技水平，代表时代潮流。

2. 选择好合作的客户

到国外参加展卖会之前，应选择合适的客户作为合作伙伴。选择的客户必须具有一定的经营能力，对当地市场十分熟悉，并有较为广泛的业务联系或销售系统。通过客户开展宣传组织工作，扩大影响，联系各界人士，这对展卖的成功具有重要作用。

### 3. 选择合适的展出地点

一般来说，应考虑选择一些交易比较集中，市场潜力较大，有发展前途的集散地进行买卖。同时还应考虑当地的各项设施，如展出场地、旅店、通信、交通等基础设施的条件和这些服务的收费水平。

### 4. 选择适当的展卖时机

这对于一些季节性强的商品尤为重要。一般来说，应选择该商品的销售旺季进行展卖，每次展出的时间不宜过长，以免耗费过大，影响经济效益。

## 三、拍卖

拍卖是由专营拍卖业务的拍卖行接受货主的委托，在一定的地点和时间，按照一定的章程和规则，以由买主公开叫价竞购的方法，最后由拍卖行把货物卖给出价最高的买主的一种现货交易方式。

通过拍卖进行交易的商品，大多是一些品质不易标准化，或难以久存的，或有拍卖习惯的商品。国际市场上采用拍卖方式出售的商品，主要有艺术品、烟叶、木材、羊毛、毛皮、纸张、水果、蔬菜、鱼类等。参与拍卖的买主，通常须向拍卖行交存一定数额的履约保证金。

### （一）拍卖的形式

#### 1. 增加拍卖

增加拍卖也称"买主叫价拍卖"，是由拍卖人宣布预定的最低价格，然后由买主竞相加价，直至出价最高时，由拍卖人接受并以击槌动作宣告达成交易。

#### 2. 减价拍卖

这种方式也称"卖方叫价拍卖"，或称"荷兰式拍卖"，是由拍卖人先开出最高价格，然后由拍卖人逐渐降低叫价，直到有人表示接受而达成交易。减价拍卖经常用于拍卖鲜活商品和水果、蔬菜等。

#### 3. 密封递价拍卖

密封递价拍卖也称"招标式拍卖"，是由拍卖人事先公布每批商品的具体情况和拍卖条件，然后竞买者在规定的时间内将密封标书递交拍卖人，由拍卖人选择条件最合适的标书表示接受而达成交易。

### （二）拍卖的基本程序

#### 1. 准备阶段

货主事先把商品运到拍卖人指定仓库，由拍卖人进行挑选、整理、分类、分批编号。

拍卖人还要印发拍卖目录，并刊登广告。

2. 查看货物

由于拍卖是看货成交的现货交易，买主必须事先对拍卖货物进行查看。买主既可查看拍卖人提供的样品，也可去仓库查看整批货物并在其中抽取一定数量的样品，以供分析和试用。

3. 正式拍卖

正式拍卖是在规定的时间和地点，按照一定的拍卖规则和章程，逐批喊价成交。当拍卖人认为无人再出高价时，就以击槌来表示接受买主的喊价，拍卖人击槌后，就表示竞买停止，交易达成，买主就在标准合同上签字。

4. 付款和提货

拍卖成交后，买主按规定付款和提货。拍卖是公开竞买的方式，对卖方来说，看货出价，可以卖得好价；对买方来说，可以按照自己愿意出的价格，购买符合自己需要的货物。

# 第三节 招投标业务

招投标是招标和投标的简称，是一种传统的贸易方式。一些政府机构、市政部门和公用事业单位经常用投标方式采购物资、设备、勘探开发资源或招包工程项目，有些国家也用招标方式进口大宗商品。世界银行贷款项目和国际政府贷款项目，通常也在贷款协议中规定，运用这些贷款采购物资、设备，发包工程时必须采用国际竞争性招标方式。本节仅介绍商品采购中的招标。

## 一、招投标的含义

招投标是一种贸易方式的两个方面。

招标：指招标人在规定的时间、地点，以某种特定的方式发布招标公告，表明自己对特定的商品、工程或服务采购的规格、条件和要求，同时邀请相关的投标人参加投标并按照规定程序从中选择交易对象的一种市场交易行为。

投标：指投标人按照招标人的邀请，根据招标人发布的招标公告所列明的具体条件和要求，在规定时间内向招标人提交自己报价的过程，它是对招标人的一种响应。

招投标方式与逐笔售订的方式相比，有很大区别。招投标方式中，投标人是按照招标人规定的时间、地点和交易条件进行竞卖，一般情况下，双方没有反复磋商的过程，投标人发出的投标书是一次性报盘。鉴于招投标是一种竞卖方式，卖方之间的竞争使买方在价格及其他条件上有较多的比较和选择。因此，在大宗物资的采购中，这一方式被广泛运用。

## 二、招投标的基本做法

商品采购中的招投标业务基本包括四个步骤：招标、投标、开标评标和签约。

### （一）招标

国际招标有公开招标和非公开招标两种。

1. 公开招标

公开招标是指招标人在国内外报纸杂志上发布招标通告，将招标的意图公布于众，邀请有关企业和组织参加投标。招标通告一般只简要地介绍招标机构、所采购物资的名称、数量、招标期限、索取招标文件的地点和方式等。这在法律上是一种要约的邀请行为。凡有意投标者均可按照招标通告的规定索取招标文件，详细考虑后办理各项投标手续。

招标文件的内容可归纳为两大部分。其一是属于"投标人须知"，主要是制定规则，使投标人投标时能有所遵循。这些规则大致包括三个方面的内容：第一，一般情况，如资金来源、所需设备或货物的简要说明、投标资格及货物来源地、投标费用的负担等；第二，程序性规定，如投标的时间、地点、投标格式、投标保证金的规定、投标有效期、标书的修改或撤销的规定等；第三，实质性的规定，如是否可投标供应一部分，是否可提出替代性方案，分包以及投标报价的规定等。其二是列明商品采购的合同条件，与买卖合同的内容类似，还包括双方的责任义务。

招标文件中往往要求对投标人进行资格预审，以确保投标人在各方面具有投标能力。资格预审主要集中在下列方面（一般限于过去五年内的情况即可）：投标人的经验及过去完成类似的合同的成绩、财务状况、生产能力、经营作风等。在利用国际金融机构或国外政府贷款进行物资采购或工程承包的招投标业务中，资格预审更是必不可少。

2. 非公开招标

又称选择性招标。招标人不公开发布招标通告，只是根据以往的业务关系和情报资料，向少数客户发出招标通知。非公开招标多用于购买技术要求高的专业性设备或成套设备，应邀参加投标的企业通常是经验丰富、技术装备优良、在该行业中享有一定声誉的企业。

### （二）投标

投标人首先要取得招标文件，认真分析研究之后，编制投标书。投标书实质上是一项有效期至规定开标日期为止的发盘，内容必须十分明确，中标后与招标人签订合同所要包含的重要内容应全部列入其中，并在有效期内不得撤回标书、变更标书报价，或对标书内容做实质性修改。因此，投标人必须结合各种因素慎重考虑。

为防止投标人在投标后撤标或在中标后拒不签合同，招标人通常都要求投标人在投标时提供一定比例或金额的投标保证金。招标人决定中标人之后，未中标的投标人已缴纳的保证金即予退还。现今国际招标业务中一般都以银行保函或备用信用证代替保证金。

投标书应在投标截止日期之前送达招标人或其指定的收件人，逾期无效。投标书一般采用密封挂号邮寄，也可派人专送。按照一般的惯例，投标人在投标截止日期之前，可以书面提出修改或撤回标书。撤回的标书在开标时不予宣读，所缴纳的投标保证金也不没收。

### （三）开标评标

开标有公开开标和不公开开标两种方式，招标人应在招标通告中对开标方式做出规定。

公开开标是指招标人在规定的时间和地点当众启封投标书，宣读内容。投标人都可参加，监视开标。不公开开标则是由开标人自行开标和评标，选定中标人，投标人不参加。开标后，招标人进行权衡比较，选择最有利者为中标人。在现代国际招标业务中，中标与否不完全取决于报价的高低。如果招标人认为所有的投标均不理想，可宣布招标失败。造成招标失败的可能性有三点：一是所有报价与国际市场平均价格差距过大；二是所有的投标在内容上都与招标要求不符；三是投标人太少，缺乏竞争性。

### （四）签约

招标人选定中标人之后，要向其发出中标通知书，约定双方签约的时间和地点。中标人签约时要提交履约保证金，取代原投标保证金，用以担保中标人将遵照合同履行义务。

# 第四节　对销贸易

对销贸易，又称补偿贸易、返销贸易、互抵贸易或反向贸易。对销贸易是一种既买又卖，买卖互为条件的国际贸易方式。其主要目的是以进带出，开辟各自的出口市场，求得每宗交易的外汇收支平衡或基本平衡。对销贸易买卖的标的除有形的财产货物以外，也可包括劳务、专有技术和工业产权等无形财产。

## 一、对销贸易的基本形式

### （一）易货

易货贸易是买卖双方之间进行的货物或劳务等值或基本等值的直接交换，不涉及现金的收付。通过易货贸易，交易双方可以在不增加外汇支出的情况下，以商品或劳务换回本国所需的各种物资，从而促进本国经济的发展和改善本国的贸易平衡状态。在采用易货贸易方式交易时，买卖双方当事人以一份易货合同确定交易商品的价值，以及作为交换的商品或劳务的种类、规格、数量等内容。为了减少交易商品以及用于交换的商品和劳务的价格可能的波动所造成的影响，一般的易货贸易均为一次性交易，并且合同履约期较短。

"二战"后，易货贸易方式为发展中国家政府间的双边清算协定所采用。参加清算协定的国家按照协定，在规定的时间内（通常为一年）彼此交换各自所需要的商品、物资或劳务，在每个年度末，协定国家对各自所交付货物的价值进行比较，差额部分以下一年度某一方向另一方提交更多的货物或根据规定支付现汇抵偿。显然，清算协定是易货贸易的一种新形式，它从买卖双方的一次性交易发展为协定国家之间在一定时期内的多项易货交易。双边清算协定的签约方出于减少交易风险的考虑，往往在银行融资手段的支持下，委托第三方（贸易公司）在市场上公开销售或处理交换所得物品。在当今的国际贸易中，完全不涉及现金的纯粹的易货贸易形式已极为罕见。

### （二）互购

互购也被称为对购或平行贸易，是最简单、最常用的对销贸易形式。互购是一种现汇交易，是指一方向另一方出口商品和/或劳务的同时，承担以所得款项的一部分或全部向对方购买一定数量或金额商品和/或劳务的义务。在互购协定下，交易双方一般要签订两份相互独立的合同。第一份合同，也就是基础合同或主合同，规定出口方出口商品的质量、数量等有关内容；第二份合同则主要规定出口方购买对销贸易商品的义务。这两份合同由互购协定书联结起来。互购协定往往作为一揽子协定的一部分，并且常常与货款协定、援助计划和部分现金支付方式相结合使用。

### （三）回购

回购在我国又称为补偿贸易，是在信贷基础上进行的，是指提供机器设备或交钥匙工厂的出口方，接受进口一方以该机器设备或工厂所生产的产品支付部分或全部价款的做法。有时双方也可以通过协议，由机器或设备的出口方购买进口一方提供的其他产品。回购方式的做法比较简单，而且有利于企业的成本核算，使用较为广泛。所回购的商品一般在卖方所在市场销售或用于制成品的生产，卖方对回购产品的质量也较为关心和重视。但是，由于回购商品要等进口的机器设备安装投产后才能进行，交易期限往往较长，有时长达 5～10 年，甚至更长。

### （四）抵销

抵销是指一方在进口诸如国防、航空或宇航、计算机、信息交流等设备时，以先期向另一方或出口方提供的某种商品或劳务、资金等抵销一定比例进口价款的做法。抵销的方式可以是为生产该设备而提供的零部件、投入的资金、所转让的技术以及技术培训、项目研究开发等。抵销贸易自 20 世纪 80 年代以来开始盛行,在发达国家之间,以及发达国家与发展中国家的军火交易或大型设备交易中常被采用。

## 二、对销贸易的基本做法

进行对销贸易业务的基本过程大致可以分为三个阶段。

### （一）准备阶段

从引进设备、技术和劳务的一方来说,首先要做好可行性研究,其中最主要的是引进项目的建设条件是否具备。例如,所需的土地、劳动力、资金、生产与管理技术必须能够落实；对项目的投资效果要进行估算,应保证有相当的经济效益；产品主要销往国外市场的,销路要有保证等。在进行可行性研究的基础上,才能确定引进项目,然后按规定报请主管部门审批,获准后再进行具体的前期工作安排。

在可行性研究中,对项目的投资效果的推算是最主要的内容。估算补偿贸易的经济效益可从外资可偿期、外资总收益率、人民币资金换汇率和企业利润率四个方面进行核算。所谓外资可偿期是反映在以利润偿还的基础上项目的补偿能力。可偿期越短,表明补偿能力越强,反之则越弱。如果可偿期超过进口设备的服务年限,则该项补偿贸易对本国并无经济利益,是不可取的。

### （二）对外磋商阶段

这是补偿贸易的关键阶段,双方就补偿贸易合同的主要条款进行具体磋商,明确双方的权利和义务。

### （三）签订书面合同阶段

补偿贸易的书面合同一般有三种：补偿贸易协议、设备（或技术、劳务）进口合同、补偿产品出口合同。

补偿贸易是一笔具体交易的基础,是联结进口机器设备（或技术、劳务）和出口补偿产品的两个合同的纽带。它规定了进行补偿贸易的总原则和一般条件。具体的进出口商品的规格、数量和价格、交货时间等内容则在进出口合同中分别做出安排。简单的补偿贸易也有只签订补偿贸易协定,而不再另签进出口合同的。此外,有的在双方开始磋商时或在磋商过程中,先签订补偿贸易意向书,但在一般情况下,这不是正式合同,对双方不具有约束力。如果使用银行信贷,还要与银行签订贷款协议。

补偿贸易虽有积极作用的一面,但由于业务复杂,牵涉面较广,所以,在我国通过补偿贸易引进设备时必须精心策划,认真核算,审慎处理。此外,下列问题值得我们注意。

第一,进口设备应是发展国民经济所必需的,有利于发挥我国资源和劳动力优势等有利条件或有利于增加外汇收入的,技术上要能控制污染、没有公害的,而且是先进的、能为我所用的，同时要防止不必要的重复引进。

第二，要争取以制成品补偿。如果以原料补偿，则这种原料必须是资源丰富与自用有余的。要考虑补偿产品在世界市场的销售情况和出口前景，防止影响同类产品的正常出口。

第三，补偿贸易的客户对象，要选择信用好、经营能力强，特别是具有推销补偿产品能力的客户。进口的设备、技术和劳务的价格要比较合理，信贷条件要比较优惠。

第四，签约时要妥善规定返销产品的作价原则，明确返销的时间。返销金额应为技术设备的价款另加延付期的利息费用。

第五，补偿贸易的支付方式，可以采用对开信用证、银行保函、汇付和托收等方式，但必须贯彻"先收后付"的原则。一般要使用贷款，以现金支付设备价款。贷款有私人信贷、银行信贷以及出口信贷。出口信贷利率较低，带有政府补贴的性质，而且利率又是固定的，不受资金市场影响。开展补偿贸易应尽可能直接利用设备出口国的出口信贷。

由于补偿贸易从确定商品价格至实际结算往往需要较长的时间，在此期间，如使用货币的汇率发生较大变化，就会给交易的一方带来损失。因此，在选用计价货币时，应选用币值相对比较稳定的货币，必要时可在合同中订立外汇保值条款。

第六，外资偿还期原则上越短越好，但如果补偿产品在国际市场上畅销，价格趋涨，其涨幅超过利率幅度，则偿还期长一些也是可取的。

第七，实行多边补偿时，如承担回购义务的第三方未能履行其回购义务，或承担提供间接补偿产品的第三方未能如约提供，则原设备出口方或进口方仍应分别承担相应的责任。

## 第五节　加工贸易

### 一、来料加工

来料加工贸易在我国又称为对外加工装配业务，广义的来料加工包括来料加工和来料装配两个方面。它是指由外商作为委托方，提供一定的原材料、零部件、元器件，由我方作为承接方，按照委托方的要求进行加工装配，成品交由委托方处置，承接方按照约定收取工缴费作为报酬。

#### （一）来料加工贸易的性质

来料加工贸易与一般进出口贸易不同。一般进出口贸易属于货物买卖，来料加工虽有原材料、零部件的进口和成品的出口，却不属于货物买卖。因为原料和成品的所有权始终属于委托方，在一进一出的过程中并未发生转移，我方只提供劳务并收取约定的工缴费。因此，可以说来料加工这种委托加工的方式属于劳务贸易的范畴，是以商品为载体的劳务出口。按照我国合同法的解释，来料加工合同属于承揽合同的性质。

### （二）来料加工贸易的作用

来料加工对于承接方来讲，具有以下作用：一是可以发挥本国的生产潜力，补充国内原材料的不足，为国家增加外汇收入；二是引进国外的先进技术和管理经验，有利于提高生产、技术和管理水平；三是有利于发挥劳动力众多的优势，增加就业机会，繁荣地方经济。

对委托方来讲，来料加工贸易也可降低其生产成本，增强竞争力，并有利于委托方所在国的产业结构调整。

### （三）来料加工合同的主要内容及有关问题

来料加工合同包括三部分：约首部分、本文部分和约尾部分。约首和约尾主要说明订约人的名称、订约宗旨、订约时间、合同的效力、有效期限、终止及变更方法等问题。本文部分是合同的核心内容，其中包括加工产品名称、品质、规格、数量、交货期、损耗率、残次品率、加工费标准及金额、付款方式、保险、验收等。如果对方融资为我方购进机器设备生产线等，并在加工费中分期扣还其价款，这就兼具补偿贸易的性质，我们应在合同或协议中加入相应的条款，做出明确具体的规定。

1. 对来料来件的规定

来料加工业务中，承接方能否按时、按质、按量交付成品，很大程度上取决于委托方能否按时、按质、按量供料。因此，在合同中要明确规定来料来件的质量要求、具体数量和到货时间。合同签订之后，任何一方不得擅自更改。为了明确责任，一般同时规定验收办法和委托方未能按规定提供料件的处理办法以及未按时间到达造成承接方停工、生产中断的补救方法。

2. 对产品质量的规定

委托方为了保证成品在国际市场的销路，对成品的质量要求比较严格，因此承接方在签订合同时必须从自身的技术水平和生产能力出发，妥善规定，以免交付成品时发生困难。质量标准一经确定，承接方就要按时、按质、按量交付成品，委托方则根据合同规定的标准验收，或由双方认可的检验机构进行检验，并出具证明文件。为了保证产品质量，有时委托方也可派人到加工现场进行技术指导和生产监督。

3. 关于耗料率和残次品率的规定

耗料率又称原材料消耗定额，是指每单位成品消耗原材料的数额。残次品率是指不合格产品在全部成品中的比率。这两个指标如果定得过高，则委托方必然要求增加成本，减少产品的收入；如果定得过低，则承接方执行起来就会遇到困难。在合同中规定这一条款时一定要做到公平合理，并且留有余地，因为它直接关系到双方的利害关系和能否顺利执行合同。一般委托方要求耗料率不得超过一定的定额，否则由承接方负担，残次品率不能超过一定比例，否则委托方有权拒收。另外，可要求委托方在提供原材料和零部件时，按照耗料率和残次品率的百分比增加供应数量，多出部分不计算在加工装配的成品数额中。

4. 关于工缴费标准的规定

工缴费是直接涉及合同双方利害关系的核心问题。由于加工装配业务本质上是一种劳务出口，所以工缴费的核定应以国际劳务价格为依据，并要具有一定竞争性。在对外谈判协商工缴费标准时，除了据理力争外，还要有长远观点。如通过认真审定，认为该项目确有发展前途时，在开展业务的初期，工缴费可以低一点，等业务开展起来，随着技术的进步和质量的提高，再逐步提高工缴费标准。另外，还应考虑到市场行情的变化和货币汇率的变化等因素，当情况发生较大变化时，应适当调整工缴费水平。

5. 对工缴费结算方式的规定

来料加工业务中关于工缴费的结算方法有两种：第一种是来料、来件和成品均不作价，单收加工费。采用这种方法时，多数是由委托方在承接方交付成品后通过汇付、托收或信用证方式向承接方支付加工费；第二种方法是对来料、来件和成品分别作价，两者之间的差额即工缴费。采用这种方式时，承接方应坚持先收后付的原则，具体做法是，承接方开立远期信用证或以远期托收的方式来对来料、来件付款，委托方以即期信用证或即期托收方式支付成品价款。在规定远期付款的期限时，要注意与加工周期和成品收款所需时间相衔接并适当留有余地，这样可以避免垫付外汇。

6. 对运输保险的规定

来料加工业务涉及两段运输：原料运进和成品运出，须在合同中明确规定由谁承担有关的运输责任和费用。由于原料和成品的所有权均属于委托方，所有运输的责任和费用也应由委托方承担。但在具体业务中可灵活掌握，承接方也可代办某些运输事项。如规定由承接方支付某项运费，则应在工缴费中将该项运费包括在内。

来料加工涉及的保险包括两段运输险以及货物加工期间存仓的财产险。同运输一样，从法律上讲，承接方只承担加工装配，保险应归委托方负责。但从实际业务过程看，由承接方投保较为方便，有时委托方也要求承接方代办保险，保险费可连同工缴费向委托方结算。如由承接方代办保险，双方还应约定保险险别、保险金额等条件。

中国人民保险公司为适应来料加工业务发展的需要，开设了来料加工一揽子综合险，投保这一险别后，保险公司即承担了两段运输和存仓财产险。

7. 关于由委托方提供设备和技术的规定

有的来料加工业务中，为了保证加工产品的质量，根据双方的约定，由委托方提供原料的同时，提供某些设备和技术，这些要在合同中做出明确规定。机器设备除了要写明其名称、规格、质量、牌号、出厂地点和时间、价格外，还必须明确是无偿提供还是有偿提供。如果有偿提供，要订明我国国内承接方偿还价款的方式和期限。若提供技术，除按一般技术转让要求外，还应规定国外委托方为国内承接方培训技术人员和派遣专家的名额、培训时间、专家工作时间，以及费用负担等具体事宜。

8．关于商标和专利使用问题

商标和专利都属于工业产权，各国对所有人都制定了保护性法律，在加工贸易中经常遇到国外委托方要求国内承接方按特定商标、外形设计和规格指标进行加工装配生产，在这些方面也应引起国内承接方的重视。为避免对他人的侵权，可要求委托方提供有关商标或专利的注册登记文件及其他足以证明其合法使用权的文件，或在合同中订明承接方是按照委托方来样图纸、配方及指定的商标进行加工装配和包装，如对第三方构成侵权，责任全部由委托方承担，与承接方无关，承接方因此遭受的损失应由委托方负责赔偿。

此外，来料加工合同还应订立不可抗力和仲裁等预防性条款。

## 二、进料加工

### （一）进料加工的含义

进料加工一般是指从国外购进原料，加工生产出成品再销往国外。由于进口原料的目的是为了扶植出口，所以，又被习惯称为"以进养出"。我国开展的以进养出业务，除了包括进口轻工、纺织、机械、电子等行业的原材料、零部件、元器件，加工、制造或装配出成品后再出口外，还包括从国外引进农、牧、渔业的优良品种，经过种植或繁育出成品再出口。

进料加工与前面所讲到的来料加工有相似之处，即都是"两头在外"的加工贸易方式，但两者又有明显的不同：第一，来料加工在加工过程中均未发生所有权的转移，原料运进和成品运出属于同一笔交易，原料的供应者即是成品的接收者；而在进料加工中，原料的进口和成品的出口是两笔不同的交易，均发生了所有权的转移，原料供应者和成品购买者之间也没有必然的联系。第二，在来料加工中，我方不用考虑原料的来源和成品的销路，不承担商业风险，只收取工缴费，因此，对于广大中小企业就比较合适；而在进料加工中，我方是赚取从原料到成品的附加价值，要自筹资金、自寻销路、自担风险、自负盈亏。这项业务在乡镇企业和规模较小的企业中就难以开展。

### （二）进料加工贸易的做法

进料加工的具体做法，归纳起来大致有以下三种。

1．先签订进口原料的合同

加工出成品后再寻找市场和买主。这种做法的好处是进料时可选适当时机，在价格较低时购进，而且，一旦签订出口合同，就可尽快安排生产，保证及时交货，交货期一般较短。但采取这种做法时,要随时了解国外市场的动向,以保证所生产的产品能适销对路,否则,就会造成库存积压,影响企业的经济效益。

2. 先签订出口合同

即根据国外买方的订货要求从国外购进原料、加工生产,然后按合同的规定交货。这种做法包括来样进料加工,即由买方先提供样品,我方根据其样品的要求再从国外进口原料,加工生产。这种做法的优点是产品的销路有了保障,但要注意加工成品所需的原料来源必须落实,否则会影响成品的质量或者导致无法按时交货。

3. 对口合同方式

即与国外客户签订进口原料合同的同时签订出口成品的合同,原料的提供者也就是成品的购买者。但这两个合同相互独立,分别以现汇结算。采用这种做法时,原料来源和成品销路均有了保证,但它的适用面较窄,不易成交。实际做法中,有时原料提供者与成品购买者也可以是不同的人。

### (三)开展进料加工的意义

进料加工在我国并非一种新的贸易方式,但在改革开放的过程中,在中央政策的鼓励下有了较为迅速的发展,特别是东部沿海地区开展得十分普遍。我国开展进料加工的意义主要表现在以下几个方面:一是有利于解决国内原料紧缺的困难,利用国外提供的资源,发展出口商品生产,为国家创造外汇收入,有些不能出口的产品还可以满足国内市场的需要;二是开展进料加工可以更好地根据国际市场的需要和客户的要求,组织原料进口和加工生产,特别是来样进料加工方式,有助于做到产销对路,避免盲目生产,减少库存积压;三是进料加工是将国外的资源和市场与国内生产能力相结合的国际大循环方式,也是国际分工的一种形式。通过开展进料加工,可以充分发挥我国劳动力价格相对低廉的优势,并有效利用相对过剩的加工能力,扬长避短,促进我国外向型经济的发展。

## 三、境外加工贸易

### (一)境外加工贸易的含义

境外加工贸易是指我国企业以现有装备、技术在国外进行直接投资时,利用当地的劳动力开展加工装配业务,以带动和扩大国内设备、技术、原材料、零配件出口的一种国际经济合作方式。

可见,境外加工贸易是在海外进行投资办厂的基础上,结合开展来料加工或进料加工,其目的是促进我国设备、技术以及原料的出口。

### (二)开展境外加工贸易的必要性和可行性

我国企业开展境外加工贸易的时间很短，可以说是刚刚起步，还缺乏经验，但应该看到它是当前国民经济结构调整和培育新的出口增长点的一项重要战略措施。我国政府决定开展这项业务是经过深思熟虑的，我们开展境外加工贸易具有必要性和可行性。

1. 开展境外加工贸易的必要性

我国与许多国家存在着双边贸易不平衡问题，影响贸易关系的发展，开展此项业务，有助于绕过贸易壁垒，保持和拓展东道国市场或发展向第三国的出口，来缓解双边贸易不平衡的矛盾。

在某些行业，如家电行业，我国生产技术已经成熟，要想在劳工成本不断上升的压力下维持产品的国际竞争力，必须将长线产品转移到相对落后的国家或地区，来支持本国产业结构的调整。

现在经济全球化是个大趋势，我国企业需要走出国门，开展跨国经营，利用当地较低的生产、运输成本和现有的市场销售渠道及其在区域经济一体化中的影响，获得较高的经济效益。

2. 开展境外加工贸易的可行性

改革开放以来，我们在开展加工贸易方面积累了丰富的经验，也培养了一大批管理人才，为我们走出国门打下了坚实的基础。在劳动力密集、技术层次较低、产品标准化的行业中开展加工装配业务，我国有着较强的竞争优势。在一些科技含量较高的行业，经过近年来的不断努力，我们也具备了参与国际竞争的实力。

我国资源丰富，某些原材料（如棉花、棉布等）在国内有库存积压，通过带料加工，既有助于国产料件的出口，也解决了东道国资源不足的问题。为了促进这项业务的开展，国家制定了一系列鼓励措施，这主要包括资金支持、外汇管理、出口退税、金融服务和政策性保险等鼓励政策。

### （三）开展境外加工贸易时应注意的问题

从我国一些大型企业开展这项业务的经验教训来看，应注意以下几个重要问题。

1. 做好人才方面的准备

国际市场竞争的关键是人才竞争，我国企业要想走出国门，并且在复杂多变的国际市场上站稳脚跟，首先需要一大批精干的人才。这些人除了要懂专业技术外，还必须具有从事外经贸业务的必要知识，熟练地掌握外语技能，熟悉国际经贸法律和市场营销知识，而且尽可能是一专多能的复合型人才。当然，这主要靠长期的培养和选拔。此外，举办各种培训班也可以起到一定的作用。

2. 要注重信息的积累

境外加工贸易是我国企业在国外进行直接投资的基础上开展起来的，也就是说企业活动的主要场地是在国外。因此，对当地的有关信息掌握的好坏直接关系到这项业务的成败。我们在选定目标市场时，一定要做充分的调查研究，了解有关信息，特别是与投资环境有关的当地法规、税收政策、文化背景、基础设施、自然条件以及工会情况等。只有在广泛搜集信息的基础上进行科学的分析，才能减少盲目性，降低投资风险。

3. 注意加强宏观管理

要进行合理规划，做好项目的可行性研究，并努力做到四个结合：与扩大我国外贸出口相结合，与国内产业结构调整相结合，与国外市场需求相结合，与企业自身优势相结合。此外，在选择目标市场时要避免扎堆，不搞无序竞争。

## 第六节　商品期货交易

### 一、期货交易的概念

#### （一）期货交易的含义

期货交易是指在期货交易所内，按一定规章制度进行的期货合约的买卖。

现代期货交易是在期货交易所内进行的。目前期货交易所已经遍布世界各地，期货交易的品种基本上都是属于供求量较大、价格波动频繁的初级产品，如谷物、棉花、食糖、咖啡、可可、油料、活牲畜、木材、有色金属、原油，以及贵金属，如金、银等。随着金融创新的不断发展，金融期货交易成为发展最快、交易最活跃和影响最大的期货交易。

#### （二）期货交易和现货交易的联系与区别

现货交易是传统的货物买卖方式，交易双方可以在任何时间和地点通过签订货物买卖合同达成交易。在进出口业务中，无论是即期交货，还是远期交货，进出口商之间达成的交易均属于现货交易的范畴。而期货交易是以现货交易为基础发展起来的。在商品期货交易中，期货合约所代表的商品是现货交易市场中的部分商品，绝大多数的商品是不能以期货合约的方式进行交易的。在国际期货市场上交易的期货商品是以农副产品、金属等初级产品为主。尽管两种市场的价格都要受到同一经济规律的制约，然而，期货交易与现货交易却存在着下列明显的区别。

1. 从交易的标的物看

现货交易买卖的是实际货物，而期货交易买卖的是期货交易所制定的标准期货合约。

2. 从成交的时间和地点看

现货交易中交易双方可以在任何时间和地点达成交易，而期货交易必须在期货交易所内，按交易所规定的开市时间进行交易。

3. 从成交的形式看

现货交易基本上是在封闭或半封闭的双边市场上私下达成的，交易双方在法律允许的范围内按"契约自主"的原则签订买卖合同，合同条款是根据交易双方的情况而订立的，其内容局外人是不知道的；而期货交易是在公开、多边的市场上，通过喊价或竞价的方式达成的。期货合约的条款是标准化的（除交易数量、交割月份和价格由交易双方达成），而且达成交易的信息，包括价格是对外公布的。

4. 从履约方式看

在现货交易中，无论是即期现货交易，还是远期现货交易，交易双方都要履行买卖合同所规定的义务，即卖方按合同规定交付实际货物，买方按规定支付货款；而在期货交易中，双方成交的是期货合约，卖方可以按期货合约的规定履行实际交货的义务，买方也可以按期货合约规定接受货物。但期货交易所都规定，履行期货合约不一定要通过实际交割货物来进行，只要在期货合约到期前，即交易所规定的该合同最后交易日前，交易者做一笔方向相反、交割月份和数量相等的相同合同的期货交易，交易者就可解除他实际履行合同的义务。这也就是期货市场上所称的对冲或平仓。值得注意的是，绝大多数期货交易并不涉及货物的实际交割。

5. 从交易双方的法律关系看

在现货交易中，买卖双方达成交易，就固定了双方的权利和义务，交易双方之间产生直接的货物买卖的法律关系，任何一方都不得擅自解除合同；而期货交易双方并不互相见面，合同履行也无须双方直接接触。交易达成后，期货交易双方并不建立直接的法律关系。

6. 从交易的目的看

在现货交易中，交易双方的目的是转移货物的所有权。从卖方讲，是出售货物，取得货款；从买方讲，是取得一定经济价值的实际商品。而参加期货交易的人可以是任何企业和个人。不同的参加者进行期货交易的目的不同，有的是为了配合现货交易，利用期货交易转移价格变动的风险，有的是为了在期货市场上套取利润，有的是专门从事投机，目的是取得相应的投资利润。

## 二、期货市场的构成

期货市场是指按一定的规章制度买卖期货合约的有组织的市场。期货交易就是在期货市场上进行的交易行为。

期货市场主要由期货交易所、期货佣金商和清算所等构成。

进出口商通常都是通过期货佣金商下单，由佣金商在期货交易所执行，交易达成后，所有合约都要通过清算所统一清算结算。

### （一）期货交易所

期货交易所是具体买卖合同的场所。我们将从事期货交易的场所一律统称为期货交易所，把包括期货交易所在内，涉及期货交易及其运行的组织机构称为期货市场。

期货交易所本身不参加期货交易，运用资金主要靠创立之初的投资、会员费和收取的手续费。交易所的职能：提供交易场地；制定标准交易规则；负责监督和执行交易规则；制定标准的期货合约；设立仲裁机构，解决交易争议；负责收集和向公众传播交易信息。

### （二）期货佣金商

期货佣金商又称经纪行或佣金行，是代表金融、商业机构或一般公众进行期货交易的公司或个人组织，其目的就是从代理交易中收取佣金。

期货佣金商的主要业务包括：向客户提供完成交易指令的服务；作为客户进行期货交易的代理人，负责处理客户的保证金；记录客户盈亏，并代理进行货物的实际交割；向客户提供期货交易的决策信息，以及咨询业务。

期货佣金商往往是如下机构：主要经营证券业务的大证券投资公司，专营期货交易的期货公司，以及从事实物交易的公司，如生产商、中间商和进出口商等。

### （三）清算所

清算所是负责对期货交易所内买卖的期货合约进行统一交割、对冲和结算的独立机构，它是随期货交易的发展以及标准化期货合约的出现而设立的清算结算机构。在期货交易的发展中，清算所的创立完善了期货交易制度，保障了期货交易能在期货交易所内顺利进行，因此成为期货市场运行机制的核心。

清算所的创立使期货交易者在交易所内达成交易，却不建立通常货物买卖中转移货物所有权的直接法律关系。一旦期货交易达成，交易双方分别与清算所发生关系。清算所既是所有期货合约的买方，也是所有期货合约的卖方。这是因为清算所有特殊的"取代功能"。清算所这一功能得以实现，是因为清算所的财力雄厚，而且实行了一套严格的无负债的财务运行制度——保证金制度。

保证金制度，也称押金制度，指清算所规定的达成期货交易的买方和卖方，应交纳履约保证金的制度。

清算所要求每一位会员都必须在清算所开立一个保证金账户，对每一笔交易，会员都要按规定交纳一定数额的保证金。为防止出现违约，非会员也要向清算所会员缴纳一定的保证金。

清算所规定的保证金有两种：初始保证金和追加保证金。

初始保证金是指期货交易者在开始建立期货交易部位时，要缴纳的保证金。对于所缴纳初始保证金的金额，世界各地不同期货交易所有不同的规定，通常按交易金额的一定百分比收取，一般在 5% ～ 10%。该笔保证金一旦缴纳，即存入清算所的保证金账户。

追加保证金是指清算所规定的，在会员保证金账户金额短少时，为使保证金金额维持在初始保证金水平，而要求会员增加缴纳的保证金。清算所为了防止出现负债情况，采取逐日盯市的原则，用每日的清算价格对会员的净交易部位核算盈亏。当发生亏损，保证金账户金额下降时，清算所便要求会员必须缴纳追加保证金。

清算所规定缴纳追加保证金的目的是为了保证交易顺利进行，杜绝可能出现的违约现象。当会员净交易部位发生亏损时，清算所就会向会员发出追加保证金的通知，一般要求在第二天开市前就要缴纳。否则，清算所有权在第二天开市时，在期货交易所中，对违约客户已建立的交易部位按市价平仓或对冲，亏损部分由客户已缴纳的保证金来弥补。

### （四）期货交易的参加者

按参加期货交易的目的，交易者可分为下列两大类。

1. 套期保值者

套期保值者一般为实际商品经营者、加工者和生产者。他们的主要目的是在现货市场中进行实际货物的买卖。为了保障现货交易的正常合理利润，他们往往在期货市场上采取适当的套期保值策略来避免或减少价格波动风险带来的现货交易损失。

2. 投机者

投机者指在期货市场上通过"买空卖空"或"卖空买空"，希望以较小的资金来博取利润的投资者。与套期保值相反，投机者愿意承担期货价格变动的风险，一旦预测期货价格上涨，投机者就会买进期货合约（或称"买空"或"多头"）；一旦预测期货价格将下跌，就会卖出期货合约（或称"卖空"或"空头"），待价格与自己预料的方向变化一致时，再抓住机会进行对冲。

## 三、套期保值

### （一）套期保值的含义

套期保值是指期货市场交易者将期货交易与现货交易结合起来进行的一种市场行为。其定义可概括为交易者在运用期货交易临时替代正常商业活动中，转移一定数量商品所有权的现货交易的做法。其目的就是要通过期货交易转移现货交易的价格风险，并获得这两种交易相配合的最大利润。

### （二）套期保值的做法

套期保值者在期货市场上的做法有下列两种。

1. 卖期保值

卖期保值是指套期保值者根据现货交易情况，先在期货市场上卖出期货合约（或称建立空头交易部位），然后再以多头进行平仓的做法。例如，生产厂商或加工商在采购原材料的同时，为了避免价格波动的风险，往往采取卖期保值的做法。

2. 买期保值

买期保值是指套期保值者根据现货交易情况，先在期货市场上买入期货合约（或称建立多头交易部位），然后再以卖出期货合约进行平仓的做法。通常中间商在采购货源时，为避免价格波动，固定成本，经常采取买期保值的做法。

### （三）套期保值应注意的事项

1. 必须审慎从事

从套期保值的做法中得知，卖期保值是为了防止现货价格下跌，买期保值是为了防止现货价格上升。但如果在卖期保值后，价格非但没有下跌反而上涨，或买期保值后，价格没有上升反而下跌，那么套期保值的结果就会事与愿违。

套期保值对实物交易者而言，是排除了对现货市场价格变动风险进行投机，目的是为了保障实物交易中的合理利润免遭损失，而丧失了不做套期保值可以取得更多现货盈利的机会。

正因为如此，有人认为，对套期保值应有选择地进行。但由于市场价格变幻莫测，要对其走势做出正确判断并非易事，故目前一般商人仍习惯于在每笔实物交易之后，即做一笔套期保值的传统做法，以策万全。

2. 应注意基差的变化

套期保值的效果，往往取决于套期保值时和取消套期保值时实际货物与期货之间差价的变化，即基差的变化。

基差指的是在确定的时间内，某一具体的现货市场价格与期货交易所达成的期货价格之间的差额。用如下公式来表示：

基差 = 现货市场价格 - 期货市场价格

在现货市场的实物交易中，商人之间经常用基差来表示现货交易的价格，特别是在签订非固定价格合同时，用基差来表示实际现货价格与交易所期货价格的关系。

实践表明，套期保值的效果取决于基差的变化。从另一个角度讲，套期保值能够转移现货价格波动的风险，但最终无法转移基差变动的风险。然而，在实践中，基差的变化幅度要远远小于现货价格变动的幅度。交易者对基差的变化是可以预测的，而且也易于掌握。

# 第三章　国际分工与国际市场

## 第一节　国际分工的形成与发展

人类社会的经济发展史就是一部社会分工产生、发展的历史。国际分工与资本主义机器大工业的发展有密切联系，机器生产了丰富多彩的制成品，但同时也对原材料、劳动力和土地提出需求。机器在将原材料、劳动力和土地合为一个新产品的同时，又因机器"永不休止"地转动，滋生着对市场扩大的占有欲。市场的扩大本身表现为对原材料、劳动力、土地等生产要素需求的国际延伸，于是机器大生产在地理意义上得以扩展，国民经济的发展也就超越了国家的界限，通过国际贸易而与世界各国的经济发展相联系。同时，这种生产的国际化发展必然使社会分工发生一些新的变化。国内社会分工随着国际贸易的扩展而趋于外向型的发展格局，并进一步在国际市场上发挥作用，演变为国际分工。

### 一、国际分工的含义

国际分工是指世界上各国之间的劳动分工，它是社会分工发展到一定阶段，国民经济内部分工超越国家界限发展的结果，是国际贸易和国际市场的基础。

分工是一种社会范畴，最早、最简单的分工形式是按性别和年龄进行的自然分工。随着生产力的发展及社会分工的出现和发展，特别是资本主义工业革命后，国际分工就作为生产力发展的结果出现了。因此，它是生产力发展到一定水平后，一国国内社会分工的延伸，表现为生产的专业化、国际化和全球化。

### 二、国际分工的类型

按照参加国际分工的国家的自然资源和原材料供应、生产技术水平和工业发展情况的差异来分类，国际分工可划分为三种不同类型。

#### （一）垂直型国际分工

垂直型国际分工是指经济技术发展水平相差悬殊的国家（如发达国家与发展中国家）之间的国际分工，是部分国家供给初级原料，而另一部分国家供给制成品的分工形态。从历史上看，19世纪形成的国际分工是一种垂直型的国际分工。当时英国等少数国家是工业国，绝大多数不发达的殖民地、半殖民地成为农业国，工业先进国家按自己的需要强迫落后的农业国进行分工，形成工业国支配农业国、农业国依附工业国的国际分工格局。迄今为止，工业发达国家从发展中国家进口原料而向其出口工业制成品的情况依然存在，垂直型的国际分工仍然是工业发达国家与发展中国家之间的一种重要的分工形式。

### （二）水平型国际分工

水平型国际分工是指经济发展水平相同或接近的国家（如发达国家以及一部分新兴工业化国家）之间在工业制成品生产上的国际分工。当代发达国家的相互贸易主要是建立在水平型国际分工的基础上。水平分工可分为产业内与产业间水平分工。前者又称为"差异产品分工"，是指同一产业内不同厂商生产的产品虽有相同或相近的技术程度，但其外观设计、内在质量、规格、品种、商标、牌号或价格有所差异，从而产生国际分工和相互交换，它反映了寡头企业的竞争和消费者偏好的多样化。

随着科学技术和经济的发展，工业部门内部专业化生产程度越来越高，部门内部的分工、产品零部件的分工、各种加工工艺间的分工越来越细。这种部门内水平分工不仅存在于国内，而且广泛地存在于国与国之间。后者则是指不同产业所生产的制成品之间的国际分工和贸易。由于发达资本主义国家的工业发展有先有后，侧重的工业部门有所不同，各国技术水平和发展状况存在差别，所以，各类工业部门生产方面的国际分工日趋重要。各国以其重点工业部门的产品去换取非重点工业部门的产品，工业制成品生产之间的分工不断向纵深发展，由此形成水平型国际分工。

### （三）混合型国际分工

混合型国际分工是指"垂直型"和"水平型"相结合的国际分工方式。德国是"混合型"国际分工的典型代表，它与发展中国家形成的是"垂直型"国际分工，从发展中国家进口原料，出口工业品，而与发达国家形成的是"水平型"国际分工，它们之间相互进出口的产品主要是机器设备和零配件。

## 三、国际分工的形成与发展

历史上曾经出现过三次社会大分工，但只有在国家出现和社会生产力发展到一定水平之后，才形成国际分工。国际分工的发展历程大致经过萌芽、发展、形成和深化四个阶段。

### （一）国际分工的萌芽阶段（16—18世纪中叶）

国际分工萌芽于16世纪。15世纪末到16世纪初的"地理大发现"，促进了西欧国家的个体手工业生产向工场手工业生产过渡。当时国际分工形成阶段的产业革命还未到来，世界范围内仍是自然经济占统治地位，这些处于萌芽状态的国际分工、形式仍主要依赖自然条件的不同而带有明显的地域局限性。

新大陆的发现和新航线的开辟打开了国际市场的范围，为新兴的资产阶级提供了更广阔的活动场所。这时西欧的资本主义开始了它的资本原始积累时期，利用"火与剑"的手段，对亚洲、非洲和美洲进行残酷的掠夺。他们在这些地区开矿山，建立甘蔗、烟草、咖啡等农作物种植园，发展起了以奴隶劳动为总则的种植园制度，为本国生产和提供自己不能生产的农矿产品，当时盛行的"三角贸易"就是宗主国与殖民地之间的一种简单的国际分工形式。

这段时期是西欧各国进行资本原始积累时期，社会生产力和社会分工依然处在较低水平，但是它发展了国际贸易的规模，扩大了世界各国的联系，为资本主义生产方式的最终确立和国际分工的进一步发展打下了基础。

### （二）国际分工的形成阶段（18世纪60年代到19世纪60年代）

第一次产业革命的发生标志着国际分工进入了形成阶段。18世纪60年代到19世纪60年代，资本主义从工场手工业过渡到机器大工业，第一次产业革命完成。这个时期形成的工业国与农业国即宗主国和殖民地之间的国际分工基本上是以英国为中心的。

英国开始的工业革命（第一次产业革命）使资本主义制度最终战胜了封建制度，以蒸汽机和纺织机为代表的工业革命使社会生产力获得了惊人的进步，人类社会也因此向前迈进了一大步。这一时期国际分工的一个主要特点是在世界范围内初步形成了工业国和农业国的分工。英国是全世界伟大工业的中心，是工业太阳，日益增多的生产谷物和棉花的卫星都围着它运转。这种分工状况使原本在第一阶段就已出现的宗主国与殖民地之间的国际分工进一步加深和固定化。随着国际分工的壮大，国际市场上交换的商品从提供给贵族和商人的奢侈品向人们广泛需要的小麦、棉花、羊毛、咖啡、木材等大宗商品转变。

### （三）国际分工的发展阶段（19世纪中叶到第二次世界大战）

19世纪末到20世纪初是国际分工体系充分发展时期。19世纪70年代，人类社会发生了以电力为代表的第二次产业革命。各种新的生产手段相继产生，如发电机、电动机、蒸汽涡轮机、内燃机、汤姆士炼钢法等，各种新兴工业部门也随之出现，如电力、电气、石油、机车、汽车等，社会生产力大大地向前推进了一步。

这个时期的国际分工表现出了一些新的特点：第一，新的运输和通信方式把世界更紧密地连为一体，从而促进了国际分工的发展。第二，国际生产的专业化倾向进一步发展；英国由于发明了转炉炼钢技术，在钢铁工业方面领先于别国；美国在电力工业方面具有优势；德国在机械、造船方面成绩突出；日本的纺织工业则较发达。第三，世界各国对国际分工的依赖加深。农业国与工业国已经互相离不开了，农业国只有生产农矿产品的能力，其他所需产品都要依靠从工业国输入，工业国的情况亦是如此，庞大的基础工业和加工工业，既离不开农业国为其提供原材料，又离不开向农业国销售重要的产品。

### （四）国际分工的深化阶段（第二次世界大战后）

20世纪中叶发生了以原子能、计算机、航天工业为主要标志的第三次产业革命；第二次世界大战（简称"二战"）结束及第三次产业革命兴起，电子、信息、服务、软件、宇航、生物工程、原子能等新型产业高速发展，并渗透到经济生活的各个方面。这一阶段，国际分工从各个方面来看都比以往有了更深入、更广泛的发展。

这一时期的国际分工主要表现在以自然资源为基础的世界范围的工业与农业的分工已经削弱，以现代科学技术为基础的世界范围的工业分工成了国际分工发展的基本趋势。一方面，各国工业部门间的分工开始向部门内部、向企业内部的分工发展；另一方面，经济发达国家与发展中国家的分工格局发生了变化。它们之间旧式的工业国、农业国、矿业国的分工格局在逐渐弱化，而新式的工业分工格局在它们之间不断成长。发达国家不断把一些"夕阳产业"向发展中国家转移，这些被转移出来的产业主要是使用劳动力多，在高工资的发达国家不具竞争力的部门。

这样就在发达国家与发展中国家之间出现了一种新的分工格局，即高精尖工业与一般工业的分工、技术密集型产品与劳动密集型产品的分工。

## 四、当代国际分工的新特点

### （一）行业在产业结构上的相互依赖正进一步加深

随着科学技术的进步，世界经济正逐渐联结为一个整体。各个国家的产业结构在国际市场竞争的催化和比较利益的诱导下，正在变成世界产业结构的一个密不可分的组成部分。例如，20世纪80年代的东亚区域内出现了产业形态上的跨国分工与合作：日本主要生产和出口高新技术密集型产品；"四小龙"主要生产和出口普通技术密集型产品；东南亚国家则主要生产和出口劳动密集型产品。这种国际产业转移和分工将这些国家的经济紧紧地连为一体。

### （二）区域性自由贸易集团内部的产业分工协作日趋紧密

第二次世界大战后，经济一体化程度不同的区域性经济贸易组织或集团风起云涌，多数属于封闭式的一体化组织或集团，即对成员国和非成员国适用不同的政策措施。到目前为止，经济一体化程度最高的区域性经济贸易集团当数欧盟。在众多的经济一体化组织或集团中，成员国之间的贸易壁垒不断地降低，直至消除，但对于非成员国还保留高低不同的贸易壁垒。结果，一体化形成的内部市场促进了成员国之间资本、人员、商品、服务的流动，在某些情形下政府有意识地进行政策引导，更加深化发展了集团成员国之间的分工。

### （三）服务业分工发展成为国际分工的一种重要形式

第二次世界大战以前，国际分工主要局限于生产制造类产业部门，20世纪80年代后，国际分工开始从有形商品领域发展到无形商品领域。事实上，服务业国际分工的形成是以第二次产业革命和生产制造行业国际分工的发展为物质基础的。"二战"后，产业革命导致了一系列新兴服务部门的出现，如信息服务、计算机服务等。生产制造部门的急速发展则带动了一些直接为其提供服务的部门，如银行、保险、运输、信息、咨询等行业的发展，而后又将增长辐射到其他衍生服务部门，如教育、文化、娱乐、餐饮服务等部门。生产制造领域国际分工的迅速发展带动着服务行业国际分工的发展，特别是跨国公司的发展加速了服务业国际范围的扩张，形成依据竞争优势实现的服务业国际分工。目前所形成的服务业国际分工中，发达国家仍是国际服务业的主体，在服务业国际分工中居于主导地位。

### （四）跨国公司内部分工与外部分工构成国际分工的重要组成部分

内部分工指各构成实体之间的分工，分工可以是水平型，如同种产品在不同国家的复制，或不同区位的子公司间形成零部件分工生产协作；也可以采取垂直型，如规模庞大的石油公司，子公司分处于生产过程的不同阶段。外部分工指公司通过外包合同、长期买卖合同、企业合作而同外部企业建立的分工协作关系。跨国公司的跨国界生产活动在公司内部、外部形成有序的分工体系。跨国公司依照利润最大化原则安排其全球的生产经营活动，内部贸易和外部贸易就是跨国公司内部分工与外部分工的具体体现，由于跨国公司国际化经营的特征，这种内部分工和外部分工客观上就表现为跨国界的国际分工。

# 第二节 影响当代国际分工的主要因素

影响国际分工产生与发展的因素是多方面的，既有经济方面的条件，包括各国的科学技术水平、生产力的发展水平、国内市场的大小，也有国际政治方面的条件，各国政府、国际经济秩序的情况以及各国的自然条件的差异，包括气候、土地、资源、国土面积、人口、地理条件等。

## 一、社会生产力发展水平

### （一）国际分工是生产力发展的必然结果

一切分工，包括国际分工，都是社会生产力发展的结果。生产力的提高是社会分工形成与发展的前提条件。它突出地表现在科学技术的重要作用上。迄今为止出现的三次产业革命，都深刻地改变了许多生产领域，不断改善工艺技术、劳动过程和生产过程，使社会分工和国际分工随之发生变革。

### （二）各国的生产力水平决定了其在国际分工中的地位

在第一次产业革命中，英国是最先完成产业革命的，其生产力得到空前发展，使英国成为"世界工厂"，在国际分工中居于主导地位。在第二次产业革命中，继英国之后，欧美等资本主义国家也相继完成产业革命，生产力迅速发展，与英国一道成为国际分工的中心与支配力量；第二次世界大战后，原来的殖民地、半殖民地国家在政治上取得独立，努力发展民族经济，生产力得到较快的发展。一些新兴的工业化国家经济发展迅速，它们过去在国际分工中的不利地位已经在逐步改善。

### （三）生产力的发展还导致国际分工日益多样化和细分化

生产力的发展将不同类型的国家都卷入国际分工体系中，形成了世界性的分工，随着生产力的发展，各国参加国际分工的形式从"垂直型"向"水平型"和"混合型"过渡，出现了多类型、多层次的分工形式，国际分工纵深发展的结果是国际贸易中产品种类的多样化。

### （四）生产力的发展还决定了国际分工的产品构成

随着生产力的不断提高，国际贸易的产品构成从最初以初级产品为主，发展到"二战"后以工业制成品为主，高精尖产品的比重不断增强，中间产品、技术贸易和劳务贸易更多地出现在国际分工中。

### （五）科学技术在国际分工中的作用日益显著

科学技术在生产力的发展中起着决定性的作用，三次产业革命其根本上都是科技水平的跨越式发展所带来的。这种科学技术水平革命性的发展，既推动了社会生产力的迅猛增长，又客观上推动和加速了国际分工的产生与发展。

自然条件是影响国际分工产生与发展的重要因素。自然条件主要包括资源、气候、土壤、地理环境、国土面积的大小等，其对于国际分工的产生与发展起着十分重要的影响和作用，在国际分工发展的早期更是如此。例如，马来西亚盛产橡胶，古巴盛产蔗糖，赞比亚盛产钻石，这些都受各种自然条件的制约，而这些条件绝不是任何国家都能具有的。但是，随着生产力的发展，自然条件对国际分工的作用在逐渐减弱。自然条件只提供国际分工的可能性，而不提供现实性，要把可能性变为现实性还需要一定的生产力条件。

## 二、人口、生产规模和市场情况

人口的多少直接影响劳动力的供给。世界人口在各国分布不平衡，这就决定了各国劳动力多寡不一。劳动力丰富的国家在国际分工中主要从事劳动密集型产品的生产；相反，劳动力稀缺的国家多从事其他要素密集型产品的生产。这样就产生了两类国家的分工。另外，劳动力素质也制约着一个国家从事生产的类型。通常教育发达、劳动力素质高的国家多从事技术密集型产品的生产，相反则从事劳动密集型产品的生产。

生产规模也会影响国际分工。在一些小的国家或者发展中的国家，很难产生大规模的生产，形成规模经济。在人口和生产规模具备的条件下，国际分工还受制于国际商品市场的规模，而国际交换市场的规模主要取决于投入的商品数量、有支付能力的人口密度和交换的距离。

## 三、跨国公司和资本国际化

跨国公司和资本国际化对国际分工有推动作用。跨国公司通过对外投资把生产过程分散到世界各地，跨国公司的全球化战略大大地推动了国际分工。跨国公司在技术水平高及创新机制完善的欧美发达地区开展研发活动，在劳动力成本低及资源丰富的地区进行生产加工及装配，最终再把产品输送到全球各个市场。跨国公司从全球角度优化配置资本、技术、人才、管理和原材料等资源，其产品、资本都已经打破了传统的国家疆域界限，不断涌向世界各地。

资本流动的目的就是为了实现自身价值的最大增值，因此，在垄断资本最大限度地追逐垄断超额利润的情况下产生和发展起来的资本主义国际分工也必然具有不平等的性质。自19世纪末以来，资本输出就成为资本主义国家重要的经济现象。"二战"后，跨国公司的迅速发展和国际地位的提高、发展中国家对外资政策的变化都大大加速了资本的国际化进程，对国际分工的深入发展起着重要的作用；第二次世界大战后，国际资本流动以FDI为主体，占国际资本流动总量的70%以上。发达国家既是FDI的主要输出国，也是FDI的主要东道国，各占FDI输出、输入的70%左右。FDI进入其他国家主要考虑两个因素，一是市场导向，二是资源导向。资源导向FDI的客观效果是加强了发达国家之间、发达国家和发展中国家之间的分工，促进了国家间的贸易发展。

## 四、国家政策和国际政治经济秩序

上层建筑主要指具有能动作用的政府、军队和各种组织机构，他们既可以促进也能够阻碍国际分工的发展。各国政府经常借用上层建筑的力量推行各种对外贸易政策，以改善本国在国际分工体系中的地位。历史上，一些经济较发达的国家曾多次发动商业战争，强迫别国接受不平等条约，组成国际性的分工体系。"二战"后，许多国家加入地区性的经济一体化组织，在经济政策上和国际分工上相互协调，以促进经济的共同稳定发展。为加强自己在国际分工中的地位，各国普遍采用的方法是推行"奖出限入"的外贸政策，利用各种关税壁垒和非关税壁垒政策挡住外来产品，并利用各种出口补贴政策把本国的产品打入国际市场。这些政策都对国际分工的发展产生相当大的影响。

# 第三节　国际分工对国际贸易的影响

国际分工是国际贸易的基础，国际贸易是国际分工的体现，同时也影响着国际分工的发展。国际分工与国际贸易是互为条件、互相促进的两个方面。

## 一、国际分工是国际贸易的基础

### （一）国际分工影响国际贸易的发展速度

从国际贸易发展历史来看，在国际分工发展快的时期，国际贸易发展也快；相反，在国际分工发展缓慢时期，国际贸易也发展较慢或处于停滞状态。因此，国际分工是当代国际贸易发展的主动力。

### （二）国际分工影响国际贸易的地理分布

国际分工形式影响着国际贸易的地理分布。在国际分工中处于中心地位的国家，也是国际贸易的主要对象，在国际贸易中也居于主导地位。19世纪末以来，发达资本主义国家成为国际分工的中心国家，它们在国际贸易中一直居于支配地位。

### （三）国际分工影响对外贸易的地理方向

国际分工的形式同样也对各国的对外贸易地理方向有着重要的制约作用。对外贸易地理方向与各国相互分工程度呈正比关系。在以垂直型国际分工为主的时期，国际贸易关系主要发生在宗主国与殖民地落后国家之间。随着经济的发展，国际分工由垂直型向水平型发展，经济发展程度相当的国家和地区之间的贸易关系获得更多的发展，于是发达资本主义国家之间的贸易占据主要地位，而发达资本主义国家与发展中国家间贸易则退居次要地位。

### （四）国际分工影响国际贸易的商品结构

随着国际分工的发展，国际贸易的商品结构与各国的进出口商品结构不断发生变化；第二次世界大战后，这种变化表现在以下几个方面。

**1. 工业制成品在国际贸易中所占比重超过初级产品所占比重**

第二次世界大战前，由于殖民主义宗主国与殖民地落后国家的国际分工以垂直型分工为主，故初级产品在国际贸易中的比重一直高于制成品。

**2. 发展中国家和地区出口中的工业制成品不断增长**

随着发达国家与发展中国家和地区分工形式的变化，发展中国家和地区出口中的工业制成品不断增加。

3. 中间性机械产品的比重提高

随着国际分工的深化和跨国公司在国际分工中地位的提高与作用的加强，行业内部、公司内部贸易增加，中间性机械产品在整个机械工业制成品贸易中的比重不断提高，在各主要发达国家制成品贸易中占 70% 以上。

4. 服务贸易发展迅速

服务贸易在近年来，特别是在发达国家有了迅速的发展。服务贸易在各发达国家对外贸易中都占很大比重。

### （五）国际分工影响国际贸易利益

国际分工可以扩大整个国际社会劳动的范围，发展社会劳动的种类；可以使贸易参加国扬长避短，发挥优势，有利于世界资源的合理配置；可以节约全世界的劳动时间，从而提高国际社会的生产力。但是，由于国际分工的产生与发展是在资本主义生产方式内进行的，它代表了生产力发展的进步过程，同时也体现了资本主义社会的生产关系，因此，国际分工也成为旧的不平等的国际经济贸易秩序的重要组成部分。

资本主义发达国家凭借自己在市场上的独占地位，在国际贸易中高价卖出，低价买进，进行不平等交换；通过对外贸易转嫁经济危机，把国际贸易中的利益大部分、有时甚至是全部占为己有，使落后国家的贸易条件不断恶化，大大影响了这些国家的经济发展。

随着发展中国家在政治上取得独立、民族工业的不断发展、在国际政治经济舞台上的不断斗争，发展中国家在国际分工中的地位有所改善，贸易利益随之增多，但是还未发生根本性、实质性的变化。

## 二、国际贸易是国际分工实现的条件

### （一）国际贸易推动国际分工的发展

在现代科学技术的推动下，生产力得到了快速发展，国际分工更加细化，各国之间的分工向纵深发展，使国际社会经济形成一个多元的有机整体。这个有机体越是向前发展，它的各个部分、各种经济之间的联系就越是扩展、越是复杂。国际贸易作为国际经济有机体的联结系统，也就更加成为这个有机体不可分割的部分，它的纽带功能也就日益加强。随着世界经济的发展，商品交换作为国际社会经济有机体的经络系统和循环系统，既在推动自己存在的基础——国际分工的深化过程中不断强化自身的功能，同时又推动着立足市场、互相依存的国际社会经济多元体系向更高阶段发展。

### （二）国际贸易影响国际分工功能的实现

国际分工是国际经济生活的一种基本形式，是社会一切具体经济活动的基础结构。分工是生产的范畴,是各国生产者之间通过市场而形成的一种相互劳动关系,在国际分工的作用下,各国能解放劳动的局限性,扩大活动范围,缩短达到一定目标所需要的劳动时间,形成单个国家不能发挥出来的巨大力量,从而能促进社会生产力的发展。通过国际分工能够提高各国劳动者的综合技能;提高全社会的效率;可以节约资源、降低劳动成本;使各种生产要素配置合理。上述的功能是通过国际商品交换实现的,但其实现的程度与合理性又受到国际贸易机能的制约。在平等互利的贸易基础上,上述国际分工的功能会得到充分、合理的实现;反之,在不平等、控制和垄断的贸易环境下,上述国际分工的利益不会充分、圆满地实现,从而影响到一国经济结构的形式。

### （三）国际贸易的规模影响国际分工的发展

分工、交换、市场这三个概念是密不可分的。分工引起交换,交换需要市场。生产越发展,分工越细密,交换就越频繁,市场也就日益扩大。可以说,没有分工就没有商品交换,也就不需要有市场。所以,社会分工是商品经济的基础,市场是商品经济中社会分工的表现。社会分工的发展决定着交换的深度、广度和方式,也决定着市场的规模和内容;反之,交换的种类、数量以及市场的规模也会影响生产和分工的发展。国际贸易以国际分工为基础,当今国际商品交换的规模影响国际分工的规模,而国际商品交换发展的速度影响国际分工扩大的程度。

### （四）国际贸易促进参与国际分工主权国家的分工利益

国际贸易作为分工跨越国界发展的必然产物,极大地促进了人类社会和世界经济的发展,给参加国际贸易的国家带来极大的利益或好处,经济学家罗伯逊甚至提出了国际贸易是"经济增长的发动机"的观点。国际贸易利益可以弥补产品不足,提高福利水平;有利于资源的有效配置,提高社会的产出水平;促进国内产业的规模经济发展和效率提高;有利于引进先进的设备、技术和管理经验。

### （五）国际贸易影响国际分工的发展方向

在国际分工下,各国的商品生产是为国际交换而进行的生产。因此,各国生产的商品在使用价值上是否符合消费者的需要,它们的价值能否得到国际社会的承认,成为各国生产者时刻关心的重要问题。也就是说,商品的生产是否需求对路、价格信息通过国际商品交换传递是否及时准确是十分重要的,其所形成的国际贸易将影响国际分工的发展方向。伴随知识经济的不断深入,作为经济发展的一部分,国际分工正发生和将发生的变化是巨大的。知识经济时代国际分工的变化是由四个因素引起的:生产要素、市场状况、产业结构和企业组织。这些因素将在新世纪的国际分工中发挥更重要的作用。

# 第四节　国际市场的产生与发展

## 一、国际市场的含义

国际市场是由国际分工联系起来的各个国家和地区之间以商品流通和劳务交换为主要内容的商品交换活动的总和，是国内市场的延伸。它包括世界商品市场、世界服务市场、世界金融市场。

国际市场是在各国国内市场的基础上形成的。但是，国际市场并不是各国国内市场的简单相加，两者之间既有不可分割的联系，又有十分明显的差别。国际市场这一概念可以从其内涵与外延两个方面来理解。国际市场的内涵，是指国际商品经济关系的总和，包括商品交换背后的生产者之间的关系。国际市场的外延，是指它的地理范围，其地理范围要比一国的市场范围大，前者包括世界各国之间的商品交换，后者只包括一国疆域之内的商品交换。在国际市场的内涵和外延两方面中，其内涵决定国际市场的经济本质。

## 二、国际市场形成与发展的历程

国际市场是国内市场在范围上的延伸，是伴随着社会生产力水平的提高与国际分工的形成发展起来的。

### （一）萌芽阶段（16世纪初至18世纪60年代）

国际贸易虽然在公元前就已经出现，但在相当长的历史时期内，由于社会生产力水平低下，商品经济落后，交通不发达，由此并不存在世界性的市场。15世纪末至16世纪初的地理大发现对西欧经济的发展产生了巨大的影响，为国际市场的形成准备了条件。地理大发现之前，世界上只存在若干区域性的市场；地理大发现之后，区域性市场逐渐扩大为国际市场。新的国际市场不仅包括欧洲原有的区域性市场，而且包括亚洲、美洲、大洋洲和非洲的许多国家和地区。这一阶段，国际市场中处于支配地位的是前资本主义的商业资本。

### （二）迅速发展阶段（18世纪60年代至19世纪70年代）

18世纪中叶以后，英国和欧洲其他国家先后进行了产业革命，建立起机器大工业。在机器大工业的推动下，国际贸易发生了根本性的变化，促进了国际市场的迅速发展。这一阶段，国际市场的范围不断扩大，中欧、东欧、中东以及印度洋沿岸的广大地区都成为国际市场的组成部分，南太平洋和远东的澳大利亚、日本和中国等也开始进入国际市场。

同时，国际商品流通的基础已经不再是小商品生产者的工场手工业品，而是发达资本主义国家（主要是英国）的工业制成品与经济落后国家的食品、原料的交换。国际市场上主要的经济联系是工业国家和农业国家之间，而各工业发达国家之间的贸易联系也大大加强。这一时期国际市场的主要特点是产业资本取代商业资本而占据了统治地位。

### （三）形成阶段（19世纪70年代至第二次世界大战前）

19世纪70年代发生了第二次产业革命。这次产业革命，一方面促进了社会生产力的极大提高，使工农业生产迅速增长，交通运输业也发生了革命性的变革，大大改变了欧洲的经济面貌，也改变了世界经济的面貌。尤其是交通运输业的革命，成为19世纪末世界经济、国际市场发展的主要推动力。另一方面，第二次产业革命也推动了资本主义生产关系由自由竞争向垄断阶段的过渡，资本输出急剧扩大并具有特别重要的意义。资本输出使生产的社会化和国际化逐步实现，并与商品输出相结合，从而加强和扩大了世界各国间的商品流通。这一阶段，国际贸易把越来越密的经济网铺到了整个地球的各个角落，世界各国从经济上互相联结起来了。该时期在世界历史上第一次形成了统一的国际市场，其主要特点是垄断资本在国际市场占据了统治地位。

## 三、第二次世界大战后国际市场发展的新特点

### （一）国际市场规模空前扩大

由于第二次世界大战后一系列殖民地国家独立，他们开始以独立主权国家的身份进入国际市场，国际市场的参与者增加。世界贸易组织（WTO）及其前身GAFT致力于推动国际贸易自由化，包括一些区域性贸易自由化的达成（欧盟、北美自由贸易区），国际区域市场不断扩大。国际贸易不断增长的同时也推动了国际金融市场的发展。同时各国卷入国际市场的深度也在增加，表现为各国对外贸易额占其国民生产总值的比重，即外贸依存度有提高的趋势；国际贸易的方式呈现多样化，国际经济和总形势呈现多样化。

### （二）区域经济一体化和跨国公司给国际市场以巨大影响

世界各国经济联系日益加强，部分国家已经组成地区性经济集团，在一定区域内追求更紧密的国际经济联系，出现了许多跨国家的区域性市场。这些地区性经济集团，对内实行较高的自由贸易，对外实行统一的贸易政策。总体上，第二次世界大战后的区域经济一体化没有使国际市场变小，而是使国际贸易自由化程度不断提高，推动了区域经济一体化和国际市场的发展。

第二次世界大战后跨国公司的兴起与发展也给国际市场带来了巨大影响。跨国公司利用雄厚的资本和技术研发上的优势，通过对外直接投资，绕过贸易壁垒，进入国际市场。

跨国公司在全球布局其价值链的生产活动，给国际市场带来了深刻的影响。

### （三）经济一体化与全球化趋势

随着跨国公司的兴起、自由贸易不断发展，国际贸易、互联网使全球各个市场紧密地联系在一起，大大加强了各国之间的经济紧密程度，进而使国际市场出现经济一体化及全球化趋势。

## 第五节　国际市场价格

### 一、国际市场价格含义

国际市场价格是指在一定条件下国际市场上形成的价格，也就是某种商品在世界市场上实际买卖时所依据的价格。商品的国际市场价格通常由生产成本、流通费用、税金和利润构成。但是，在商品的国际市场价格中，流通费用、商业利润和税金所占的比重往往较大。

### 二、影响国际市场价格变动的因素

#### （一）供求关系

商品国际市场价格围绕着国际生产价格上下波动。商品国际市场价格由国际市场上商品的供求关系决定。世界市场上某商品供过于求，则该商品的国际价格将下降；供不应求，则价格上涨。

#### （二）竞争态势

竞争的影响包括卖主之间的竞争和买主之间的竞争以及买主和卖主之间的竞争。买主之间的竞争表现为买主纷纷报高价购买某种稀缺商品，如近年来各国对中东和中亚国家部分油田股份的抢购；买主和卖主之间的竞争对国际市场价格的影响较大，如欧佩克石油输出国组织与西方国家在石油价格上的竞争。

#### （三）垄断力量

国际垄断组织所形成的垄断价格有两种形式：垄断高价、垄断低价。在国际市场上，国际垄断组织为了追求最大限度的利润，往往凭借它们所具有的经济力量，通过相互协议或联合，采取瓜分销售市场，规定统一价格，限制商品产量、销售量、购买量和采购时间等措施直接或间接地控制某一部门或几个部门产品的国际价格。对于劳务技术的提供、价格和市场，它们也采用种种办法进行操纵和控制。

### （四）经济周期

世界经济发展有一定的经济周期，国际市场价格也会随经济周期波动。在危机阶段，生产下降、商品滞销使大部分商品的国际市场价格下降。危机后，经过一段时期的萧条，经济逐渐复苏，以至高涨，生产逐渐上升，需求逐渐增加，价格便逐渐上涨，直至另一经济危机发生，价格便又下跌。

### （五）汇率波动

汇率波动是由一国货币供给和需求的变动引起的。汇率的波动有时也受政府的汇率政策直接影响或控制。当汇率发生变化，一国货币出现了升值或者贬值，便立即会对该国的进出口商品价格带来影响。如果一国货币升值，该国的出口商品价格会上升，进口商品价格会下降；如果货币贬值，该国的出口商品价格会下降，进口商品价格会上升。

### （六）各国政府政策

政府的政策对世界市场价格的影响是很大的，其直接或间接地导致世界市场价格发生波动，如支持价格政策、出口补贴政策、进出口管制政策、税收政策、战略物资收购政策及倾销政策等。

### （七）自然灾害、政局动乱及投机等因素

如海湾战争期间，科威特的石油生产完全被摧毁，其他产油国的石油生产也受到了不同程度的影响。这不仅使世界市场上石油的供给处于紧张状况，而且使石油及其相关产品的价格也产生了极大的波动。

此外，还有一些因素也在影响着商品的世界市场价格，比如商品包装的好坏在一定程度上影响着商品的价格；商品销售中成交数量的多少、广告宣传的效果、名牌效应以及服务质量等因素也都会影响商品的世界市场价格。

## 三、国际市场价格的种类

### （一）世界"自由市场"价格

世界"自由市场"价格是指在国家间不受私人垄断或国家垄断力量干扰的条件下，由独立经营的买者和卖者之间进行交易的价格。主要包括以下几种类型：

1. 交易所价格

交易所价格是指商品交易所交易商品时所形成的价格。交易所价格分期货价格和现货价格两种。期货价格是商品在期货交易中的成交价格。期货交易是预买、预卖、预期交割

的交易形式。现货价格是指商品在现货交易中的成交价格。

2. 拍卖价格

拍卖是国际市场上出售商品的一种方式。拍卖价格是指通过拍卖方式出售商品的价格，它是通过公开竞争形成的实际成交价格，并且是现货成交价格，因此它能反映某些商品市场行情的变化和水平。目前，国际上较著名的拍卖市场主要有伦敦的茶叶市场、悉尼的羊毛市场等。

3. 开标价格

开标价格是指通过招标、投标形式而成交的价格。招标是国际贸易中一种主要的贸易方式。招标人为了购买货物或是工程发包，预先招来一批供货人或承包人进行投标，然后与递价及各方面条件对招标人员有利的投标人达成交易。采用招标方式购买货物，由于参加投标的人较多，竞争性较强，成交价格一般都比较低。

### （二）世界"封闭市场"价格

世界"封闭市场"价格是买卖双方在一定的特殊关系下形成的价格。商品在国家间的供求关系对它一般不会产生实质性的影响。其主要包括以下几种类型。

1. 调拨价格

调拨价格又称转移价格，是指跨国公司内部购买商品和劳务时规定的价格。这种价格不是按照生产成本和正常的营业利润来制定的，而是根据跨国公司的全球性经营"战略部署"和子公司所在国的具体情况人为地加以制定的，以达到调节利润、减轻全球总税负、扶植子公司、规避风险、调拨资金以及获取跨国公司在国际市场上的竞争优势的目的。

2. 垄断价格

垄断价格是指国际垄断组织利用其经济力量和市场控制力量决定的价格。在世界市场上，垄断价格有两种。一种是卖方垄断价格（垄断高价）；另一种是买方垄断价格（垄断低价）。

3. 区域性经济贸易集团价格

区域性经济贸易集团价格是指区域性经济贸易集团内部形成的区域性经济贸易集团内部价格，如欧盟共同农业政策中的农产品价格。其主要内容包括：欧盟内部农产品实行自由贸易；对许多农产品逐步实行统一价格来支持农业生产者的收入；通过规定最低的进口价格来保证农产品价格的稳定及为内部生产提供一定的优惠幅度；征收进口差价税，以保证最低价格的实施；以最低价格对农产品进行支持性采购；在农产品过剩条件下，向消费者和出口商提供补贴以促进国内消费和出口。

4. 国际商品协定下的协定价格

国际商品协定下的协定价格是指在国际商品协定中规定的价格。国际商品协定是指某些商品的出口国和进口国之间，为稳定价格和保证贸易发展而缔结的政府间的多边贸易协定。在国际商品协定中，通常采用最低价格和最高价格等办法来稳定商品价格。当有关商品降到最低价格以下时，就减少出口，或用缓冲基金收购商品；当有关商品价格上升到最高价格时，则扩大出口或抛售缓冲库存。

国际商品协定下的协定价格能否保证，依赖国际市场行情的变化、商品协定是否被执行以及参加协定的国家是否协调一致等因素。

# 第四章　国际贸易政策

## 第一节　对外贸易政策概述

### 一、对外贸易政策的含义、构成及特征

**（一）对外贸易政策的含义**

对外贸易政策是指一国为了某种目的而制定的对进出口贸易活动进行管理的原则、方针和措施的总称。对外贸易政策所包含的因素主要有五个方面。

1. 政策主体

即政策的制定者和实施者，一般来说，各国政府是对外贸易政策的制定者和实施者。

2. 政策客体

即对外贸易政策规范、指导、调整的对象，主要是从事国际贸易活动的企业、机构和个人。

3. 政策目标

即制定贸易政策所要达到的目的，是确定政策内容的依据。

4. 政策内容

即贸易政策所涵盖的方面。

5. 政策手段

即为实现政策目标所采取的对外贸易管理措施。

**（二）对外贸易政策的构成**

对外贸易政策一般由对外贸易总政策、商品进出口和服务政策以及国别或地区对外贸易政策构成。

1. 对外贸易的总政策

即着眼于整个国民经济的发展，以一个较长时期为时间范围所实行的政策，包括制定外贸发展的目标和措施等。

2. 商品进出口政策

即根据对外贸易总政策和经济结构、国内市场状况而分别制定政策，如有意识地扶植某些出口部门，或暂时限制某些种类商品的输入等。一国的商品进出口政策通常与该国的产业发展政策有关。

3. 有关国别贸易政策

即根据有关的经济格局以及政治社会关系等，对不同的国家或地区制定不同的政策。

通常，上述三方面是交织在一起的，即贸易发展的目标要通过外贸商品和贸易对象的选择来实现。不过一国总是根据国内和国际形势的变化，可能会重视外贸政策的某一个方面。

### （三）对外贸易政策的主要特征

尽管各国的社会制度有所不同，经济发展水平也存在差异，但对外贸易政策都是国内经济政策的延伸，都具有如下特征。

1. 服从于国家整体经济发展的需要

对外贸易政策是国家整体经济政策的组成部分，它服从于国家整体经济发展的需要。在外贸政策目标、外贸政策手段方面，它要与国家整体经济政策目标（经济增长、经济稳定、经济效率和经济进步）和经济政策手段相协调。

2. 对外贸易政策与贸易理论紧密相连

贸易理论作为上层建筑的一部分，产生于一定的经济实践基础之上，它试图说明国际贸易是如何产生的，贸易的流向如何，贸易双方国家从贸易中获得什么利益。当一国崇尚某一贸易理论时，这一理论就会对国家选择什么样的外贸政策产生影响。

3. 对外贸易政策与外交政策紧密相连

外贸政策与外交政策是相互促进、相互服务的，但从总体上说，主要是外交政策服务于外贸政策，外交为外贸打通道路、建立联系。

4. 对外贸易政策具有层次性

对外贸易总政策是最高层次的外贸政策，它是国家根据本国国民经济的总体情况、本国在世界舞台上所处的经济和政治地位、本国的经济发展战略和本国产品在世界市场上的竞争能力以及本国的资源、产业结构等情况而制定的在较长时期内实行的对外贸易政策。

5. 外贸政策具有很强的实践性

外贸政策的制定和执行要根据世界贸易活动的大环境，要针对本国经济发展的实践不断地对外贸政策进行选择和修订。

## 二、对外贸易政策的基本类型

从对外贸易政策的产生与发展来看，对外贸易政策的基本类型有自由贸易政策和贸易保护政策。

### （一）自由贸易政策

自由贸易政策的主要内容是国家取消对进出口贸易和服务贸易等的限制和障碍，取消对本国进出口商品和服务贸易等的各种特权和优待，商品自由进出口，服务贸易自由经营，在国内外市场上自由竞争。

### （二）贸易保护政策

贸易保护政策的主要内容是国家广泛地利用各种限制进出口的措施来控制经营领域与范围，保护本国产品和服务在本国市场上免受外国商品和服务的竞争，并对本国出口商品和服务贸易给予优待和补贴。

## 三、对外贸易政策的制定和执行

### （一）制定对外贸易政策的制约因素

从实践上看，一国制定外贸政策要受到以下几个因素的制约。

1. 经济力量的强弱

一般来说，经济比较发达、国际竞争力较强的国家总体上倾向于自由贸易政策，主张在世界范围内进行自由竞争与合作；反之则倾向于贸易保护政策，限制对外贸易。一国国际竞争力相对地位的变化也会影响贸易政策的选择。

2. 经济发展战略的选择

基本上，采取外向型经济发展战略的国家，会制定比较开放和自由的贸易政策，贸易对一国的经济发展越重要，该国就越会主张在世界范围内进行竞争和合作。

3. 利益集团的影响

贸易政策的实施会对本国不同的利益集团产生不一样的影响，如自由贸易政策有利于出口集团、进出口贸易商和消费者，但会给进口集团带来损失。从这一点可以看出，外贸政策就是不同利益集团之间斗争的结果，往往某一集团占有优势，外贸政策的制定过程就会倾向于该集团的需要。

4. 国际环境和一国的外交政策

外贸政策和外交政策的关系是非常密切的，两者既互相影响，也相互促进，甚至一些国家把外贸政策作为达到外交目的的一种手段。

总之，一国选择什么样的外贸政策受很多因素影响，但是世界发展的总体趋势决定了各国选择外贸政策的共性。总体来看，既要积极参与国际贸易分工，又要把获取贸易分工利益的成本降到最低，可以说这是各国制定外贸政策的基点。

### （二）对外贸易政策的执行

各国对外贸易政策的制定与修改是由国家立法机构进行的，而立法机构在制定和修改有关外贸法令前，一般都要广泛地征求各经济集团的意见，如发达资本主义国家一般要征询大垄断集团的意见。最高立法机关所颁布的各项对外贸易政策，既要包括一国在较长时期内对外贸易政策的总方针和基本原则，又要规定某些重要措施以及给予行政机构的特定权限。对外贸易政策的具体实施过程则由行政机构负责，政府部门根据有关法令制定具体的实施细则，主要有以下几种方式。一是通过海关对进出口贸易进行监督管理。海关是国家行政机关，是设置在对外开放口岸的进出口监督管理机关，负责对进出国境的物品和运输工具进行监督管理，稽查征收关税和代征其他税费，查禁走私等；二是国家广泛设立各种行政机构，负责促进出口和管理进口；三是以政府名义参与各种和国际贸易有关的国际机构与组织，促进国际贸易方面的协调工作。

# 第二节　国际贸易政策的历史演变

国际贸易政策是不断发展变化的。不同时期，各国会采取不同的贸易政策，在同一发展时期，各国由于情况不同，也会实行不同的贸易政策，不同的贸易政策又有不同的理论基础。

## 一、资本主义生产方式准备时期的重商主义贸易政策

16世纪至18世纪是资本主义生产方式的准备时期。重商主义国际贸易政策是资本主义资本原始积累时期欧洲各国普遍实行的政策，最早出现于意大利，后来在西班牙、葡萄牙和荷兰实行。英国、法国、德国和俄国也先后实行，是当时欧洲各国旨在实现国家富强的一系列经济政策的一个重要组成部分。

早期和晚期的重商主义都强调对外贸易顺差的重要性，都主张实行贸易保护政策，通过奖出限入，实现贸易顺差，达到金银流入、增加财富的目的。重商主义的贸易政策有以下几点。

### （一）进口管制政策

对非生产性产品限制进口，尤其是禁止奢侈品的进口；对生产用的原材料鼓励进口，对竞争性产品限制进口；对于竞争力强的进口商品征收一定的保护关税，以抵销它们的竞

争力；对于本国出口的商品，减除或免除出口关税，并给予各种补贴；当国内生产的商品出口后，将征收的国内税退还给出口商。

### （二）管制短缺物资出口

禁止重要原料的出口，但许可自由进口原料，加工后再出口。

### （三）独占殖民地贸易与航运

设立独占殖民地贸易公司（如英、法、荷等国成立的东印度公司），在殖民地经营独占性的贸易与海运，使殖民地成为本国制成品的市场和原料供给地。

1651年英国通过了重要的航海法案，该法案规定，一切输往英国的货物必须用英国船只或原出口国船只装运，对亚洲、非洲及北美的贸易必须由英国或殖民地的船只载运。

重商主义的政策和措施促进了英国等国资本的原始积累，推动了资本主义生产方式的建立。

## 二、资本主义自由竞争时期的自由贸易政策

自由贸易政策产生于18世纪初的英国，是18世纪新生资产阶级"自由放任"思想对外经济关系的延伸。19世纪20年代，英国完成了工场手工业向机器大工业的过渡，工业生产迅猛发展，成为世界的工业制造中心和商品贸易中心。1820年，英国的工业生产在全球工业生产中所占比例为50%，在这种情况下，原来实行的贸易保护政策越来越难以适应经济和贸易发展的需要，为此英国新兴的资产阶级强烈要求废除重商主义时期的贸易保护措施，推行自由竞争和自由贸易政策。自由贸易政策成为对外贸易政策的主流。

英国推行自由贸易政策的重要措施有以下几点。

### （一）取消外贸经营特权

1831年和1834年，英国先后废止了国际贸易的垄断权，将贸易经营权范围扩大到一般涉外公司。

### （二）降低关税税率，缩减纳税商品项目

在重商主义时期，英国有关关税的法令多达千件以上。英国政府从1825年开始简化税法，实行新的税率制度，关税税率大大降低，进口纳税的商品项目也大大减少。

### （三）废除《航海法》和《谷物法》

《航海法》是英国为限制外国航运业竞争和垄断殖民地航运事业而制定的政策，从1824年起逐步废除，至1854年，英国的沿海贸易和殖民地全部向其他国家开放。《谷物法》是英国政府于1815年颁布的旨在限制或禁止谷物进口的法律。从1838年开始，英国国内掀起了声势浩大的反《谷物法》运动。1846年，议会通过了废除《谷物法》的议案，

并于1849年生效，英国因此取得了19世纪自由贸易的伟大胜利。

### （四）改变对殖民地的贸易政策

在18世纪，英国在殖民地的航运享有特权，殖民地的货物输入英国则享受特惠关税待遇。大机器工业建成后，英国对殖民地逐步采取自由放任态度，它们不仅可以对任何国家输出或输入商品，而且可以与外国签订贸易协定，建立直接的贸易关系。

### （五）与外国签订体现自由贸易精神的贸易条约

比如1860年英国与法国签订了"科伯登"条约。该条约规定，英国对法国葡萄酒和烧酒的进口予以减税待遇，并承诺不禁止煤炭的出口，法国则保证对从英国进口的一些制成品征收不超过商品价格30%的关税。

在英国的推动下，各国纷纷降低关税，荷兰、比利时开始执行自由贸易政策。美国、德国等国家虽然没有推行自由贸易政策，但也不同程度地降低了保护关税，从而使自由贸易政策成为19世纪中后期占主导地位的政策。

## 三、资本主义自由竞争时期美国和德国的贸易保护政策

与英国不同，在19世纪资本主义自由竞争时期，美国和德国先后实行了贸易保护政策。其根本原因在于这些国家工业发展水平不高，经济实力和商品竞争能力都无法与先行发展的资本主义国家英、法抗衡，需要采取强有力的政策措施（主要是保护关税措施）以保护本国的幼稚工业，避免遭受英、法的商品竞争，因而逐步实行了一系列鼓励出口、限制进口的措施。这时的贸易保护政策就是国家广泛利用各种限制进口的措施，保护国内市场免受外国产品的竞争，并对本国商品给予优待和补贴，以鼓励出口。

## 四、资本主义垄断前期的超贸易保护政策

从19世纪70年代到第二次世界大战前，垄断的加强使资本输出占统治地位，资本主义进入垄断时期。这一时期，各国普遍完成了产业革命，工业得到迅速发展，世界市场的竞争开始变得激烈，特别是1929—1933年的资本主义经济大危机，使市场矛盾进一步尖锐化，主要资本主义国家为垄断国内市场和争夺国外市场，纷纷采取了干预对外贸易、不同程度地提高关税、实行外汇限制、鼓励出口等超贸易保护政策。

## 五、"二战"后世界贸易自由化时期

20世纪50年代至70年代中期，主要资本主义国家掀起了一股贸易自由化的浪潮。随着生产国际化和资本国际化的发展，出现了世界范围内的贸易自由化趋势。国家之间通过双边和多边的贸易条约与协定，采取削减关税壁垒、抑制非关税壁垒等措施，促进世界贸易的发展。如关贸总协定缔约方通过多边贸易谈判，大幅度降低了进口关税率，经济集

团内部逐渐取消了关税,发达国家对发展中国家实行普遍优惠政策等。

值得注意的是,战后出现的贸易自由化倾向和资本主义自由竞争时期由英国等少数国家倡导的自由贸易不同。资本主义自由竞争时期的自由贸易反映了英国工业资产阶级资本自由主张的需要,代表了资本主义上升阶段工业资产阶级的利益和要求。战后的贸易自由化倾向是在国家垄断资本主义日益加强的条件下发展起来的,反映了垄断资本的利益,是世界经济和生产力发展的内在要求。它在一定程度上和贸易保护政策相结合,是一种有选择的贸易自由化。在具体实行中,这种自由化政策形成了这样的趋势:工业制成品的贸易自由化程度超过了农产品;机器设备类制成品的贸易自由化超过了工业消费品;区域性经济集团内部的贸易自由化超过其外部;发达国家之间的自由化程度超过发展中国家。因此,这种贸易自由化倾向发展并不平衡,甚至是不稳定的,当本国经济利益受到威胁时,保护贸易倾向必然重新抬头。

## 六、新贸易保护主义的崛起

新贸易保护主义是相对于自由竞争时期的贸易保护主义而言的。它形成于20世纪70年代中期,资本主义国家经历了两次经济危机,经济出现衰退陷入滞胀的困境,就业压力增大,市场问题日趋严重。因此,以国内市场为主的产业垄断资产阶级和劳工团体纷纷要求政府采取保护贸易措施。此外,20世纪70年代后,主要的发达资本主义国家的经济实力发生了显著变化。日本和德国在国际竞争中的实力日益增强,美国的实力相对削弱,在这种情况下,美国一方面迫使拥有巨额贸易顺差的国家开放市场,另一方面则加强对进口的限制。因此,美国成为新贸易保护主义的重要策源地。美国率先采取贸易保护主义措施,引起贸易政策的连锁反应,各国纷纷效尤,致使新贸易保护主义得以蔓延和扩张。

新贸易保护主义与传统的贸易保护主义相比,限制进口的措施从关税壁垒转向非关税壁垒。随着关税减让谈判的继续进行,关税壁垒的作用越来越有限,发达国家更多地用非关税措施来保护市场,其中包括进口配额制、"自动"出口限额制、有秩序的销售安排、进口许可证制度、技术标准等。同时,以世界贸易组织的免责条款为依据,滥用反补贴、反倾销这些所谓维持"公平"贸易的武器来削弱其他国家的竞争优势。

## 七、贸易自由化的进一步发展

### (一)以管理贸易政策为主导

20世纪70年代以来,在新贸易保护主义的基础上产生了管理贸易政策,即"有组织的自由贸易"。其主要目的在于既争取本国对外贸易的有效发展,又在一定程度上兼顾他国利益,达成双方或多方均能接受的折中方案,以限制贸易战及其破坏程度,共同担负起维护国际经贸关系相对稳定和发展的责任。20世纪90年代以后,西方发达国家的经济逐渐走出低谷,在美国的示范和推动下,管理贸易政策逐渐成为西方发达国家的对外贸易政策。这些国家对内制定各种对外经济贸易法规和条例，加强对本国进出口贸易的有序管理；对外通过协商，签订各种对外经济贸易协定，以协调和发展缔约国之间的经济贸易关系。

### （二）强调公平贸易

20世纪90年代以来，随着世界经济形势的好转和经济全球化的加速，贸易自由化在已有基础上进一步向纵深发展，成为各国对外贸易政策的主流。当今的贸易自由化意味着降低政府对外贸的控制和干预，表现为以价格机制的调节，扩大服务市场的准入，取消对外投资的限制等。世界贸易组织取代关贸总协定成为多边贸易体制的组织和法律基础，为全球的贸易自由化奠定了良好的基础。以世界贸易组织为基础的多边贸易体制作用加大，地区经贸集团主动推行贸易自由化，发展中国家和地区以及转型国家也主动推行贸易自由化措施。

## 第三节 国际贸易政策的选择

贸易政策的本质是国家利益的产物。任何一国国际贸易政策的制定都是以本国利益为基点。从总体来说，一个国家选择哪一种对外贸易政策，要结合该国的经济发展水平和其在国际经济中所处的地位，不仅考虑这种贸易政策导致资源配置效率的高低，还要兼顾国家利益。不同的国家在同一历史时期实行的贸易政策会不同，一个国家在不同的发展时期实行的贸易政策也不会相同。一般来说，居优势地位的国家提倡自由贸易政策，其他国家及其部门则愿意实行贸易保护政策。

### 一、自由贸易政策和贸易保护政策的利弊

国际贸易理论分为自由贸易和保护贸易两大理论学派。相应地，从国际贸易产生和发展的历史考察，对外贸易政策可归纳为自由贸易政策和贸易保护政策两大类型。

所谓自由贸易政策是指国家放宽或是取消对进出口贸易的限制，对本国进口商品不给予特权或优惠，使商品能自由进口和出口，在国内外市场上自由竞争。贸易保护政策是指国家采取各种限制进口的措施，以保护本国商品在本国市场上免受国外商品竞争，并对本国出口商品给予优惠和补贴，以鼓励商品出口，即奖出限入。自"羊毛—葡萄酒"式的经典国际贸易模型问世以来，自由贸易论者大多认为，所有参与贸易的国家都可以从不受约束的商品交换和国际分工中获益。在他们看来，既然自由贸易有利于在世界范围内实现资源的合理配置和国家经济利益的最大化，那么自由贸易政策应当是世界各国的最佳选择。这种看法在绝对利益理论、比较利益理论、要素禀赋理论以及产业内贸易理论等自由贸易

理论中均得到一定程度的体现。

然而，自由贸易政策与现实之间存在一定矛盾。无论从时间还是从空间的角度看，自由贸易政策都只是某些国家在一定时期的特殊现象，并且伴随着宽松程度不等的贸易保护政策。英国在实行一个半世纪的自由贸易政策之后，于20世纪30年代转而实行贸易保护政策，而美国、德国则基本依靠贸易保护政策发展成为世界经济强国。即使在自由贸易规则日趋统一的今天，贸易自由化进程仍然面临保护主义的严峻挑战。特别是随着全球性金融危机的蔓延及扩展，以美国、欧盟、日本为首的发达国家贸易保护主义开始抬头，其他国家也不同程度地采取相应的贸易保护措施。而且，目前的贸易保护手段更加灵活多样和富有隐蔽性，在传统的关税等保护手段作用被削弱的同时，诸如滥用反倾销的贸易救济措施以及制定歧视性的技术贸易壁垒等保护手段日益流行。其实，不管是自由贸易还是贸易保护，它们代表的是不同国家统治阶级或同一国家统治阶级内部集团的利益，实际上都隐藏着不同利益集团之间的斗争。自由贸易政策和贸易保护政策各有利弊。

**（一）实施自由贸易政策的利弊**

自由贸易是指在国际贸易活动中奉行市场开放准则，通过消除贸易歧视和限制，实现商品、资金、劳务、技术、信息等生产要素在国家间的自由流动，以获取最大化经济利益为目的的贸易方式。换言之，各国在商品、资金、劳务、技术、信息等要素方面均具有一定程度的比较优势，通过自由贸易就可以把自身的要素优势转化为现实的经济利益。当然，这需要具备两个前提条件：一是进行自由贸易的国家必须是独立自主的，能够把握住自己的经济命脉；二是这个国家必须具有一定的要素优势。否则，自由贸易的结果必定是以卵击石或血本无归。

1. 实施自由贸易政策获得的利益

实行自由贸易在理论上可使得贸易双方从贸易中获得利益，从而促进各国乃至整个世界福利水平的提高。自由贸易能够使各国以相对较低的价格获得自身所稀缺的商品或服务，使得本国可以从贸易创造中获得利益。而一旦采取贸易保护措施，贸易创造所引起的利益增加须抵销因贸易转移引起的利益减少，从而使福利的增加量减少。

能够使资源在世界范围内得到有效配置，促进本国经济发展。自由贸易政策的实行使得资本、劳动、技术等要素在国家间实现了自由流动和优化配置，对于贸易各国吸引外资、吸收先进技术和管理经验、提高劳动生产率和经济运行效率有着重要作用。

2. 实施自由贸易政策的弊端

经济发展水平较低的国家由于贸易条件恶化，并不能从自由贸易中获得应有的利益，即自由贸易所产生的利益在不同经济发展水平国家之间的分配是不均衡的。本国民族工业可能受到冲击，国家经济安全难以保证，幼稚产业和中小企业在国际竞争中陷入困境，就业水平受到冲击，国内就业压力加大。

## （二）实施贸易保护政策的利弊

贸易保护就是指一国运用各种关税壁垒和非关税壁垒，保护国内市场，以防止外国商品无序竞争的政策，其关键在于一国采取何种措施来限制进口，保护本国市场免受外国商品的冲击，并对本国出口商品予以优待和补贴以鼓励出口。也就是说，贸易保护政策就是在对外贸易过程中保护本国利益不受损害的政策，也是商品生产成本处于劣势的国家免受优势国家侵害的政策。

1.实施贸易保护政策获得的利益

能够有效地保护国家利益和国家经济安全。贸易保护措施在特定的经济发展阶段和特定的国际经济环境下，能对一国的国家利益和经济安全产生有效保护。根据李斯特的幼稚产业保护理论，贸易保护主义能够有效地保护一国的幼稚产业，进一步缓解该国的就业压力，改善就业状况。

2.贸易保护政策的弊端

与自由贸易相反，贸易保护主义不利于资源在世界范围内的优化配置，不利于一国经济运行效率的提高，会降低世界的福利。贸易保护主义的盛行将使贸易壁垒林立，各国大打贸易战，从而造成国际贸易环境和贸易秩序的恶化。失去了参与国际分工、获取比较利益、充分利用国际生产力的机会，使落后国家经济的内向程度加深，经济结构与国外先进国家的差距拉大。

## 二、兼顾国家利益的自由贸易政策的发展

世界贸易组织作为倡导和促成"二战"后贸易自由化的产物，对于建立相对自由的贸易体系做出了重要贡献。同时，作为倡导和促成"二战"后贸易自由化的产物，WTO也不能脱离国家利益原则的制约。

### （一）兼顾国家利益的自由贸易政策是国际贸易政策发展的总趋势

国家是国际贸易活动的主体，具有独立的利益需求。国家利益是自由贸易得以发生、运转的深厚基础，任何一国对外贸易政策的选择都是以本国利益为基础的。正确理解不同国家对外贸易政策的选择必须坚持国家利益至上的原则。贸易自由化进程的加速发展并不意味着国家主体及其利益的客观存在是无足轻重的。在自由贸易逐渐走向国际化的当今时代，国家利益仍高于一切，自由贸易程度越高，国家利益的重要性越突出。世界贸易组织也正视了国际利益的差别，承认并接受"贸易保护对于任何国家都是必要的"的观点，从维护世界政治经济稳定发展的长远利益出发，认为只有认可了国家利益的至高无上，才能保证世界贸易组织规则在重重矛盾中得以运行。

**（二）一国制定对外贸易政策，应动态平衡自由贸易和国家利益之间的冲突，实现国家间的合作利益**

自由贸易的加速发展意味着一国经济利益与外部经济形势的联系更加密切。当前，国际投资迅速增长，自由贸易逐渐成为国际交往中最活跃的环节，金融走向国际化。在一个经济上相互依赖的时代，一国的经济发展越来越离不开世界经济（世界市场、国际金融、国际贸易、国际经济协调等），世界经济形势对一国经济利益的认证提出了新的要求。在某种程度上，国际贸易环境对国家利益的制约作用更加明显，这就需要每个主权国家主动放弃一些本国的经济利益乃至让渡部分经济主权。另外，自由贸易的国际化凸显了国家间"合作利益"的重要性。自由贸易的迅猛发展，促使国家在议事日程和规则的制定方面要考虑普遍利益的重要性，每一个国家在优先注重自身利益的基础之上，也要注意自身在国际社会中的良好形象。与自由贸易的快速发展相联系，人口、粮食、能源、水资源、生态环境等一些全球性经济问题日益突出。这些是世界范围内普遍存在的、影响世界经济可持续发展的问题，迫切需要世界各国的共同努力。总之，世界各国应及时地认识到国际贸易环境的变化对自身利益的影响，以一种动态而又平衡的国家利益来指导国际贸易战略的制定和推行。

# 第四节　发展中国家的贸易政策

第二次世界大战前，大多数发展中国家是帝国主义的殖民地、半殖民地或者附属国，没有独立自主的对外贸易政策；第二次世界大战后，这些国家政治上取得独立，开始致力于工业化和民族经济的发展。它们推行的贸易政策各不相同。

## 一、进口替代战略下的贸易政策

第二次世界大战后，初级产品对制成品贸易的比例下降，发展中国家国际支出与年俱增。为改变单一经济、发展民族工业，利用国内的工业制成品来代替同类进口产品的进口替代政策应运而生；第二次世界大战后，拉丁美洲一些国家率先实施了进口替代政策，随后亚洲一些国家纷纷效仿，20世纪60年代，进口替代成为发展中国家占主导地位的贸易政策形式。

### （一）进口替代政策的含义

进口替代政策是指一国采取各种措施，限制某些外国工业品进口，促进国内有关工业品的生产，逐渐在国内市场上以本国产品替代进口产品，为本国工业发展创造有利条件，实现工业化是以实现经济上的独立自主为目的，减少或完全消除某些商品的进口，国内市场需求完全由本国生产者供应的政策,又称为进口替代工业化政策,是内向型经济发展战略的产物。

狭义的进口替代政策局限于采取贸易措施,以本国生产的产品替代一种特定产品的进口。但从广义方面看,进口替代政策其目的是通过减少或禁止某些产品的进口,引起所希望的国内经济结构的变化,或者创造向国内非传统领域进行投资的推动力,使资源有机会进入这个新的工业部门,导致生产活动的产生和扩大,从而使得总体经济结构得到改善。

**(二)进口替代战略下的贸易政策措施**

为使国内替代产业得以发展,进口替代战略必须有配套的贸易措施限制外围工业品进口,以使国内受进口竞争的工业在少竞争、无竞争的条件下发育成长,并增强其在国内市场的竞争力。实施进口替代战略有以下贸易政策措施。第一,关税保护。即对最终消费品的进口征收高关税,对生产最终消费品所需的资本品和中间产品征收低关税或免征关税。第二,进口配额。即限制各类商品的进口数,以减少非必需品的进口,并保证国家扶植的工业企业能够得到进口的资本品和中间产品,降低它们的生产成本。第三,使本国货币升值,以降低进口商品的成本,减轻外汇不足的压力。其中关税和配额是进口替代战略中最重要的保护措施。第四,同时辅助的内部保护措施有在资本、劳动力、技术、价格、收益等方面给予进口替代工业各种优惠。

**(三)进口替代政策的优点**

一个国家推行这一政策首先要正确选定作为替代对象的工业品种类,即决定哪些工业作为进口替代工业。一般是选择那些国内市场虽有需求却禁不起外国竞争的工业,然后通过保护措施使这些国内进口竞争工业变为进口替代工业,以加快工业化进程。

进口替代战略的优点主要体现在以下几个方面。

1. 进口替代政策将有助于刺激国内需求

进口替代发展政策的一个特点,在于它是借助某种程度的国家干预和保护,利用本国资源从事在国内具有较大需求的工业制成品的生产。一旦实施该政策,意味着大规模的国内生产和投资行为的开始,这将对国内的投资需求产生极大的刺激作用,如果实现了成功的替代,就意味着将实现由过去对国外市场同类产品的大量需求向对国内市场大规模需求的转变,这对于开拓国内市场并刺激国内消费需求是非常重要的。

2. 进口替代政策将为本国发展战略产业和实现工业化创造必备条件

进口替代政策既可以在不断地学习和借鉴过程中为本国培育大量技术和管理方面的人才,逐渐促进国内工业的多样化和现代化,实现某些产品的自给自足,又能在摆脱对同类产品过度进口的同时,减少外汇支出,积累国内建设资金,进一步发展国内的战略产业,并转向出口创汇。

3. 进口替代政策将有助于提高一国的对外贸易水平

通过进口替代政策的实施,将有利于国内市场的开拓,降低对外部经济的依赖性,为参与全球化竞争的企业提供稳固的国内保障,并且随着国内企业的成长,有助于提高其产品的国际竞争力,改善一国对外贸易的结构和条件,提高一国的对外开放水平。

### (四) 进口替代政策存在的问题

进口替代政策对一些发展中国家的进口替代工业部门的发展起到一定作用,但也存在诸多问题,如高成本进口替代产业导致国际收支进一步恶化;非进口替代工业部门及农业部门得不到正常发展,带动国民经济发展的宗旨难以实现;进口替代工业的后续发展难以维持等,这些都迫使发展中国家调整其对外贸易政策。

进口替代政策必然是以牺牲国内消费者为代价,而且由于其降低了该国与世界市场的联系程度,造成国内市场相对狭小,生产成本高,经济效益低,产品质量差,竞争能力不够。

因此,实行进口替代政策的发展中国家,虽然在一定程度上促进了国内轻工业的发展,工业增长速度有所加快,但这只是短期现象。这就迫使它们不得不进行调整,甚至加以放弃,转而实行出口替代工业化政策。但是这一战略对刺激民族工业的发展作用是有限的,因为它并不能完全消除对外贸易的依赖性,它依然在很大程度上依赖进口,而只是改变了进口商品的结构,从成品进口改为进口国内不具备的原料、技术专利、机器设备、中间产品与资本等。当发展中国家用高关税保护民族工业时,发达国家也用各种措施破坏或打破关税保护,抵制发展中国家的进口替代。一些学者在研究中认为,进口替代战略的核心问题是它违背了比较利益原则。

## 二、出口导向战略下的贸易政策

随着进口替代政策缺陷的显露,一些发展中国家尤其是新兴工业化国家开始重视扩大制成品出口的必要性。因此,自20世纪60年代起,许多发展中国家开始转向鼓励加工工业产品出口,并实施出口导向政策。东亚和东南亚一些国家率先实施出口导向政策,在它们的示范影响下,其他国家相继效仿。

### (一) 出口导向政策的含义

出口导向政策也称出口替代政策,是指国家采取种种措施促进面向出口的工业部门的发展,以非传统的出口产品来代替传统的初级产品的出口,扩大对外贸易,使出口产品多样化,以推动工业和整个经济的发展。

出口导向政策的核心思想是使本国的工业生产面向世界市场,并以制成品的出口代替初级产品的出口。该政策是根据国际比较利益的原则,通过扩大具有比较利益的产品的出口,以改善本国资源的配置,从中获得贸易利益和推动本国经济的发展。

这种模式将本国产品置于国际竞争的环境中,其优点是比较显著的。采取这种政策发展的国家,大都取得了实绩优良的高速经济增长,这一事实成功地推翻了传统的工业发展只能通过进口替代来实施的观点。

### (二)出口导向战略下的贸易政策措施

出口导向战略下的贸易政策措施有出口补贴,这种补贴既可以针对出口产品,也可以针对出口产品的生产,以及出口退税、出口信贷、出口工业投入品实行的优惠价格供给等措施。

出口导向政策下的平均关税水平较低,这使得进口所需投入品的成本较低,同时自然淘汰低效率的进口替代工业,低估本国币值,从而使以外币衡量的本国出口产品价格下降,进而推动出口。

### (三)出口导向政策的利弊

1. 出口导向政策的优势

在一个资金、技术缺乏及市场狭小和大部分人从事农业的不发达经济中,导向型战略的优势如下:一是出口导向政策有利于合理配置资源。因推行一定程度的贸易自由化,本国生产要素能够迅速转移到经济效益较高的产业,生产并出口本国具有比较优势的产品,以缓解本国的外汇压力。二是出口导向政策有利于提高产品的国际竞争力。因为出口导向产业面向国际市场,因而可以实现规模经济效益,从而提高竞争力。三是可以通过对外贸易,互通有无,使本国居民享受到更多的经济福利,提高生活水平,等等。四是出口导向政策有利于改善国际收支。五是出口导向政策有利于提高就业水平。出口导向产业往往集中于劳动密集型产业,能够吸收更多的劳动力,就业结构日趋合理,劳动力素质也会不断提高。

2. 出口导向政策存在的弊端

出口导向型发展模式对于大国和小国的作用是不同的。一般而言,小国因地域狭小,人口总量不大,市场容量较小,如采取出口导向型经济发展模式,积极扩大外贸出口,就可以使其产品生产达到规模经济的要求,取得较大的规模经济效益。但是会增加本国经济的对外依赖性,从而丧失经济发展的主动权,更易受到外部市场的摆布,这对本国经济的长远发展是非常不利的。发展中国家对外开放的水平受制于其国内的经济发展水平,这决定了即使一个经济落后的国家实行了全面的对外开放,其水平和层次也不会很高,这必然会降低其在开放中所能获取的比较利益。

其作用受到市场发展的制约。亚洲一些国家所奉行的出口导向型是以外市场的需求,且主要是发达国家的市场需求为重点的。在20世纪70年代,正值西方产业结构调整的高潮，西方产业结构的高级化使得一些传统产业逐步退出市场，这时实施出口导向型战略，特别是传统产业打入发达国家市场，正好适应了其市场上传统产品不足、需要填补的要求。进入 20 世纪 90 年代以后，实施出口导向型战略的国家增多，并加入传统产品的生产行列，这时，所有实施该战略的国家不仅要面临发达国家高生产效率对手的竞争，还要面临发展中国家之间的竞争，这就使出口增长下降成为必然。

### 三、中国的对外贸易政策

我国对外贸易政策的制定与我国经济和改革实践密切相关，我国一直根据自身的需要自主地选择贸易政策。由于我国经济历经计划经济、商品经济、社会主义市场经济几个阶段，对外贸易的政策主张和战略安排也有很大不同。

#### （一）国家统制下的封闭贸易保护政策（新中国建立初期—1978 年）

1949 年 9 月，《中国人民政治协商会议共同纲领》中规定，我国实行对外贸易统制，并采用贸易保护政策。可以说，封闭型经济和统制经济是这一时期保护性贸易政策的主要历史背景。

为了抵御新中国建立初期美国等资本主义国家对我国的封锁和禁运政策，防止国际市场对本国经济的冲击，保护民族幼稚工业，以及避免国际收支逆差和对外举债，除中苏关系恶化前，保持与经互会国家一定的外贸关系外，我国基本上采取了关起门来搞建设的做法，当时的对外贸易被定位为国内经济的补充，对外贸易总量相对较小。这一阶段我国在经济发展战略上实行了与保护贸易相对应的坚定内向型的进口替代政策，即通过限制某些重要工业制成品的进口来扶持和保护本国相关工业部门的发展，从而达到利用国内生产的工业品替代进口产品，减少本国对国外市场的依赖，促进民族工业发展的目的。这是一种主要面向国内市场，以发展国内工业、增强自力更生能力为目标的自我封闭战略。

#### （二）国家统制下开放型贸易保护政策（1978 年—20 世纪 90 年代初）

改革开放初期到 20 世纪 90 年代初，我国在沿袭进口替代发展战略的同时，提出了出口导向的发展战略，主要采取的是"奖出阻入"政策。实施促进国内工业发展的贸易保护政策措施主要是关税、进出口许可证、外汇管制、商品分类经营，以及国有贸易等较为严格的传统贸易措施。

伴随着我国外贸体制实践中的外贸承保经营责任制、下放部分外贸经营权、开展工贸结合、取消财政补贴等改革进程，采取了放宽外汇管制、实行出口退税政策等一系列配套措施，为外贸企业自主经营创造了外部环境，为对外贸易的市场化改革奠定了基础。随着经济的开放、外资的进入，国家制定了一系列吸引外资的政策和法规。1988 年，沿海地区外向型经济发展战略的实施，使我国经贸发展战略模式由进口替代战略，开始转向进口替代与出口替代相结合的发展模式。

### （三）贸易自由化倾向的过渡型贸易政策（20世纪90年代初—2001年）

从20世纪90年代到我国入世前，这一阶段是我国对外贸易全面深化改革、经济体制向社会主义市场经济体制转变的时期。该时期我国经济提出了"外向型"发展和"国际大循环"战略，为此国家外经贸部提出"大经贸战略"和"科技兴贸战略"。

### （四）有管理的贸易自由化政策（"入世"后—2007年）

加入世界贸易组织以后，我国面临如何推进外贸体制的市场化改革和内外贸一体化的变化。为适应新的国际经济环境以及我国在世界经济中地位的变化，形成经济的可持续发展，增强经济安全成为新时期中国外贸战略理念的核心。对外贸易政策目标，以创造有利于经济均衡发展的产业结构、实现产业的持续升级、推动中国经济在适度内外均衡基础之上高速发展和对外贸易由静态比较优势向动态比较优势转移为重点。尤其是WTO非歧视原则下的国民待遇、公平竞争与贸易、贸易政策的透明度等，在相当程度上制约着我国贸易政策的基本取向。

因此，未来中国对外贸易政策的发展将逐渐从鼓励出口、追求贸易顺差转变为以实现贸易平衡为基本取向，不断调整不平衡的贸易方式和贸易结构，促进国内经济平衡稳定发展。

# 第五章　国际金融市场

## 第一节　国际金融市场含义

国际金融市场就是居民与非居民之间，或者非居民与非居民之间进行国际借贷的市场。国际金融市场与国内金融市场的区别在于交易活动是否涉及非居民。无论投资者或筹资者，若涉及非居民，则为国际金融市场；反之则为国内金融市场。

### 一、国际金融市场形成的模式与条件

#### （一）国际金融市场形成的模式

从国际范围来看，国际金融市场的形成大致有两种模式：自发生成型和政策促成型。

1. 自发生成型

这种模式形成的国际金融市场一般要先后经过地方性市场、全国性市场和世界性市场三个发展阶段，随着生产国际化、市场国际化和资本国际化的发展，那些在地理位置、金融服务、国际通信等方面能提供最大便利的国内金融中心就逐渐发展成国际金融市场。如英国的伦敦和美国的纽约就是这种自发生成型的国际金融市场。

2. 政策促成型

世界上还有一些国家和地区是通过特殊条件和优惠政策，在短期内发展成国际金融市场并推动本国或地区经济发展的。新加坡、中国香港以及加勒比海的一些岛国，就是通过这种方式在较短的时间内催生出国际金融市场的。例如新加坡，对待国外投资者非常慷慨和优惠，任何国外企业，只要在新加坡投资，都会拿到实实在在的奖励金；在对待雇主的态度上，鼓励创业和发展，雇主雇用的员工越多，得到的奖金也越多。再加上当地的经济秩序、经济环境良好，这使得新加坡成为投资者的乐园，国外投资者纷至沓来，新加坡因而也很快成为著名的新兴国际金融市场。

国际金融市场的这两种不同形成模式在基本轨迹、目标任务、作用发挥、政策取向和发展动力等各方面都存在差别。

## （二）国际金融市场的形成条件

一般而言，国际金融市场的形成必须具备以下一些基本条件。

**1. 稳定的政治和经济环境**

政治和经济环境相对稳定，能通过立法保护外国资产的利益，提高对外国银行和投资者的吸引力。

**2. 宽松的外汇管制**

有宽松的金融环境，实行自由外汇制度或外汇管制宽松，外汇调拨比较灵活，在存款准备金、税率、汇率等方面没有严格的管制条例，银行监督合乎世界水平，非居民参与金融活动能享受高效率的服务，且享受与当地居民相同的待遇。

**3. 金融体制完善**

银行机构比较集中，信用制度比较发达，管理制度比较健全，资金供求转移比较便利，拥有一个高度发达的国内金融市场。

**4. 现代化的通信设施和优越的地理位置**

具有比较完善的现代化国际通信设施，又具有交通便利的地理位置和区位，能提高跨国金融交易的效率。

**5. 一大批业务熟练的高质量国际金融人才**

拥有一批国际金融专业知识水平高，又有丰富实践经验，特别是丰富银行实务经验的专业人才，是形成国际金融市场的"软件保障"。

## 二、国际金融市场类型

### （一）根据资金在国家间流动的方式，分为传统的国际金融市场和新型的国际金融市场

传统的国际金融市场又称"在岸金融市场"，是在各国国内金融市场的基础上形成和发展起来的，是国内金融市场跨越国界的延伸发展，并以市场所在地货币为交易对象，交易在居民和非居民之间进行，受到市场所在国政策和法令管辖。传统的国际金融市场主要为外国借款人提供资金，其主要是净输出国内资本。因此这种传统的国际金融市场的形成，必须有充足的、经常不断的资金供应来源。一个国家如果没有高度发达的经济，就不可能维持这样的国际金融市场。传统的国际金融市场的形成通常是由于一个国家的经济和货币在世界范围的重要性，使其所在的国家首先在某一城市或地区形成一个区域性金融市场，然后逐步成长为世界性的金融市场。

新型的国际金融市场又称"离岸金融市场"。这一市场以市场所在地以外国家的货币

即境外货币为交易对象，交易在非居民之间进行，且不受任何国家的法律、法规管制。这些新型国际金融市场的形成不一定要依靠强大的经济贸易实力，本国资本供应是否充裕已不再是必要条件，只要它具备强大的吸引力，能够把国际投资者和借款人吸引过来，就可能成为一个国际金融市场。本章中将要详细介绍的欧洲货币市场就属于新型的国际金融市场。

### （二）根据市场交易标的的不同，可以分为货币市场、资本市场、外汇市场和黄金市场

国际货币市场以短期工商企业资金周转、拆款和短期政府债券为主要交易对象，无论何种形式的资金借贷，只要期限在1年或1年以下者均属于货币市场范畴。国际货币市场的作用是调节短期资金，解决资金需求者的季节性和临时性的资金周转。货币当局利用货币市场实施货币政策。货币市场通常由同业拆借市场、承兑市场、票据贴现市场、短期政府债券市场、大额可转让定期存单市场、回购市场和短期信贷市场组成。

国际资本市场，是指交易期限在1年以上的中长期金融工具交易的市场，又称为中长期资金市场。其重要功能是筹集和运用中长期资金，为工商企业、政府和机构提供中长期资金。资本市场主要由两部分组成，即发行和买卖各种债券、股票的证券市场和通过银行进行融资的中长期信贷市场。

国际外汇市场，是以外汇银行为中心，由外汇需求者、外汇供给者及买卖中间机构组成的外汇买卖场所或交易网络。

国际黄金市场，是专门进行黄金买卖的国际性交易市场，是国际金融市场的一个重要组成部分。黄金既是国际结算的手段，又具有世界货币的性质。虽然黄金已经退出了国际本位货币领域，但仍然是重要的国际储备货币和保值手段，在国际金融市场上占有重要的地位。

### （三）按地理位置的不同进行划分

按地理位置不同，国际金融市场可划分为五个区：第一，欧洲区——以伦敦、巴黎、法兰克福等地为主；第二，亚洲区——以新加坡、中国香港、东京等地为主；第三，中美洲区——以开曼群岛、巴拿马等地为主；第四，北美区——以纽约、蒙特利尔等地为主；第五，中东区——以巴林、科威特等地为主。

## 三、国际金融市场的作用

### （一）促进国际贸易和国际投资的发展

国际金融市场是因国际贸易的发展和国际结算的需要而产生的，然而国际金融市场的进一步发达和完善又极大地促进了国际贸易和国际投资的发展，因为国际贸易和国际投资离不开大量的资金融通和外汇买卖，而国际金融市场的发达和完善不仅极大地便利了国际资金的划拨和结算，而且通过国际金融市场上的一些业务可以为国际贸易和国际投资提供

融资的便利,并且可以提供有效避免外汇风险的手段,从而为扩大国际贸易和国际投资创造了条件。

### (二)提供调节国际收支的渠道

第二次世界大战后,尤其是在20世纪70年代的两次石油危机后,国际收支失衡已成为一种世界范围内的普遍现象,不仅多数发展中国家存在国际收支的失衡,不少发达国家也存在严重的失衡现象。而国际金融市场的存在可以为各国解决国际收支失衡问题提供重要的渠道。逆差国可利用国际金融市场的融资来弥补国际收支赤字,顺差国则可以将其国际收支盈余在国际金融市场上加以运用。此外,国际收支失衡国还可利用国际金融市场上的汇率变动来影响国际收支,因为一国的国际收支不平衡会引起外汇汇率发生变化,而汇率是调节国际收支的一个重要杠杆,通过汇率的作用促使国际收支恢复均衡。

### (三)推动银行业务国际化的发展

"二战"后金融业得到迅速发展,世界各国的金融机构纷纷向海外扩展,从而需要在国际范围内有金融中心为其提供开展业务的场所。国际金融市场的存在,不仅吸引了无数的跨国银行,而且通过国际金融市场上的各种业务活动把各国的金融机构紧密地联系在一起,从而使各国国内的银行信用发展成为国家间的银行信用,各国国内的银行业务发展成为国家间的银行业务,由此推动了银行业务的国际化发展。

## 第二节 国际货币市场与国际资本市场

货币市场和资本市场作为金融市场的核心组成部分,前者是后者规范运作和发展的物质基础。发达的货币市场为资本市场提供了稳定充裕的资金来源。货币市场在资金供给者和资本市场之间搭建了一个"资金池",其良性发展减少了由于资金供求变化对社会造成的冲击。从世界上大多数发达国家金融市场的发展历程中可以总结出"先货币市场,后资本市场"是金融市场发展的基本规律。

20世纪80年代商业浪潮席卷而来之前,商业银行就开始通过金融创新绕开管制,已在实际操作层面发展出了大量的银证之间的工具复合和业务交叉,然后再通过产权渗透的方式控股或购并证券公司,推动金融系统向更具效率的层次发展。从世界范围来看,货币市场与资本市场的日益融合已成为发展趋势。

### 一、国际货币市场的含义

国际货币市场是指资金的借贷期限在1年以内(包含1年)的国际短期资金的交易市

场，交易一方为市场所在地的非居民，另一方为居民。国际货币市场为市场的参与者调剂资金余缺，市场上的短期信用工具可以为资金盈余者提供短期投资，为资金需求者提供短期融资。

国际货币市场的主要参与者是商业银行、中央银行、保险公司、金融公司、证券经纪人、证券交易商、工商企业及个人等。国际货币市场的利率为短期利率，以伦敦同业拆放利率或优惠利率为基准，包括银行同业拆放利率、短期信贷利率、短期证券利率和贴现利率等。国际货币市场的信用工具主要有国库券、大额可转让存单、商业票据、银行承兑汇票等。

## 二、国际货币市场构成

传统的国际货币市场是一个以美国纽约和英国伦敦货币市场为中心，以发达国家和一些新兴市场国家货币市场为外围的市场体系。从借贷关系方式来看，国际货币市场包括短期信贷市场、短期证券市场和贴现市场。

### （一）短期信贷市场

短期信贷市场主要包括商业银行对外国政府、外国企业的信贷和国际银行同业间的拆放市场，分别用于政府弥补收支赤字、满足企业短期流动资金的需要以及解决银行在一定时间内的资金余缺问题。目前，银行短期信贷市场业务主要以银行同业拆借为主。

同业拆借业务具有以下特点：

1. 交易期限短

由于同业拆借主要用于银行的头寸调整，故其期限都比较短，一般期限最短的仅仅是隔夜，多则1周或3个月，最长的不超过1年。

2. 交易金额大

由于同业拆借是在银行间进行的，故其每笔交易金额都比较大。如伦敦同业拆借市场每笔交易以25万英镑为最低限额。

3. 交易手续简便

由于银行的信用一般都比较高，因而银行同业拆借通常不需要签订协议，也不需要提供担保品，有时仅以电话联系就可以完成资金的拆借。

4. 交易利率具有非固定性和双向性

交易利率的非固定性是指银行同业拆借的利率随市场利率的变化而变化，不采用固定利率。交易利率的双向性是指同业拆借利率有拆出利率和拆进利率之分，拆出利率表示银行愿意拆出资金的利率；拆进利率表示银行愿意拆进资金的利率。拆进利率通常都低于拆出利率。

## （二）短期证券市场

短期证券市场是通过发行和转让短期证券进行国际融资的市场，或者说是进行短期信用票据交易的市场。在这个市场上交易的短期信用票据是指一年以下的可转让流通的信用工具，主要有以下几种类型。

### 1. 国库券

国库券是各国政府为满足季节性财政需要而发放的短期政府债券，期限一般在1年以内（3个月、6个月、1年）。在美国证券市场上，国库券具有信用好、交易量大、流动性强等特点，很受欢迎，它不仅是美国居民，而且是外国政府和银行、非居民的重要投资对象。

### 2. 银行定期存单

银行定期存单是商业银行和金融公司吸收大额定期(不超过1年，通常为3～6个月)存款而交付给存款者的凭据，也叫"大额可转让定期存单"。这种方式改变了定期存款缺乏流动性的问题，对银行和投资者来说都是有利的。

### 3. 商业票据

商业票据是指一些大企业和银行控股公司凭借自己的信用发行的短期无担保借款票据，具有期限短（不超过270天，以30～90天为多）、有固定到期日、票面金额大小不限等特点，交易按票面金额贴现的方式进行。它可用于补充商业银行短期贷款的不足。

### 4. 银行承兑票据

银行承兑票据指经过银行承兑的商业票据。商业票据经银行承兑后，将商业信用转化成了银行信用，信用得到了提高，更易于在二级市场上转让。银行承兑票据的期限一般在30～180天，面额可从2.5万美元到500万美元。

## （三）贴现市场

贴现市场是经营贴现业务的短期资金市场。所谓贴现，是银行购买未到期票据，并扣除自贴现起至该票据到期日为止的利息的业务。它具体包括银行票据和商业票据的贴现，商业银行对贴现公司的拆放。中央银行可以对贴现的商业银行或从事贴现业务的其他金融机构办理再贴现。

## 三、国际资本市场含义与功能

国际资本市场指融资期限在1年以上的国际中长期资金的交易市场。一般中期为1～5年，长期为5年以上。其主要功能是为国际中长期资金的流动提供渠道，将世界各国的闲置资金资源转化为国际性投资。

国际资本市场的参与者主要是各种金融机构，如商业银行、信托公司、人寿保险公司、各国中央银行及私人投资者等；利率是中长期利率，利率水平取决于多种因素，如期限的长短、资金的供需、金融政策的变化、国家的通货膨胀及借款者的资信度等；基准利率为伦敦银行同业拆放利率，再加一个附加利率。

## 第三节　离岸金融市场

### 一、欧洲货币市场的概念和特征

#### （一）欧洲货币市场的概念

欧洲货币又称为"境外货币"，指在货币发行国境外流通的货币。欧洲货币市场是指经营欧洲货币业务的市场。

欧洲货币市场是国际金融市场的核心。欧洲货币市场不受货币发行国金融外汇政策的限制，也不受市场所在国的管辖，可以自由进行交易，是一种真正意义上的国际金融市场。这里的"欧洲"并不是一个表示地理位置的概念，而是"境外"的意思。任何可自由兑换的货币只要在市场所在国管辖之外，都可以称为"欧洲货币"。例如，欧洲美元、欧洲英镑、欧洲日元、欧洲瑞士法郎等。在欧洲货币市场从事境外货币经营业务的银行称为"欧洲银行"。

人们把传统的国际金融市场称为"在岸金融市场"，把欧洲货币市场称为"离岸金融市场"。离岸金融市场和在岸金融市场的区别最初是由境外货币和境内货币存贷的区别产生的。但是，随着欧洲货币市场的发展，离岸金融市场和在岸金融市场的主要区别不仅在于境外货币和境内货币的区别，而更在于市场管理体制的区别，即离岸市场不受市场所在国金融、外汇政策的限制，可以自由筹措资金，进行外汇交易，实行自由利率，无须缴纳存款准备金等。

#### （二）欧洲货币市场的特点

1. 欧洲货币市场范围广阔，交易规模巨大，币种繁多

欧洲货币市场的市场规模是一般国际金融市场所无法比拟的。单笔交易金额一般都超过100万美元，几亿美元的交易也很普遍。交易的币种不仅限于欧洲美元、英镑，亚州的日元等传统币种，还包括加拿大元、欧元等币种，以发展中国家货币为交易币种的也并不少见，甚至还出现了以特别提款权和欧洲货币为标价币种的交易。交易的品种主要有同业拆借、欧洲银行贷款和欧洲债券。其雄厚的资金实力为国际投资和国际贸易活动提供了极大的便利。

### 2. 欧洲货币市场是个高度自由的市场，所受管制较少

作为离岸金融市场，欧洲货币市场既不受市场所在国金融法规的管辖，也不受交易货币发行国金融法规的约束。迄今为止，也尚不存在对这一市场专门进行管制的国际法律。欧洲银行经营境外货币存款业务没有存款准备金要求，也无须缴纳存款保险金。资金调拨十分方便自由。在税收方面，特别是在加勒比海和亚洲的一些避税港，银行的利息收益只需缴纳很少的税金，或根本不须缴税。同时，欧洲货币市场经营非常自由，投资者和筹资者可以自由进出，而且贷款条件灵活、贷款期限多样、贷款用途不限。这也是欧洲货币市场能吸引大量的国际投资者和筹资者的重要原因。

### 3. 欧洲货币市场是个具有独特利率结构的市场

欧洲货币市场之所以能吸引大量的国际投资者和筹资者，除其经营非常自由的原因外，还在于其独特的利率结构。欧洲货币市场利率体系的基础是伦敦银行同业拆放利率，存款利率略高于国内金融市场，而放款利率略低于国内金融市场，存贷款利差较小，一般为 0.25%～0.5%，有时甚至低于 0.125%。欧洲货币市场之所以具有这样的特点，主要是因为在欧洲货币市场上经营业务的欧洲银行可以免交存款准备金和享受低税率乃至免税，从而可降低经营成本。此外，由于交易规模大、贷款客户信誉高，也可使欧洲银行相应降低贷款利率。

### 4. 欧洲货币市场主要是银行同业市场

同外汇市场一样，欧洲货币市场的大部分存贷业务都是在银行同业间，通过电话、电报、电传等现代化通信工具来进行的，而银行与非银行客户之间的交易只占了一小部分。欧洲货币市场上的银行同业拆借期限有长有短，最短为隔夜，最长不超过 1 年，而且拆借主要凭信用，一般不需签订合同；利率基本上是以 LIBOR 为基础；拆借金额多在 100 万美元以上。

## 二、欧洲货币市场的形成和发展

第二次世界大战以后，世界经济和科学技术的迅速发展推动了经济的国际化发展，这是欧洲货币市场形成和发展的根本原因。经济的国际化包括生产的国际化和市场的国际化。在生产和市场国际化的条件下，跨国公司迅速发展，客观上要求有一个国际性的金融市场为其提供大量的借贷资金，或为其大量闲置资本提供升值的机会，欧洲货币市场高效、自由的运营机制恰好适应了这种客观需求。除了经济国际化这一根本内在因素外，欧洲货币市场的形成还得益于许多外在因素的推动。

### （一）朝鲜战争及英镑危机导致欧洲美元市场的形成

欧洲货币市场的形成源于欧洲美元市场的兴起。苏联和东欧各国也担心遭到这种"待遇"，故将存放于美国的美元转存到美国境外的银行，主要是伦敦的银行。而当时英法联

合入侵埃及，英国经济受到严重影响，致使其国际收支恶化，发生英镑危机。英国政府允许各家银行接受美元，并进行放贷。这样欧洲美元市场在伦敦出现了。

### （二）西欧国家的倒收利息等政策使欧洲美元市场发展成为欧洲货币市场

1958年以后，西欧各国放松外汇管制，实现了货币的自由兑换，允许资金自由流动，对非居民的外币存款不加干预，并免缴存款准备金，这些都为欧洲货币市场的顺利发展提供了良好的环境。20世纪60年代西方各国通货膨胀日益严重，投机性的国际游资流动频繁，联邦德国、瑞士等国为维持外汇市场稳定，遏制通货通胀，限制资本流入，规定对非居民的西德马克、瑞士法郎存款不仅不付利息，甚至倒收利息，或强制性地将新增存款转移至央行冻结，但如果用外币开户则不受此限制，这使非居民纷纷将手中的西德马克和瑞士法郎等货币存储于他国市场，于是欧洲货币的币种增加，出现了欧洲西德马克、欧洲瑞士法郎等币种。这样欧洲美元市场发展成为欧洲货币市场。

### （三）石油输出国的巨额"石油美元"为欧洲货币市场的发展注入了资金

20世纪70年代，世界石油价格两次大幅度上涨。这一方面使石油输出国手中积累了大量的"石油美元"，这些美元大多投入欧洲美元市场，使这一市场上的资金供给非常充裕；另一方面发展中国家中的非产油国的国际收支出现了逆差，它们都转向欧洲美元市场借入资金以弥补逆差，使该市场上的资金需求也增加了。"石油美元"的出现为欧洲货币市场的发展提供了资金上的保证。

## 三、欧洲货币市场的类型

欧洲货币市场按境内业务与境外业务的关系不同可分为以下三种类型。

### （一）一体型

一体型又称"伦敦型"，是指本国居民参加的在岸业务与非居民间进行的离岸交易之间无严格分界，可以同时经营。在这一类型的离岸金融市场上，离岸金融业务与国内金融业务上的资金往来完全自由化，可以说这是一个开放度最高的自由金融市场，因以伦敦市场为代表，故称"伦敦型的离岸金融市场"。中国香港国际金融市场即属于一体型市场。

### （二）分离型

分离型又称"纽约型"，是指限制外资银行和金融机构与居民往来，只允许非居民参与离岸市场业务，管理上把境外欧洲货币与境内欧洲货币严格分账，目的是防止离岸金融交易冲击本国货币政策的实施。分离型的典型代表是美国的国际银行设施、新加坡离岸金融市场上设立的亚洲货币账户，以及日本东京离岸金融市场上的涉外特别账户。

"国际银行设施"不是一个具有实体的独立银行体系，而是在美国境内的美国或外国银行开立的经营欧洲货币和欧洲美元的账户，此体系资产独立，与总行的账户分开。"国际银行设施"准许上述银行吸收非居民（即在美国地区以外的个人、银行和公司）以及美国国外公司、银行的存款，同时准许贷款给非居民，但贷款须用于国际业务。创设"国际银行设施"的意义在于吸引巨额资本流入美国，改善国际收支状况，同时，吸回巨额境外美元，以便就近管制，从而加强美国金融资本经营境外货币业务的竞争力。

### （三）走账型

走账型又称"避税港型"或"巴哈马型"，这种市场是纯粹的记载金融交易的场所，是只从事借贷投资业务的转账或注册等事务手续，不从事具体的金融业务的离岸金融市场，相当于记账结算中心。

这类市场的特点是：市场所在国本身并无发达的经济，也没有雄厚的资金力量，但税收极为优惠，政府对金融业限制极少，银行保密制度也极为严格，从而成为避税天堂。因此，为了适应保密性和逃税的特殊要求，许多跨国金融机构在免税或无监管的城市设立"空壳分支机构"或"纸银行"。这种市场主要以加勒比海地区的巴哈马岛国为代表，属于这一类市场的还有开曼、巴拿马等金融市场。

## 四、欧洲货币市场的经济影响

欧洲货币市场灵活多样的运作机制缓解了资金来源与运用之间的诸多矛盾，从而使得国际资金的大规模运动得以顺利进行，同时因为监管不力，也会给国际金融市场带来巨大的波动。

### （一）欧洲货币市场的积极影响

欧洲货币市场的存在和发展，给世界经济带来了广泛而深远的影响。

1. 促进了国际贸易的发展

无论对于发达国家还是发展中国家，对外贸易都是促进经济增长的重要途径，而欧洲货币市场大规模的融资活动，为贸易融资提供了充分的资金来源，从而加速了国际贸易的发展。

2. 促进了西欧的经济复兴和一些发展中国家的经济发展

"二战"后，西欧国家的经济复兴得益于欧洲货币市场，如在联邦德国、日本等战败国的经济恢复和发展过程中，欧洲货币市场为其提供了重要的资金来源。后来一些发展中国家在发展经济的过程中，也是从欧洲货币市场获取大量资金，以补充国内资金不足的，如韩国、巴西、墨西哥等，其经济起飞和发展都大量利用了欧洲信贷。

3. 推动了国际金融一体化的发展

欧洲货币市场的出现打破了过去国际金融市场受国界分割而存在的相互隔绝的状态，通过跨国银行的业务活动将遍布世界各地的金融市场紧密地联系在一起，从而促进了国际资金的流动和国际金融的一体化,而这恰恰顺应了世界经济发展的基本趋势。

### (二)欧洲货币市场的消极影响

欧洲货币市场在发挥积极作用的同时,也对世界经济和金融发展产生了一定的消极影响,主要表现在以下几个方面。

1. 削弱各国货币政策的效力

由于欧洲货币市场上的借贷非常自由,各种机构都很容易在这一市场上取得资金,这就使得各国货币政策难以顺利贯彻。例如,当国内为抑制通货膨胀而采取紧缩银根的政策时,国内银行和企业却可以很方便地从欧洲货币市场获得低利率的资金来源,从而使紧缩政策难以达到预期效果。

2. 加大世界通货膨胀的压力

由于欧洲货币市场的借贷活动很容易使一国的闲置资源转变成其他国家的货币供应源,从而使市场的信用基础得以扩大。此外在欧洲货币市场上,当大量游资冲击外汇市场、黄金市场和商品市场时,也会对有关国家的物价水平产生影响,引起输入型通货膨胀。例如,当投机商用作为软币的欧洲美元去抢购硬货币,导致硬货币汇率进一步上升时,硬货币发行国为稳定汇率,不得不大量抛本币去收购美元,从而引起本币供应增加,促使物价水平上升。

3. 增加国际金融市场的脆弱性

欧洲货币市场的存款绝大部分都是一年以下的短期存款,而自20世纪70年代以来,随着各国跨国公司、企业、政府等借款人对中长期资金需求的迅速增加,欧洲货币市场的中长期贷款猛增,其比例占整个贷款总额的一半以上,这就使得国际金融市场变得极为脆弱,因为在这种短存长贷的局面下,一旦市场有风吹草动,就会出现储户大量挤兑的现象,引起银行资金周转不灵,从而导致金融市场的动荡。

4. 加剧国际金融市场的动荡

欧洲货币市场上的短存长贷现象已使得国际金融市场极不稳定,而欧洲货币市场上的投机活动又进一步加剧了国际金融市场的不稳定性。在欧洲货币市场上,投机活动十分活跃,大部分短期资金都用于外汇投机。这部分投机资金在国与国之间频繁转移,往往造成汇率、利率的剧烈波动,引起国际金融市场的动荡不安。

# 第四节  国际金融市场的发展与创新

## 一、国际金融市场的发展

国际金融市场的发展经历了从传统的国际金融市场到新型的国际金融市场的过程。

### （一）传统国际金融市场的发展

英国在19世纪30年代末完成工业革命后便被推上了世界经济中心的位置。随着对外贸易和对外信用的发展扩大，英镑逐渐成为国际贸易结算中使用最广泛的货币，英国也成为世界最大的资本输出国。由于在国际贸易和国际金融方面处于主导地位，英国的首都伦敦便从英国的经济中心和金融中心发展成为世界贸易的枢纽与国际资金的集散地，成为世界最大的国际金融中心。

第一次世界大战后，随着对外贸易和对外投资的发展，西方其他一些国家的国内金融市场也相继发展成为国际金融中心，如美国的纽约、瑞士的苏黎世、德国的法兰克福等。其中以美国的纽约最为突出；第一次世界大战结束后，世界经济中心逐渐由英国移向美国，美国也开始由债务国变成债权国。伴随着美国海外债权的增加和对外经贸活动的扩大，纽约金融市场的国际业务大量增加，纽约便逐渐发展成为重要的国际金融中心，并且在第二次世界大战后的初期取代了伦敦，成为世界最大的国际金融中心。此外，由于瑞士一直保持政治中立的地位，在两次世界大战期间均未遭受战争创伤，而且始终保持瑞士法郎的自由兑换，并发展了自由外汇市场和黄金市场，从而使苏黎世在战后成为继纽约、伦敦之后的世界第三大国际金融市场。

直到第二次世界大战结束后的初期，所谓的国际金融市场实质上都只是带国际性的国内金融市场，因为这些市场要受到各国政府政策和法令的管辖，并且只能以市场所在国的货币进行国际借贷。之所以称其为国际金融市场，是因为非居民可以在这种国内金融市场上参与融资活动，从而使其具有涉外性。但从严格意义上来说，这类国际金融市场还不能算是真正的国际金融市场，或者说是不完善的国际金融市场。这也就是通常所说的传统的国际金融市场，它是国际金融市场发展的初级阶段。

### （二）新型国际金融市场的发展

20世纪60年代至70年代，真正意义上的国际金融市场——欧洲货币市场正式诞生，它标志着国际金融市场出现了质的飞跃。

第二次世界大战结束后，随着西方主要国家经济的恢复和发展，在国际范围内出现了生产国际化、资本国际化的趋势，与此同时，信贷交易的国际化开始突破传统的模式。在一国金融市场上的资金借贷不再局限于居民和非居民之间，而是扩展到非居民与非居民之间；借贷的货币也不再局限于市场所在国货币，而是扩展到所有的可自由兑换货币，而且市场上的借贷活动既不受市场所在国也不受借贷货币发行国的金融法规的限制。比如在伦敦经营美元的存放款业务及债券业务，可以不受英国金融法规的限制，也不受美国金融法规的限制。与原来传统的国际金融市场相比，这完全是一种新的国际金融市场，无论是在市场参与者还是在交易货币上，它都突破了国家疆界的限制，从而成为一种"离岸金融市场"。

离岸金融市场是真正国际化了的金融市场，也是真正意义上的国际金融市场。它的出现使国际金融市场的发展逐步由集中转为分散，从此国际金融市场不再局限于少数传统的国际金融中心，而是迅速扩散到世界各地。不管是发达国家还是发展中国家，不管本身有无巨大的资金积累，只要具备了便利国际金融交易的一些条件，如外汇管制较松、税收优惠、通信发达、交通便利等，就可以发展国际金融市场。

## 二、国际金融市场发展的新趋势

金融市场创新是指通过对金融交易方法进行技术改进、更新或创设，从而形成新的市场架构的金融创新。金融制度创新一般是指涉及金融体制、金融监管政策、金融法律法规等层面的创新。金融市场的创新主要包括两个方面。一是相对于传统国际金融市场而言的欧洲货币市场；二是相对于基础市场而言的衍生市场。

20世纪70年代，世界经济形势发生了重大变化，主要资本主义国家的经济在不同程度上陷入了滞胀的困境，国际金融形势从此变得动荡不定。在牙买加体系下，主要国家的货币纷纷自由浮动，外汇市场开始起伏波动。进入80年代以后，又出现了波及全球的拉美债务危机和外汇市场美元汇率的大幅波动。90年代以来又爆发了欧洲货币体系危机、墨西哥金融危机和东南亚金融危机等货币金融危机。这一切都意味着国际银行业以及国际金融市场的风险程度已大大增加，再加之电子计算机技术在金融领域的广泛应用，各国金融管理当局为增强金融业的活力，纷纷放松金融管制。在这种总体背景下，从1980年开始，国际金融市场的发展呈现出金融市场全球一体化、国际融资方式证券化、金融业务创新化和主要货币汇率与资本市场变动的相关性在强化等趋势。

### （一）金融市场全球一体化

金融市场的全球一体化是指国际金融市场之间以及国内和国外金融市场之间的联系日益紧密，并逐渐走向一个统一的全球性金融市场。开始于20世纪60年代的金融市场一体化的趋势，在20世纪80年代后已成为国际金融市场发展的一个重要特点。20世纪80年代后国际金融中心已经不再局限于少数几个发达国家的金融市场，而是开始向世界各地分散。尽管金融市场分散于世界各地，但是通过计算机和卫星通信网络却把这些分散于世界各地的金融市场紧密地联系在一起，并联结成一个全时区、全方位的一体化市场。在这个市场上，各国的金融市场不再是相互隔离的，而是联结成一个整体，相互依赖、相互影响；在这个市场上，资金借贷关系也已没有了国家疆界的限制，投资者和筹资者可以在全球范围内选择投资对象和投资市场，并可以任意选择货币币种进行交易。以纳斯达克（全美证券交易商协会自动报价系统）为代表的现代网上金融交易以其快速、全天候的交易方式冲击着传统的交易所交易方式。与此同时，各交易所跨越国界进行联网，更推进了全球市场的融合。

### （二）国际融资方式证券化

第二次世界大战后，国际银行贷款曾经一直是国际融资的主渠道，但进入20世纪80年代后，国际融资格局发生了重大变化，国际融资出现了证券化趋势。近年来，国际证券融资比重有所下降，其原因值得深入研究，但这一比重仍超过50%。国际融资证券化还表现在贷款债权证券化。20世纪80年代以来，越来越多的银行直接进入证券市场，将自己传统的长期抵押贷款安排成证券，以实现贷款债权的流动性；或通过证券化使缺乏流动性的债权（金融债权性资产）转变为物权或股权，转卖给其他公司或个人，以增加流动性。这一点在发展中国家表现尤为明显。

### （三）金融业务创新化

20世纪80年代以来，随着西方各国普遍放松金融管制，国际金融市场上的创新浪潮一浪高过一浪，大量令人眼花缭乱的金融创新工具问世。国际金融市场上的金融业务创新主要表现在以下四类业务上。

1. 风险转移型创新业务

市场主体创新这类业务是为防范汇率风险和信用风险，其包括能在各经济机构之间转移金融工具内在风险的所有新工具、新技术。例如期权交易、期货交易、互换交易、远期利率协议等便是这类创新业务。

2. 增加流动型创新业务

市场主体创新这类业务是为规避各国政府的资本管制，它能使原有的金融工具提高变现性或可转让。例如大额可转让存单、可转让贷款证券等便是这类创新业务。

3. 信用创造型创新业务

市场主体创新这类业务是为使借款人的信贷资金来源更为广泛，或者使借款人从传统的信用资金来源转向新的来源，达到用短期信用来实现中期信用、分散投资者风险的目的。票据发行便利等就属于此类创新业务。

4. 股权创造型创新业务

市场主体创新这类业务是为了使自身股权资金的来源更为广泛。

# 第六章 国际金融机构

## 第一节 国际金融组织含义

### 一、国际金融机构的形成与发展

#### （一）国际金融机构的概念

国际金融机构指的是那些从事国际金融经营和管理等业务活动而又具有超国家性质的金融组织。这类金融机构大多以银行的形式出现，也有的采用了基金组织、协会、公司等名称。

#### （二）国际金融机构的产生和发展

国际金融机构的产生和发展是同客观的世界经济状况密切相连的。在第一次世界大战前，主要资本主义国家的货币信用和国际结算制度尚未真正建立起来，它们的国际收支又大多呈现顺差，加之外汇汇率一向比较稳定，彼此在国际金融领域的矛盾并不尖锐，所以当时尚不具备产生国际金融机构的基础和条件。

第一次世界大战爆发以后，帝国主义国家之间的矛盾日益尖锐。那些强大的帝国主义国家不仅运用自己的经济、政治和军事力量，还希望利用国际组织来控制其他国家，因此提出了建立国际金融组织的问题。同时，由于通货膨胀的日益严重和国际收支逆差不断扩大，使多数资本主义国家在货币、外汇和国际结算方面发生了很大的困难，进而促进了国际金融组织的建立，以维持一个国际经济新秩序。

第二次世界大战初期，资本主义矛盾激化，使世界金融状况陷于严重危机之中，西方资本主义国家的货币信用制度与国际收支危机更为加深。与此同时，帝国主义殖民体系瓦解之后，亚洲、非洲和拉丁美洲新独立的发展中国家迫切要求发展民族经济，这些国家希望借助国际组织来保护他们的利益。而美国在两次世界大战中积累了大量的财富，因此美国打算利用国际金融组织冲破其他国家的保护主义壁垒，对外进行经济扩张。因此，在美国的积极策划之下，"二战"后先后成立了国际货币基金组织、国际复兴开发银行（世界银行）、国际开发协会和国际金融公司等全球性国际金融组织。另外还有亚洲开发银行等地区性的国际金融组织。

从 20 世纪 50 年代到 70 年代，欧洲、亚洲、非洲、拉丁美洲、中东等地区的国家，为抵制美国对国际金融事务的控制和操纵，通过互助合作方式，纷纷建立起区域性的国际金融机构，以适应本地区的实际需要，谋求本地区的经济发展。1957 年西欧共同体创立了欧洲投资银行。1960 年以后又先后成立了泛美开发银行、亚洲开发银行、非洲开发银行和阿拉伯货币基金组织。苏联、东欧国家于 1963 年成立了国际经济合作银行，以后又成立了国际投资银行。

国际金融组织是当今世界经济生活中活动较为频繁、影响较为广泛的重要经济主体，通过有关政策建议和决定对成员国以及世界其他国家或地区有关政策施加影响，或者通过贷款、援助支持一些国家或地区发展，从而对国际金融乃至对整个世界经济产生影响。

## 二、国际金融机构的分类与作用

### （一）国际金融机构的分类

按地区划分，可分为全球性的国际金融机构和区域性的国际金融机构。

按资本来源划分，可分为由政府出资兴办的国际金融机构（如国际经济合作银行）、由私人集资兴办的国际金融机构（如西方国家的跨国银行）、由政府资本和私人资本合办的国际金融机构（如亚洲开发银行）。

按职能划分，可分为主要从事国际金融事务的协调和监督的国际金融机构、主要从事各种期限信贷的国际金融机构和主要从事国际结算的国际金融机构。

### （二）国际金融机构的作用

国际金融机构建立以来，在加强国际经济、金融合作，发展世界经济及区域经济方面起了积极的作用，具体表现在：一是促进国际经济，特别是金融事务的协调与合作；二是向会员国提供短期资金，解决有些国家的国际收支逆差，这在一定程度上缓和了国际支付危机；三是提供长期发展建设资金，促进许多国家，特别是发展中国家的经济发展；四是调节国际清偿能力，特别是国际货币基金组织提供普通提款权和分配特别提款权，增强了会员国的偿债能力，适应了世界经济发展的需要；五是稳定汇率，促进国际贸易和国际投资的增长。

然而，必须看到目前的国际金融机构也存在一定的缺陷：国际金融机构的领导权大都掌握在西方工业国家手里，发展中国家的意见和建议往往得不到充分的反映，很少付诸实施。国际金融机构对发展中国家提供贷款的条件过分苛刻，有的要求支付负担颇重的利率，有的还常常干涉贷款国的经济发展计划乃至相关政策措施，更有甚者，这类贷款有时竟还成为发达国家打击和胁迫一些经济落后的国家改变其政治立场的手段。现在发展中国家正通过各种形式来取得在国际金融机构内的平等权利。

# 第二节　全球性国际金融组织

## 一、国际货币基金组织

国际货币基金组织是为协调国际货币政策，加强货币合作而建立的政府间国际金融组织。

### （一）成立及其宗旨

国际货币基金组织是根据1944年7月的《国际货币基金协定》而建立的，它是布雷顿森林会议协定的实施结果的重要组成部分。根据该项协定，决定成立一个国际性常设金融机构，商议和促进国际货币合作和各国货币稳定，进一步推动国际贸易发展。

该组织的宗旨是通过一个常设机构来促进国际货币合作，为国际货币问题的磋商和协作提供方法；通过国际贸易的扩大和平衡发展，把促进和保持成员国的就业、生产资源的发展、实际收入的提高作为经济政策的首要目标；稳定国际汇率，在成员国之间保持有秩序的汇价安排，避免竞争性的汇价贬值；协助成员国建立经常性交易的多边支付制度，消除妨碍世界贸易的外汇管制；在有适当保证的条件下，基金组织向成员国临时提供普通资金，使其有信心利用此机会纠正国际收支的失调，而不采取危害本国或国际繁荣的措施；按照以上目的，缩短成员国国际收支不平衡的时间，减轻不平衡的程度等。

### （二）组织结构和会员资格

基金组织的最高权力机构为理事会，由各成员派正、副理事各一名组成，一般由各国的财政部部长或中央银行行长担任。每年9月举行一次会议，各理事单独行使本国的投票权（各国投票权的大小由其所缴基金份额的多少决定）；执行董事会负责日常工作，行使理事会委托的一切权力，由24名执行董事组成，其中8名由美、英、法、德、日、俄、中、沙特阿拉伯指派，其余16名执行董事由其他成员分别组成16个选区选举产生；中国为单独选区，亦占有一席。执行董事每两年选举一次；总裁由执行董事会推选，负责基金组织的业务工作，任期5年，可连任，另外还有3名副总裁。

该组织临时委员会被看作是国际货币基金组织的决策和指导机构。该委员会在政策合作与协调，特别是在制定中期战略方面充分发挥作用。国际货币基金组织每年与世界银行共同举行年会。

加入国际货币基金组织的申请，首先会由基金组织的董事局审议。之后，董事局会向管治委员会提交有关会员资格决议的报告，报告中会建议该申请国可以在基金中分到多少配额以及条款。管治委员会接纳申请后，该国需要修改法律，确认签署的入会文件，并承诺遵守基金组织的规则。成员国的"配额"决定了一国的应付会费、投票力量、接受资金援助的份额以及特别提款权的数量。

### （三）职能与作用

自成立之日起，IMF一直将维护国际金融稳定当作首要和核心任务。多年来，国际金融市场经历了翻天覆地的变化，IMF的职能也在相应地不断进行调整。

1. 布雷顿森林体系下 IMF 的作用

在布雷顿森林体系下，IMF的主要作用就是维护成员国之间汇率的稳定，当成员国国际收支出现"根本性失衡"时，IMF将与其协商调整汇率平价以及提供流动性援助等事宜。在布雷顿森林体系下，IMF从成立到20世纪70年代初期，在促进国际货币合作、扩大世界贸易、建立多边支付体系以及稳定国际金融秩序等诸多方面都做出了积极的贡献。但是，由于布雷顿森林体系以美元作为本位货币，而且作为国际货币合作一方的发展中国家在IMF中处于弱势地位，因此IMF在促进国际经济体系稳定中的作用受到影响。

按照布雷顿森林体系设计者的初衷，IMF应该是一种国际贷款联盟，当成员国出现流动性困难时，IMF应动用资源予以援助，这种援助是借助IMF的份额实现的。份额由各国经济实力决定，并通过一定的指标和权重计算出来。但是20世纪60—70年代以后，IMF的资金储备大幅下降。它干预与调节国际货币汇率的能力也随之下降，使它不能有效地发挥稳定国际金融秩序的功能。根据IMF的《国际货币基金协定》，要增加IMF的资金储备，就必须调整成员国的基金份额，但由于份额决定着各成员国分配特别提款权（SDR）的比例、投票权和贷款数额，也决定着各成员国在IMF的权利和地位，因此调整基金份额并不是IMF能轻易做到的事情。

2. 牙买加体系下 IMF 的作用

在牙买加体系下，IMF不再承担维护固定汇率制的义务，这一阶段IMF的主要任务突出表现为经济监督与条件性贷款。当成员方发生金融危机时，IMF承担起"救火队"的任务；在国际债权人与债务人谈判时，IMF充当"调解人"的角色。IMF通过这些工作，维持国际金融体系的稳定，为国际贸易、世界经济的稳定发展创造有利条件。

从20世纪80年代发生债务危机的拉美国家，到20世纪90年代发生金融危机的墨西哥及东南亚国家，再到21世纪初发生金融危机的阿根廷，都能看到IMF为应对危机而奔波的身影。但是，与此同时，人们对IMF的指责与批评之声也不绝于耳。IMF在给危机国提供紧急援助贷款时，往往附带很多苛刻的条件，如要求危机国紧缩货币与财政政策，取消经常项目管制，开放资本市场等。同时，接受IMF贷款援助的国家必须接受IMF的经济监督。而实际效果表明，许多接受IMF贷款条件的国家，虽然其金融体系得到了挽救，但经济却陷于深度衰退之中。半个多世纪以来的事实也说明，IMF关心的是危机国家的财政和货币政策，而且深深地介入这些国家的内部事务当中，如要求危机国进行经济结构调整、取消补贴、根除腐败、加强竞争等，这引起了人们的极大质疑。另外，在牙买加体系下，IMF 对危机国是否提供援助、援助程度如何等都要视危机对大国利益的影响程度而定，这使 IMF 受到大国意志的左右。

多年来，IMF 在维持国际经济秩序、维护国际金融稳定方面做出了重要贡献，面对国际社会中出现的新问题、新情况，IMF 也在不断地对自身职能进行调整，以更好地适应变化的国际环境，发挥应有的作用。然而不可否认，经过多年的变化，IMF 正从一个成员方之间维持固定汇率制度、为逆差国提供资金援助、建立多边支付体系的互助机构演变成维护国际金融体系稳定的监督机构，而这种监督受大国的影响较大，这一问题已得到国际社会的密切关注。IMF 也在试图规划中期发展战略以改善自身的治理问题，但相关问题的解决需要各成员方的长期共同努力。

### （四）资金来源

国际货币基金组织的资金主要来源于会员国缴纳的基金份额、借款和信托基金。

#### 1. 会员国的基金份额

会员国的基金份额是主要资金来源。每个成员国所缴纳基金份额的多少，根据其外汇储备、对外贸易量和国民收入的大小而定。成员国所缴纳的份额，原规定其中的 25% 必须以黄金支付。1978 年以后改为成员国新增加的份额，可以全部由本国货币缴纳，也可以用本国货币缴纳 75%，其余 25% 用特别提款权或该组织规定的货币缴纳。份额的作用包括决定会员国的借款或提款额度，决定会员国投票权的多少，决定会员国可以分得的特别提款权的多少。

#### 2. 借款

与会员国协商从会员国借入资金，也是对成员国提供资金融通的一个来源。

#### 3. 信托基金

基金组织于 1976 年 1 月决定将其所持有黄金的 1/6，即 2500 万盎司分 4 年按市价出售，以获得的利润中的一部分作为信托基金，用于向最贫困的发展中国家提供优惠贷款。

### （五）主要业务活动

#### 1. 汇率监督与政策协调

为了使国际货币制度能够顺利进行，国际货币基金组织对各成员国的汇率政策进行检查，以保证它们与国际货币基金组织和其他成员国进行合作，维持稳定的汇率制度。在目前的浮动汇率制条件下，成员国调整汇率不再征求国际货币基金组织的同意。但是国际货币基金组织仍然要对成员国的汇率政策进行全面估价，这种估价要考虑成员国内外政策对调节国际收支、实现持续经济增长的作用。这种汇率监督不仅运用于经济较弱的国家，而且也运用于那些经济实力强大的国家，因为它们的国内经济政策和国际收支状况会对国际货币运行产生重大的影响。基金组织要求其所有成员国，必须将其汇率安排的变化通知基金组织，从而使基金组织能够及时进行监督和协调。

2. 提供各种贷款

提供各种贷款是国际货币基金组织最主要的业务活动，其贷款的特点主要是：贷款的对象限于成员国政府的财政部或中央银行；贷款的用途限于成员国弥补国际收支暂时不平衡；贷款的规模与成员国缴纳的份额呈正比关系；贷款的方式分别采用购买和购回的方式，前者是指借款国用相当于借款额的本国货币向基金组织购买弥补国际收支逆差的外汇，后者则指借款国还款时，要用自己原来所借的外汇购回本国货币。贷款无论以什么货币提供，均以特别提款权作为计价单位。

基金组织主要设有普通贷款、中期贷款、补充贷款、补偿与应急贷款、缓冲库存贷款、信托基金贷款、结构调整贷款、补充储备贷款和应急信贷额度贷款等。此外，基金组织还可以根据需要设置特别的临时性的贷款项目，其资金来源由基金组织临时借入。

3. 提供培训咨询服务

国际货币基金组织除对成员国提供贷款外，还负责对成员国进行业务培训、咨询等。为提高成员国专业人员素质，定期对有关业务人员进行培训；根据各国经济、金融发展情况，货币基金组织以派出代表团的形式，对有关成员国提供有关国际收支、财政、货币、银行、外汇、外贸和统计等各方面的业务咨询及技术援助；另外还编辑、出版各种反映世界经济、国际金融的专题刊物，寄发给各成员国，加强成员国间的交流。

## 二、世界银行集团

1944年12月，根据布雷顿森林会议通过的《国际复兴开发银行协定》建立了国际复兴与开发银行，简称世界银行。后来陆续建立了国际开发协会、国际金融公司、多边投资担保机构和解决投资争端国际中心等四个附属机构。同IMF一样，世界银行也是联合国的专门机构之一。

### （一）国际复兴开发银行（世界银行）

世界银行简称世行，成立于1945年12月27日，1946年6月开始营业，从1947年起成为联合国的专门金融机构，总部设在美国的华盛顿，是根据《国际复兴开发银行协定》建立的国际金融机构。按照规定，凡参加世界银行的国家必须是国际货币基金组织的成员国，但国际货币基金组织的成员方不一定都参加世界银行。刚成立时，世界银行只有39个会员国，现已发展到180多个会员国。中国是该行的创始国之一，1980年5月中国在该行的合法席位才得以恢复。

1. 组织机构

世界银行的最高权力机构是理事会，由每一会员国委派理事和副理事各一人组成。理事、副理事任期 5 年，可以连任。副理事在理事缺席时才有投票权。理事会的主要职权为：批准接纳新会员国；增加或减少世界银行资本；停止会员国资格；决定世界银行净收入的分配以及其他重大问题。理事会每年举行一次会议（即年会），一般与 IMF 理事会联合举行。同 IMF 相似，在世界银行内，每个会员国均有 250 票的基本投票权，另外，每认缴 10 万美元的股金，则增加一票。世界银行负责领导并处理日常业务的机构也是执行董事会。执行董事会现有 21 人，其中 5 人由持股最多的美、英、德、法、日 5 国指派，其余 16 人由其他会员国按地区分组推选。我国为一独立地区组，指派执行董事和副执行董事各一名。执行董事会选举一人为行长，即董事会主席。理事、副理事、执行董事和副执行董事不得兼任行长。行长无投票权，只有在执行董事会表决中赞成、反对票数相等时，可以投决定性一票。行长下有副行长，协助行长工作。世界银行有许多办事机构，并在主要资本主义国家和许多发展中国家设有办事处，办理贷款有关事宜。

2. 世界银行的宗旨

根据《国际复兴开发银行协定》第一条规定，世界银行的宗旨是：一是为用于生产目的的投资提供便利，以协助会员国的复兴与开发，并鼓励不发达国家生产与资源的开发；二是以保证或参加私人贷款和私人投资的方式，促进私人的对外投资；三是鼓励国际投资，以开发会员国生产资源的方法促进国际贸易的长期平衡发展，以维持国际收支的平衡；四是在提供贷款保证时，应与其他方面的国际贷款配合。

总之，世界银行的主要任务是向会员国提供长期贷款，促进战后经济的复兴，协助发展中国家发展生产，开发资源，从而起到配合 IMF 贷款的作用。但在成立之初，它主要是资助西欧国家恢复受到战争破坏的经济。1948 年以后，欧洲各国开始主要依赖美国"马歇尔计划"的援助来复兴战后经济，世界银行便主要转向为亚、非、拉的发展中国家提供中长期贷款，帮助它们进行经济开发。

3. 世界银行的资金来源

（1）会员国缴纳的股金。

世界银行规定，每个会员国均须认购股份。每个会员国认购股份的多少以该国经济、财政力量为根据，并参照其在IMF认缴的份额，同世界银行协商，并经理事会批准。

（2）通过发行债券取得借款。

通过在国际债券市场发行债券来借款是世界银行资金的一个很重要的来源。世界银行贷款资金的很大部分是靠发行债券筹措的。世界银行发行债券期限从 2 年到 25 年，其利率随国际金融市场行情的变化而变化，但由于世界银行资信较高，利率往往要低于一般公司的债券和某些国家的政府债券。世界银行发行债券除采取通过投资银行、商业银行等中间包销商向私人投资者出售中长期债券方式外，还直接向会员国政府、政府机构或中央银行出售中短期债券。

(3) 业务净收益。

世界银行几乎年年都有巨额的净收益，它除将一部分净收益以赠款形式拨给开发协会外，其余均充作本身的储备金，成为发放贷款的一个资金来源。

(4) 债权转让。

20世纪80年代以来，世界银行常把一部分贷出款项的债权有偿地转让给商业银行等私人投资者，以提前收回资金，并转为贷款的一个资金来源。

### (二) 世界银行的主要业务活动

世界银行最主要的业务活动是向发展中国家提供贷款和技术援助等业务。

1. 提供贷款

第二次世界大战后初期，世界银行的贷款重点在欧洲。20世纪初50年代以后，其重点转向亚、非、拉的发展中国家，当前世界银行的贷款已成为发展中国家发展经济的一条较为重要的资金渠道。然而，要获得世界银行贷款也绝非易事，需满足一定的条件和程序。

(1) 贷款条件。

第一，世界银行只向会员国政府、中央银行担保的公、私机构提供贷款。即使是预期不久将成为会员国的新独立国家，也只能在成为正式会员国后才可申请贷款。但世界银行也曾向某些会员国管辖之下的地区承诺贷款。例如，在1975年9月巴布亚新几内亚独立之前，世界银行曾向它提供5笔贷款，但都由澳大利亚政府担保。

第二，贷款一般与世界银行审定、批准的特定项目相结合。贷款必须用于借款国家的特定项目，并经世界银行审定在技术上和经济上可行，并且是借款国经济发展应优先考虑的项目。只有在特殊情况下，世界银行才发放非项目贷款。

第三，申请贷款的国家确实不能以合理的条件从其他方面取得贷款时，世界银行才考虑发放贷款、参加贷款或提供保证。

第四，贷款必须专款专用，并接受世界银行的监督。世界银行的监督，不仅在使用款项方面，同时对工程的进度、物资的保管、工程管理等方面也进行监督。世界银行一方面派遣人员进行现场考察；另一方面要求借款国随时提供可能影响工程进行或偿还借款的有关资料，根据资料与实际状况，世界银行可建议借款国政府对工程项目做政策性的修改。

第五，贷款的期限一般为数年，最长可达30年。贷款利率从1976年7月起实行浮动利率，随金融市场利率变化定期调整，基本按世界银行在金融市场借款的成本再加0.5%的利息计算。与一般国际贷款收取承担费相似，世界银行对已订立借款契约而未提取的部分，按年征收0.75%的手续费。

第六，贷款使用的货币。世界银行发放贷款，使用不同的货币：对承担贷款项目的承包商或物资供应商，一般用该承包商、供应商所属国的货币支付；如由借款国承包商供应本地物资，即用借款国货币支付；如本地供应商购买进口物资，即用出口国的货币进行支付。

(2) 贷款程序。

银行与借款国探索洽商提供贷款的可能性，以确定申请贷款的项目是否适合银行资助的类型；双方选定具体贷款项目；双方对贷款项目进行审查和评估；双方就贷款项目进行谈判、签约；贷款项目的执行和监督；世界银行对贷款项目进行总结评价。

(3) 贷款种类。

第一，项目贷款与非项目贷款。这是世界银行传统的贷款业务，属于世界银行的一般性贷款。项目贷款目前是世界银行最主要的贷款。它是指世界银行对会员国工农业生产、交通、通信，以及市政、文教卫生等具体项目所提供的贷款的总称。非项目贷款是世界银行为支持会员国现有的生产性设施需进口物资、设备所需外汇提供的贷款，或是为支持会员国实现一定的计划所提供的贷款的总称。前者如世界银行在建立后初期对西欧国家的复兴贷款，后者如调整贷款和应急性贷款。调整贷款是世界银行在20世纪80年代初设立的，用以支持发展中国家为解决国际收支困难而进行的经济调整，并促进其宏观或部门经济政策的调整和机构改革。应急性贷款是为支持会员国应付各种自然灾害等突发性事件而提供的贷款。

第二，"第三窗口"贷款。它是世界银行于1975年12月开办的、在一般性贷款之外的一种中间性贷款，是世界银行原有贷款的一种补充。所谓"第三窗口"贷款，即在世界银行原有两种贷款（世界银行接近市场利率的一般性贷款和国际开发协会的优惠贷款）之外，再增设一种贷款，其贷款条件宽于世界银行的一般性贷款，但优惠条件不如协会贷款，而介于这两种贷款之间。为发放这项优惠贷款，世界银行设立了由发达国家和石油输出国捐资的"利息补贴基金"，由该基金付给世界银行4%的利息补贴，借款国负担世界银行一般性贷款的利息与4%利息补贴之间的差额。"第三窗口"贷款的期限可长达25年，但只贷给低收入国家。

第三，技术援助贷款。它首先是指在许多贷款项目中用于可行性研究、管理或计划的咨询，以及专门培训方面的资金贷款，其次还包括独立的技术援助贷款，即为完全从事技术援助项目提供的资金贷款。

第四，联合贷款。它是世界银行同其他贷款者一起共同为借款国的项目融资，以有助于缓和世界银行资金有限与发展中会员国资金需求不断增长之间的矛盾。它起始于20世纪70年代中期。联合贷款的一种方式是，世界银行同有关国家政府合作选定贷款项目后，即与其他贷款人签订联合贷款协议。然后，世界银行和其他贷款人按自己通常的贷款条件分别同借款国签订协议，分头提供融资。另一种联合贷款的方式是，世界银行同其他贷款者按商定的比例出资，由世界银行按其贷款程序与商品、劳务采购的原则同借款国签订借贷协议。两种方式相比，后一种方式更便于借款国管理，世界银行也倾向于采用这种方式。

### 2. 技术援助

向会员国提供技术援助也是世界银行业务活动的重要组成部分。这种技术援助往往是与贷款结合在一起的，该行派出人员、专家帮助借款国进行项目的组织和管理，提高项目资金使用效率。世界银行还设立由该行直接领导的一所经济发展学院，其任务主要是为发展中国家培养中高级管理干部。世界银行也经常帮助会员国制订社会经济发展计划，为某些特殊问题提供咨询意见和解决方案。

### （三）国际开发协会

国际开发协会是专门向低收入发展中国家提供优惠长期贷款的一个国际金融组织。按照规定，凡世界银行会员均可加入国际开发协会，但世界银行的会员国不一定参加国际开发协会。

#### 1. 宗旨

国际开发协会的宗旨是：对欠发达国家提供比世界银行条件优惠、期限较长、负担较轻并可用部分当地货币偿还的贷款，以促进它们经济的发展和居民生活水平的提高，从而补充世界银行的活动，促成世界银行目标的实现。

#### 2. 组织机构

国际开发协会在法律和会计上是独立的国际金融组织，但在人事管理上却是世界银行的附属机构，故有"第二世界银行"之称。

国际开发协会的管理办法和组织结构与世界银行相同，从经理到内部机构的人员均由世界银行相应机构的人员兼任，世界银行的工作人员也即国际开发协会的工作人员。因此，它与世界银行实际上是两块牌子，一套机构。

#### 3. 资金来源

（1）会员国认缴的股本。

协会原定法定资本为10亿美元，以后由于会员国增加，资本额随之增加。会员国认缴股本数额按其在世界银行认购股份的比例确定。国际开发协会的会员国分为两组：第一组是工业发达国家和南非、科威特，这些国家认缴的股本需以可兑换货币支付，所缴股本全部供协会出借；第二组为亚、非、拉发展中国家。这些国家认缴的股本的10%需以可兑换货币进行缴付，其余90%用本国货币缴付，而且这些货币在未征得货币所属国同意前，协会不得使用。

（2）会员国提供的补充资金。

由于会员国缴纳的股本有限，远不能满足会员国不断增长的信贷需求。同时，协会又规定，该协会不得依靠在国际金融市场发行债券来募集资金。因此，国际开发协会不得不要求会员国政府不时地提供补充资金，以继续进行其业务活动。提供补充资金的国家，既有第一组会员，也有第二组少数国家。

### （三）国际金融公司

1. 宗旨

通过对发展中国家，尤其是欠发达地区的重点生产性企业提供无须政府担保的贷款与投资，鼓励国际私人资本流向发展中国家，支持当地资金市场的发展，推动私人企业的成长，促进成员国经济发展，从而补充世界银行的活动。

2. 组织结构

国际金融公司在法律和财务上虽是独立的国际金融组织，但实际是世界银行的附属机构。它的管理办法和组织结构与世界银行相同。世界银行行长兼任公司总经理，也是国际金融公司执行董事会主席。国际金融公司的内部机构和人员多数由世界银行相应的机构、人员兼管。按照国际金融公司的规定，只有世界银行会员国才能成为国际金融公司的会员国。

3. 资金来源

会员国认缴的股金，是国际金融公司最主要的资金来源。国际金融公司最初的法定资本为1亿美元，分为10万股，每股1000美元。会员国认缴股金须以黄金或可兑换货币缴付。每个会员国的基本票为250票。此外，每认1股，增加1票。IFC也进行了多次增资。其资金也来源于发行国际债券，在国际资本市场借款，以及由世界银行与会员国政府提供的贷款。

## 三、国际清算银行

国际清算银行是英、法、德、意、比、日等国的中央银行与代表美国银行界利益的摩根银行、纽约和芝加哥的花旗银行组成的银团，根据海牙国际协定于1930年5月共同组建的。国际清算银行最初创办的目的是为了处理第一次世界大战后德国的赔偿支付及其有关的清算等业务问题；第二次世界大战后，它成为经济合作与发展组织成员国之间的结算机构，该行的宗旨也逐渐转变为促进各国中央银行之间的合作，为国际金融业务提供便利，并接受委托或作为代理人办理国际清算业务等。国际清算银行既不是政府间的金融决策机构，亦非发展援助机构，它实际上是西方中央银行的银行。

### （一）组织机构

国际清算银行是股份制形式的金融组织，其组织机构由股东大会（年会）、董事会和经理部组成。股东大会是最高权力机构，由认缴该行股份的各国中央银行代表组成，股东投票权的多少由其持有的股份决定。董事会由13人组成，董事长（兼行长）董事会其选举产生。董事会每月开一次会，审查银行日常业务。董事会也是主要的政策制定者。经理部包括总经理和副总经理,下设4个业务机构,即银行部、货币经济部、秘书处和法律处。

### (二)宗旨

该行最初的任务是负担第一次世界大战后西德赔款和协约国之间债务的清算与清偿工作,现在国际清算银行的主要任务是促进各国中央银行之间的合作并为国际金融业务提供新的便利;根据有关当事各方签订的协定,在金融清算方面充当受托人和代理人。

### (三)资金来源

国际清算银行的资金主要来源于三个方面。一是成员国缴纳的股金;二是借款,向各成员国中央银行借款,补充该行自有资金的不足;三是吸收存款,接受各国中央银行的黄金存款和商业银行的存款。

### (四)主要业务

1. 处理国际清算事务

第二次世界大战后,国际清算银行先后成为欧洲经济合作组织、欧洲支付同盟、欧洲煤钢联营、黄金总库、欧洲货币合作基金等国际机构的金融业务代理人,承担着大量的国际结算业务。

2. 办理或代理有关银行业务

第二次世界大战后,国际清算银行业务不断拓展,目前可从事的业务主要有:接受成员国中央银行的黄金或货币存款,买卖黄金和货币,买卖可供上市的证券,向成员国中央银行贷款或存款,也可与商业银行和国际机构进行类似业务,但不得向政府提供贷款或以其名义开设往来账户。目前,世界上很多中央银行在国际清算银行存有黄金和硬通货,并获取相应的利息。

3. 定期举办中央银行行长会议

国际清算银行于每月的第一个周末在巴塞尔举行西方主要国家中央银行的行长会议,商讨有关国际金融问题,协调有关国家的金融政策,促进各国中央银行的合作。

# 第三节 区域性国际金融组织

## 一、亚洲开发银行

亚洲开发银行简称"亚行",是亚洲、太平洋地区的区域性政府间国际金融机构。它不是联合国下属机构,但它是联合国亚洲及太平洋经济社会委员会(联合国亚太经社会)赞助建立的机构,同联合国及其区域和专门机构有密切的联系。

### (一)组织机构

亚行的组织机构主要有理事会和董事会。理事会是亚行最高权力机构,负责接纳新成员、变动股本、选举董事和行长、修改章程等。行长是该行的合法代表,由理事会选举产生,任期5年,可连任。

亚行每年4—5月在总部或成员方轮流举行年会,主要议题是探讨亚太地区的经济金融形势、发展趋势和面临的挑战,推动亚行作为地区性开发机构在促进本地区社会经济发展方面发挥作用。同时会议还将对亚行年度业务进行审议,并通过亚行年度报告、财务报告、外部审计报告、净收入分配报告、预算报告等。

### (二)宗旨

建立亚行的宗旨是促进亚洲和太平洋地区的经济发展与合作,特别是协助本地区发展中成员方以共同的或个别的方式加速经济发展。亚行对发展中成员方的援助主要采取四种形式:贷款、股本投资、技术援助、联合融资及担保,协调成员方在经济、贸易和发展方面的政策,促进亚太地区的经济繁荣。

### (三)资金来源

1. 普通资金

这是亚行业务活动的主要资金来源,由股本、借款、普通储备金(由部分净收益构成)、特别储备金和其他净收益组成。这部分资金通常用于亚行的硬贷款。

2. 特别基金

这部分资金由成员方认缴股本以外的捐赠及认缴股本中提取10%的资金组成,主要用于向成员方提供贷款或无偿技术援助。目前该行设立了下述三项特别基金:一是亚洲开发基金,用于向亚太地区贫困成员方发放优惠贷款;二是技术援助特别基金,为提高发中成员方的人力资源素质和加强执行机构的建设而设立；三是日本特别基金，由日本政府出资建立，主要用于技术援助与开发项目。

## （四）业务活动

### 1. 提供贷款

亚行的贷款按贷款条件分为硬贷款、软贷款和赠款。按贷款方式划分，可分为项目贷款、规划贷款、部门贷款、开发金融贷款、综合项目贷款及特别项目贷款等。其中，项目贷款是亚行传统的也是主要的贷款形式，该贷款是为成员方发展规划的具体项目提供融资，这些项目需经济效益良好，有利于借款成员方的经济发展，且借款国有较好的信誉，贷款周期与世界银行相似。

### 2. 联合融资

联合融资是指亚行与一个或以上的区外金融机构国际机构共同为成员方某一开发项目提供融资。该项业务始办于1970年，做法与世行的联合贷款相似，目前主要有平行融资、共同融资、伞形或后备融资、窗口融资、参与性融资等类型。

### 3. 股权投资

股权投资是通过购买私人企业股票或私人开发金融机构股票等形式，对发展中国家私人企业融资。亚行于1983年开办此项投资新业务，目的是为私营企业利用国内外投资起促进和媒介作用。

### 4. 技术援助

技术援助是亚行在项目有关的不同阶段如筹备、执行等阶段，向成员方提供的资助，目的是提高成员方开发和完成项目的能力。目前，亚行的技术援助分为：项目准备技术援助、项目执行技术援助、咨询性技术援助、区域活动技术援助。技术援助大部分以贷款方式提供，有的则以赠款或联合融资方式提供。

## （五）我国与亚洲开发银行的关系

我国成为亚行成员方后，双方的合作发展很快，而且在许多领域取得了较好的效果。亚行主要通过向我国提供有关信贷业务，对我国的工业、环保、扶贫、基础设施等领域的发展予以支持，贷款金额已超过30亿美元。亚行也通过有关技术援助，对我国在制定可行性报告、人员的技术培训及聘请咨询专家等方面，发挥了应有的作用。此外，我国也应亚行邀请，派遣人员到国外参加研讨会或接受短期培训，我国有关人员也由此进一步了解了国际经济的发展情况、其他国家的发展经验以及亚行的业务状况，同时也提高了自身的素质与技术操作水平。

## 二、非洲开发银行

### （一）成立与机构

1963年7月，非洲高级官员及专家会议和非洲国家部长级会议在喀土穆召开，通过了建立非洲开发银行的协议。1964年，非洲开发银行正式成立，1966年7月1日开业，总部设在科特迪瓦首都阿比让。非洲开发银行是地区性、多边开发银行。

理事会为最高权力机构，由各成员方委派一名理事组成，一般为成员方的财政部和经济部部长。理事会每年举行一次会议，选举行长和董事长，讨论制定银行的业务方针和政策，决定银行重大事项。董事会由理事会选举产生，为银行的执行机构，负责处理银行的组织和日常业务，由18人组成，任期3年，一个月召集两次会议。董事长任期5年，同时兼任行长，负责处理银行的日常事务。资金来源主要来自成员方的认缴。

### （二）宗旨

非洲开发银行的宗旨是：通过提供投资和贷款，利用非洲大陆的人力和资源，促进成员方经济发展和进步，优先向有利于地区经济合作和扩大成员方间贸易的项目提供资金和技术援助，帮助研究、制订、协调和执行非洲各国的经济发展计划，以逐步实现非洲经济一体化。

### （三）业务活动

该行与其附属的非洲开发基金、尼日利亚信托基金共同组成非洲开发银行集团。非洲开发银行行长兼任非洲开发银行集团董事长。该行还同非洲及非洲以外的机构开展金融方向的合作，与亚洲开发银行、美洲开发银行业务联系广泛，与阿拉伯的一些金融机构和基金组织建立融资项目，并在一些地区性金融机构中参股。该行发放贷款的对象是非洲地区成员方，贷款主要用于农业、运输和通信、供水、公共事业等。

## 三、欧洲投资银行

欧洲投资银行是欧洲经济共同体各国政府间的一个金融机构，成立于1958年1月，总行设在卢森堡。该行的宗旨是利用国际资本市场和共同体内部资金，促进共同体的平衡和稳定发展。为此，该行的主要贷款对象是成员方不发达地区的经济开发项目。贷款对象扩大到与欧共体有较密切联系或有合作协定的共同体外的国家。

### （一）组织机构

该行是股份制企业性质的金融机构。董事会是其最高权力机构，由成员方财政部部长组成，负责制定银行总的方针政策，董事长由各成员方轮流担任；理事会负责主要业务的决策工作，如批准贷款、确定利率等；管理委员会负责日常业务的管理；此外，还有审计委员会。

### （二）宗旨

欧洲投资银行的宗旨是利用国际资本市场和欧盟内部资金，促进欧盟的平衡与稳定发展。为此，该行的主要贷款对象是成员方不发达地区的经济开发项目。贷款对象扩大到与欧盟有较密切联系或有合作协定的欧盟以外的国家。

### （三）资金来源

欧洲投资银行的资金来源主要有两部分：一是成员方认缴的股本金，初创时法定资本金为10亿欧洲记账单位；二是借款，通过发行债券在国际金融市场上筹资，这是该行主要的资金来源。

### （四）业务活动

欧洲投资银行的主要业务活动包括：一是对工业、能源和基础设施等方面促进地区平衡发展的投资项目，提供贷款或贷款担保；二是促进成员方或共同体感兴趣的事业的发展；三是促进企业现代化。其中，提供贷款是该行的主要业务，包括两种形式：一是普通贷款，即运用法定资本和借入资金办理的贷款，主要向共同体成员方政府和私人企业发放，贷款期限可达20年；二是特别贷款，即向共同体以外的国家和地区提供的优惠贷款，主要根据共同体的援助计划，向同欧洲保持较密切联系的非洲国家及其他发展中国家提供贷款，收取较低利息或不计利息。

## 第四节　跨国公司与跨国银行

### 一、跨国公司概述

#### （一）跨国公司的概念

跨国公司又称多国公司、国际公司、超国家公司和宇宙公司等。20世纪70年代初，联合国经济及社会理事会组成了由知名人士参加的小组，较为全面地考察了跨国公司的各种准则和定义后，于1974年做出决议，决定联合国统一采用"跨国公司"这一名称。

#### （二）跨国公司的主要特征和经营特点

跨国公司主要是指发达资本主义国家的垄断企业，以本国为基地，通过对外直接投资，在世界各地设立分支机构或子公司，从事国际化生产和经营活动。

跨国公司主要有如下特征。第一，一般都有一个国家实力雄厚的大型公司为主体，通过对外直接投资或收购当地企业的方式，在许多国家建立子公司或分公司；第二，一般都有一个完整的决策体系和最高的决策中心,各子公司或分公司各自都有自己的决策机构,虽然各子公司或分公司都可以根据自己经营的领域和不同特点进行决策活动,但其决策必须服从于最高决策中心;第三,一般都从全球战略出发安排自己的经营活动,在世界范围内寻求市场和合理的生产布局,定点专业生产,定点销售产品,以谋取最大的利润;第四,一般都因有强大的经济和技术实力,有快速的信息传递,以及资金快速跨国转移等方面的优势,所以在国际上有较强的竞争力;第五,许多大的跨国公司,由于经济、技术实力或在某些产品生产上的优势,或对某些产品,或在某些地区,都带有不同程度的垄断性。

跨国公司作为在国内外拥有较多分支机构、从事全球性生产经营活动的公司,与国内企业相比较,是有一些区别的。这些区别表现在:第一,跨国公司的战略目标是以国际市场为导向的,目的是实现全球利润最大化,而国内企业是以国内市场为导向的;第二,跨国公司是通过控股的方式对国外的企业实行控制,而国内企业对涉外经济活动大多是以契约的方式来实行控制;第三,国内企业的涉外活动不涉及在国外建立经济实体问题,经济活动的关系是松散的,有较大偶然性,其涉外经济活动往往在交易完成后就立即终止,不再参与以后的再生产过程;而跨国公司则在世界范围内的各个领域,全面进行资本、商品、人才、技术、管理和信息等交易活动,并且这种"一揽子"活动必须符合公司总体战略目标而处于母公司控制之下,其子公司也像外国企业一样参加当地的再生产过程。所以,跨国公司对其分支机构必然实行高度集中的统一管理。

## 二、跨国公司的竞争与发展

在国际贸易中,传统的竞争手段是价格竞争,即指企业通过降低生产成本,以低于国际市场或其他企业同类商品的价格,在国外市场上打击和排挤竞争对手,扩大商品销路。而今,由于世界范围内尤其是发达国家生活水平的提高、耐用消费品支出占总支出比重的增大,世界范围内的持续通货膨胀造成物价持续上涨,产品生命周期普遍缩短等因素影响,价格竞争已很难为跨国公司争取到最多的顾客,取而代之的是非价格竞争。非价格竞争是指通过提高产品质量和性能、增加花色品种、改进商品包装装潢及规格、改善售前售后服务、提供优惠的支付条件、更新商标牌号、加强广告宣传和保证及时交货等手段来提高产品的素质、信誉和知名度,以增强商品的竞争能力,扩大商品的销路。跨国公司主要从以下几方面提高商品非价格竞争能力:提高产品质量,逾越贸易技术壁垒;加强技术服务,提高商品性能,延长使用期限;提供信贷;加速产品升级换代,不断推出新产品,更新花色品种;不断设计新颖和多样的包装装潢,注意包装装潢的"个性化";加强广告宣传,大力研究改进广告销售术。

跨国公司经营方式多样化,与一般的国内企业或一般的涉外公司相比,跨国公司的全球性生产经营方式明显较多,包括进出口、许可证、技术转让、合作经营、管理合同和在海外建立子公司等。其中,尤以在海外建立子公司为开展和扩大其全球性业务的主要形式。

## （一）跨国公司对发达国家对外贸易的影响

跨国公司的发展对"二战"后发达国家的对外贸易起了极大的推动作用。这些作用表现在，使发达国家的产品能够通过对外直接投资的方式在东道国生产并销售，绕过了贸易壁垒，提高了其产品的竞争力；从原材料、能量的角度看，减少了发达国家对发展中国家的依赖；发达国家的产品较顺利地进入和利用东道国的对外贸易渠道，使其易于获得商业情报信息。

## （二）跨国公司对发展中国家对外贸易的影响

跨国公司对外直接投资和私人信贷，补充了发展中国家进口资金的短缺。跨国公司的资本流入，加速了发展中国家对外贸易商品结构的变化。"二战"后，发展中国家引进外国公司资本、技术和管理经验，大力发展出口加工工业，使某些工业部门实现了技术跳跃，促进了对外贸易商品结构的改变和国民经济的发展。

跨国公司的资本流入，促进了发展中国家工业化模式和与其相适应的贸易模式的形成和发展。"二战"后，发展中国家利用外资，尤其是跨国公司的投资，实施工业化模式和与其相适应的贸易模式，大体上可分为初级产品出口工业化、进口替代工业化和工业制成品出口替代工业化三个阶段。初级产品出口工业化是指通过扩大初级产品出口促进经济发展的一种工业化战略，也称为初级外向战略。进口替代工业化是指一国采取关税、进口数量限制和外汇管制等严格的限制进口措施，限制某些重要的工业品进口，扶植和保护本国有关工业部门发展的政策。实行这项政策的目的在于用国内生产的工业品代替进口产品，以减少本国对国外市场的依赖，促进民族工业的发展。出口替代工业化是指一国采取各种措施促进面向出口工业的发展，用工业制成品和半制成品的出口代替传统的初级产品出口，促进出口产品的多样化和发展，以增加外汇收入，并带动工业体系的建立和经济的持续增长。

## （三）跨国公司控制了许多重要的制成品、国际技术贸易和原料贸易

跨国公司控制了许多重要的制成品和原料贸易。跨国公司40%以上的销售总额和49%的国外销售集中在化学工业、机器制造、电子工业和运输设备等4个部门。

在世界科技开发和技术贸易领域，跨国公司，特别是来自美国、日本、德国、英国等12个发达国家的跨国公司，发挥着举足轻重的作用。跨国公司掌握了世界上80%左右的专利权，基本上垄断了国际技术贸易。在发达国家，大约有90%的生产技术和75%的技术贸易被这些国家最大的500家跨国公司所控制。许多专家学者认为：跨国公司是当代新技术的主要源泉，是技术贸易的主要组织者和推动者。

## 三、跨国公司的发展规模

跨国公司的影响力日益扩大，实际上充当了经济全球化的主要动力和先锋。跨国公司全球化程度已达到一定高度，如海外资产、海外收入和海外雇员均超过总资产、总收入和总雇员的 50%，实际上这些公司就可以视为全球公司。全球公司通过全球战略、管理架构和理念文化的调整，成功地吸纳融合了全球资源，从而大大提高了全球竞争力和盈利能力。

跨国公司通过在全球设置营销服务、制造组装、研发设计等中心，形成了全球产业链。在跨国公司全球配置资源建立全球产业链的过程中，中国成为跨国公司全球产业链中的重要节点。许多制造业跨国公司把中国作为组装加工基地和主要销售市场。"入世"以来，越来越多的跨国公司把中国也作为研发设计中心。

通过在全球范围设立营销服务、制造组装和研发设计中心，跨国公司建立了自己的全球产业链。现代市场竞争已经从单一企业间点对点的竞争上升到产业链的竞争。跨国公司在全球化的舞台上，扮演了世界生产组织者的角色，也伴随全球化进程迅速壮大。

企业的跨国兼并是优化资源配置、产业结构调整的需要，是规模经济的需要，生产在全球组织，竞争也在全球展开，经济全球化创造了企业跨国兼并的条件。随着发展中国家经济的发展，发展中国家之间、发达国家与发展中国家的企业兼并也会越来越多。20 世纪 80 年代以前，兼并往往是为了击垮竞争对手，被兼并的公司往往被分割出售。90 年代以来，兼并更多是为了节约经营开发费用，得到新思想、新产品、新技术，实现更好的管理和经济规模，实现企业间的优势互补，以提高竞争实力和占有更大的市场份额。显然，这种兼并有利于资源的优化配置，有利于兼并双方的共同发展。企业的跨国兼并打破了民族国家的壁垒，模糊了民族国家的经济界限。各民族国家在经济上的相互依赖，越来越呈现"你中有我、我中有你"的局面。从好的方面来说，这有利于世界各国的共同发展，加快发展中国家现代化的进程，如德、法、日、美等国汽车工业进军中国轿车工业，加快了中国轿车工业现代化的步伐。从坏的方面来说，被兼并国家的经济主权在有些情况下会受到侵害，例如当一个国家国民经济的关键部门——电信、铁路、电力、银行、保险等行业的控股权被外国公司掌握以后，这个国家在非常时期就难以确保自己的政治独立。

跨国公司实行全球化的经营方式，促进了资金、技术和先进管理方式在全球范围的流动，带动了相对落后国家和地区的产业结构调整，从而推动世界经济的持续发展。然而，跨国公司并不是慈善机构，它们以追求最大利润为导向，其资金和技术也只能流向最能使它们获利的地区，并以其雄厚的经济实力和名牌产品影响着各国人民的生产和生活。跨国公司需要发展中国家的资源、廉价的劳动力和广阔的市场，发展中国家则需要跨国公司雄厚的资金、先进的技术和管理经验，通过相互补充，可以达到各取所需的目的。但是，发展中国家更关心以外资促进本国经济的发展，这两者之间无疑是存在矛盾的，如果应对不当，跨国公司就会对该国的国民经济造成巨大冲击。

在21世纪中，全球企业的并购、重组活动还会掀起新的浪潮。为了增强自身的实力和在全球的竞争力，跨国公司将通过并购不断扩大规模，"巨无霸""大哥大"式的跨国公司将会不断涌现，并把经营活动的触角进一步扩大到世界各个角落和各个产业。

### 四、跨国银行发展与主要业务

#### （一）跨国银行基本概述

跨国银行是指跨越国界、在世界范围内设有分支和附属机构、具有大金融垄断性质的银行。按照联合国跨国公司中心的定义，必须在五个或五个以上的国家里拥有多数股份的分支、附属机构的银行，才能称为跨国银行；第二次世界大战以后，跨国银行大量出现，以美国最为突出。目前美国的大银行都已发展成跨国银行。欧洲的跨国银行多以银行团的形式出现。

在中国，有学者认为，所谓跨国银行是指业务范围跨国化，同时在一些不同的国家和地区经营银行业务的超级商业银行。

跨国银行的基本特征是通过其所拥有的国际网络，在国际行使其职能表现出来的。它具体表现在以下几个方面。一是拥有广泛的国际网络；二是经营广泛的国际业务；三是从全球目标出发采用全球经营战略；四是实行集中统一的控制。

跨国银行业务经营过程中，一般都根据各种分支机构的特点，结合东道国的法律规定，从以下六种组织结构中做出具体的选择。

1. 代表处

最简单的分支机构形式，不具有东道国的法人资格。

2. 经理处

级别高于代表处，但低于分行，不具有东道国的法人资格。

3. 分行

是跨国银行在国外设立分支机构的最重要形式，不具有东道国的法人资格，是总行的组成部分，受总行的直接控制。

4. 附属银行

在东道国注册成立，具有东道国的法人资格，是独立于总行的经济实体，既可以由总行全资拥有，也可以合资设立。

5. 联营银行

其性质与附属银行类似，只不过总行参股份额较少，没有控股权而已，而且联营银行在联营后，仍可采用原有的名称、营业许可证和工作人员。

6. 银团银行

由两个以上不同国籍的跨国银行作为股东而建立起来的公司性质的合营国际银行，具有东道国的法人资格。

### （二）跨国银行的产生与发展

资本主义国家的银行起源于从事货币兑换业务的商人，银行的跨国经营则是随着资本主义信用制度的确立和世界市场的开拓而逐渐发展起来的。早在 14 世纪到 16 世纪，意大利商人就曾充当国际金融活动的重要角色。17 世纪以后的国际银行业务则是随着英国、法国、荷兰等国的海外殖民地的扩大和国际贸易活动的增长而开展的。20 世纪初，资本主义制度进入帝国主义阶段，垄断成了这些国家全部经济生活的基础，银行由普通的中介企业变成了万能的垄断者。英国、荷兰、法国以及后来的德国等都在国外，特别是在其殖民地建立了广泛的银行网，以推动其商品输出和资本输出。列宁说："金融资本的密网，可以说是真正布满了世界各国。在这方面起了很大作用的，是设在殖民地的银行及其分行。"

第二次世界大"二战"后，主要资本主义国家的经济实力地位发生了明显的变化。美国成了超级大国，英、法等国相对削弱，帝国主义殖民体系趋于瓦解，原来为宗主国垄断的封闭市场走向开放，新兴的第三世界国家努力发展民族经济，为建立国际经济新秩序而斗争。与此同时，"二战"后科技革命大大提高了世界生产力水平，特别是交通电信的飞跃发展，使各国经济联系日益密切，国际贸易和国际投资空前增长，国际金融活动也有了新的方式和内容，生产国际化和资本国际化成为世界经济发展的重要趋势。跨国银行就是适应这样的政治经济形势而成为当代国际经济活动中重要角色的。

"二战"后各国跨国银行的发展也是不平衡的，在 20 世纪 60 年代到 70 年代初，美国跨国银行在国际金融市场上处于绝对优势的地位，其他发达国家的银行活动主要局限于较大的金融中心，包括世界集团旗下的三家银行初期发展也如此。进入 70 年代后，西欧经济共同体国家、日本的银行、世界集团旗下的世界发展银行及亚太集团旗下的亚太银行也都极力开展国际银行业务向外扩张，与美国的多家寡头银行激烈地争夺市场，从而在国际金融市场上形成了三个主要势力集团。10 年来，最显著的变化是美国银行的实力相对下降了，而日本银行的资产额与存款额都有较大的增长，其他巨头银行相对稳定。

跨国银行国外分支网迅速扩展的原因是多方面的。从根本上说，"二战"后国际贸易和国际投资的空前增长，国际经济往来显著增多，客观上需要有大批的金融机构从事国际资金融通和资本筹集工作。同时，随着"二战"后资本主义信用制度的新发展，跨国银行业务也有了新的内容，不再局限于存款、放款、汇兑、信托、证券发行等传统项目，还增加了一系列的"非银行业务"，以适应工商企业、政府机关等方面的需要。至于直接促使跨国银行在 20 世纪 60 年代后迅速发展的因素，主要有以下几点。

1. "二战"后工矿业跨国公司积极向国外扩张

跨国公司在世界各地设立分公司、子公司，在世界范围内组织生产、销售，迫切要求银行为它们的跨国经营服务，银行本着"跟随顾客"的原则必然要扩大其海外营业网，以适应这种发展的需要，并可谋取最大限度的利润。

2. 外汇管制取消，国际自由兑换恢复

1958年西欧国家取消了外汇管制，在国际恢复了自由兑换，资本自由转移，随之出现了欧洲美元市场，到20世纪60年代发展成为欧洲货币市场，而且逐步扩大到北美、加勒比海地区和远东地区，积聚了资本主义世界最大量的货币资本，吸引了各种类型的金融机构参加，出现了一大批专门经营这类业务的"欧洲银行"。

在资本主义世界除了少数原有的金融中心外，又出现了许多新的金融中心。这些都是跨国银行开展业务和各国垄断资本集团从事国际垄断竞争活动的据点，跨国银行的营业网就是以这些金融中心为重点而向世界各个角落扩展的。

3. "二战"后国家垄断资本主义有了进一步的发展

一些主要资本主义国家所推行的货币政策和管理金融机构的政策，直接或间接地鼓励、支持了跨国银行的对外扩张。有些国家的银行在国内经营受到本国法令的限制，在国外则可以逃避管制；有些国家对本国银行开展国外业务给予多方面的资助，有的银行还受政府的委托经办资金调拨业务，或者为了适应海外驻军或对外经济援助的需要而在国外增设分支机构。

### （三）跨国银行的主要业务

当代跨国银行在国外经营的业务主要有：消费者银行业务，向个人或家庭经营小额贷款；商业银行业务，主要是向工商企业、跨国工矿业公司或政府经营巨额贷款；货币市场和证券市场业务，向其他银行或金融机构投放，承保证券发行或长期投资；为国际贸易提供资金，安排出口或进口信贷；财务管理业务，经办外汇市场交易，国际现金管理，充当投资代理人等。

此外，还有"二战"后大大发展起来的所谓"非银行业务"，如租赁业务、保险业务、代理业务、咨询业务、旅游业务、信息情报业务等。少数最大的跨国银行提供的"全面服务"项目达六七十种，被称为"金融银行"。

# 第七章　国际贸易措施与货物运输

## 第一节　进口限制措施

### 一、关税壁垒

据史书记载，最早产生关税的区域是欧洲大陆和中国大陆。在欧洲，关税在古希腊时代就已出现。在中国，早在周朝就设立关卡，对出入关卡的货物征税。在唐、宋、元、明、清时代，专门设立机构征收关税。

**（一）关税的概念**

关税是进出口商品经过一国关境时，由政府所设置的海关向进出口商所征收的税收，征收关税是海关的重要任务之一，海关的任务就是根据国家政策、法令和规章对进出口货物、货币、金银、行李等实行监督管理、征收关税、查禁走私货物、临时保管通关货物和统计进出口商品等。

**（二）关税的作用**

1. 提供乃至增加财政收入

关税是国家税收的一种，组织财政收入是关税的基本职能之一。在经济不太发达的时期，关税收入曾占一些国家财政收入的很大比例。随着经济的发展，关税在财政收入中所占的比重相对下降。

2. 保护本国市场

关税的一个重要职能是抵御外来竞争和保护国内产业，规定较高的进口关税，可以削弱进口商品的竞争力，保护国内同类商品的生产和发展。对于本国不能生产或生产不足的原料、半制成品、生活必需品的进口，制定较低的税率或免征关税，可以鼓励进口，满足国内的生产和生活需要。

3. 改善贸易条件并增加贸易利益

征收关税使进口品国内价格提高，但如果进口需求量大且弹性大的话，将可能压低进口价格，以出口价格与进口价格之比定义的进口国贸易条件将得到改善，因为同样多的出口品可以换回更多的进口品，该国所能享受的消费也就越多，其经济状况也就越好。对于征收关税的国家来说，这是一种贸易利益的增加。

4. 调整外汇收支

作为一种经济杠杆，关税可以通过调整税率的高低或减免来影响企业的利润，调节商品的进出口量，保证市场供求平衡，稳定国内市场价格，保持国际收支平衡。当贸易逆差过大时，征收进口附加税，可以减少进口数量和外汇支出，缩小贸易逆差；当贸易顺差过大时，减免关税，可以扩大进口，缩小贸易顺差。

### （三）关税的种类

1. 按征收对象或商品流向分类

（1）进口税。

进口税是关税中最主要的税种，指的是进口国家的海关在外国商品输入时，对本国进口商征收的关税。进口税通常又分为最惠国税和普通税两种，最惠国税适用于与该国签订含有最惠国待遇原则的贸易协定的国家或地区所进口的商品，无此协定的其他进口商品适用于普通税。最惠国税率比普通税率低很多。

（2）出口税。

出口税是指出口国家的海关在本国输出时，对本国的出口商所征收的关税。征收出口税意味着提高了出口商品的成本，出口商会提高出口商品在国外市场的价格，降低了竞争力，不利于出口的扩大。目前，大多数国家对绝大多数商品不再征收出口税。

（3）过境税。

过境税又称通过税或转口税，是一国海关对通过其关境再转运第三国的外国货物所征收的关税。过境税在重商主义时期盛行于欧洲各国，到19世纪后期，各国相继废除了过境税。

2. 按征收的目的分类

（1）财政关税。

财政关税又称收入关税，是指以增加国家财政收入为目的而征收的关税，征收对象一般针对国内有大量消费、进口数量大的商品。一般财政关税的税率适中，过高的税率会阻碍进口，达不到增加财政的目的。

（2）保护关税。

保护关税是以保护本国生产和市场为目的而征收的关税，保护关税的税率越高，保护作用越强。征收保护关税的另外一个目的是通过调整关税税率的高低来控制进出口商品的数量，调节其在国内的价格，保证国内市场供需平衡。

3. 按差别待遇和特定的实施情况分类

（1）进口附加税。

进口附加税又称特别关税，是指进口国海关对进口的外国商品在征收进口正税之外，出于某种特定目的而额外加征的关税。征收进口附加税是一种临时性的特定措施，其目的主要是应付国际收支危机、维持进出口平衡，对某个国家实行歧视或报复，防止外国低价倾销。进口附加税最常见的有反补贴税和反倾销税。反补贴税又称抵销税，是进口国为了抵销某种进口商品在生产、制造、加工、买卖、输出过程中所接受的直接或间接奖金或补贴而征收的一种进口附加税。反倾销税是指对实行倾销的进口商品所征收的一种进口附加税。关贸总协定中的《补贴与反补贴守则》和《反倾销守则》中对征收反补贴税和反倾销税都有明确的规定：《补贴与反补贴守则》规定，征收反补贴税必须证明补贴的存在及这种补贴与损害之间的因果关系；《反倾销守则》规定，征收反倾销税的目的在于抵销商品倾销，保护本国商品的国内市场，因此，反倾销税税额一般按照倾销差额征收。

（2）差价税。

差价税又称差额税，是当本国生产的某种产品的国内价格高于同类进口商品的价格时，为削弱进口商品的竞争力，保护本国生产和国内市场，按照国内价格与进口价格之间的差额征收的关税。由于差价税是随着国内外价格差额的变动而变动的，因此它是一种滑动关税。差价税多用于对农产品的价格保护。欧盟的共同农业政策中，差价税处于其保护的核心地位，其对差价税的征收分三个步骤：首先，对有关谷物按季节分别制定统一的"目标价"，即以欧盟内部生产效率最低且价格最高的内地中心市场的价格为标准而制定的价格；其次，确定"入门价"，从"目标价"中扣除把有关谷物从进口港运到内地中心市场所支付的一切费用的余额，该价格就是差价税估价的基础；最后，差价税由有关产品的"入门价"的差额来确定。

（3）普遍优惠制。

普遍优惠制简称普惠制，是指发达国家承诺对从发展中国家或地区输入的产品，特别是制成品和半制成品普遍给予关税优惠待遇。普惠制有三条基本原则，即普遍的、非歧视的、非互惠的。普惠制实施的目的是通过给惠国对受惠国的受惠商品给予减免税的优惠待遇，使发展中的受惠国增加出口收益，促进其工业化水平的提高，加速国民经济增长。普惠制实施期限为10年，经联合国贸易与发展会议全面审议后可延长。

**（四）关税对国际贸易的影响**

关税对进口国消费者、政府等都产生一定的影响。关税提高了进口商品的价格，增加了消费者的负担，一方面消费者的需求量不得不减少；另一方面消费者即使不用以较高价格购买进口商品，也要以较高价格购买本国同类产品。关税可以增加进口国政府的税收收入，这些收入是进口国政府提高关税的直接动力，但这些收入完全由本国消费者负担。关税保护了进口国国内的进口商品竞争部门。关税所带来的高价格，必然会使一部分消费者放弃进口商品转而选择国内同类商品,这将促进本国同类商品的销售。在其他条件不变的情况下,从理论上分析,征收关税必然使消费者的收入转移至生产者。征收关税后,生产者与政府的收入都增加了,消费者的收入减少了,而且消费者的损失要比本国生产者与政府所获得的收入还要多,这部分损失是没有任何人能够获得的。可见,关税在一定程度上改变了资源在一国的再分配。

## 二、非关税贸易壁垒

### (一)非关税壁垒的特点

非关税壁垒,又称非关税贸易壁垒,指一国政府采取除关税以外的各种办法、对本国的对外贸易活动进行调节、管理和控制的一切政策与手段的总和,其目的是试图在一定程度上限制进口,以保护国内市场和国内产业的发展。

非关税壁垒与关税壁垒一起充当政府干预贸易的政策手段,可以限制外国商品进口,但其有自身显著的特点。

1. 灵活性和针对性

关税的制定,往往要通过一定的立法程序;要调整或更改税率,也需要一定的法律程序和手续,因此关税具有一定的延续性。而非关税措施的制定与实施,则通常采用行政程序,制定起来比较迅速,程序也较简单,能随时针对某国和某种商品采取或更换相应的限制进口措施,从而较快地达到限制进口的目的。

2. 有效性

关税措施是通过征收关税来提高商品成本和价格,进而削弱其竞争能力的,因而其保护作用具有间接性。而一些非关税措施如进口配额,会预先限定进口的数量和金额,超过限额就直接禁止进口,这样就能快速和直接地达到关税措施难以达到的目的。

3. 隐蔽性

关税措施,包括税率的确定和征收办法都是透明的,出口商可以比较容易地获得有关信息。非关税壁垒则完全不同,往往以一些合理的借口,如公平贸易、环境保护等,制定相应的政策法规来限制进口,既能以正常的海关检验要求的名义出现,也可以借用进口国的有关行政规定和法令条例,巧妙地隐蔽在具体执行过程中。

4. 歧视性

关税税则即使采用复式税则,但它以可接受的公平性设置了关税壁垒,限制多国的进出口。而非关税壁垒可以针对某种商品相应制定,从而限制该商品的主要出口国,甚至直接针对某些国家而设置，因而更具歧视性。

## （二）传统的非关税壁垒措施

1. 进口配额制

进口配额又称进口限额，它是一国政府在一定时间（通常为一年）内，对某些商品一定时期内的进口数量或金额加以直接限制，在规定的期限内，配额以内的货物可以进口，超过配额的不准进口，或者征收较高关税后才能进口。进口配额主要有两种：绝对配额和关税配额。

（1）绝对配额。

绝对配额是指在一定时期内，对某些商品的进口数量或金额规定一个最高的数额，达到这个数额后，就不准进口。其有全球配额、国别配额和进口商配额三种形式。

全球配额即对某种商品的进口规定一个总的限额，对来自任何国家或地区的商品一律适用；属于世界范围的绝对配额，即按进口商品的申请先后批给一定的额度，至总配额发放完为止。

国别配额即政府不仅规定了一定时期内的进口总配额，而且将总配额在各出口国家和地区之间进行分配。在总配额内按国别和地区分配给固定的配额，超过规定的配额就不准进口。按照国别配额进口时，进口商必须提供进口商品的原产地证明书。国别配额又可以分为自主配额和协议配额。自主配额又称单方面配额，是由进口国完全自主地、单方面强制规定一定时期内从某个国家或地区进口某种商品的配额；协议配额又称双边配额，是由进口国家或出口国家政府或民间团体之间协商确定的配额。

进口商配额是对某些商品进口实行的配额。进口国为了加强垄断资本在对外贸易中的垄断地位，并进一步控制某些商品的进口，将某些商品的进口配额在少数进口厂商之间进行分配。

（2）关税配额。

关税配额是指对商品进口的绝对数额不加限制，而对在一定时期内，在规定的关税配额以内的进口商品给予低税、减税或免税待遇，对超过配额部分的进口商品征收高关税、附加税或罚款。关税配额与绝对配额的不同之处在于：绝对配额规定一个最高的进口额度，超过就不准进口，而关税配额在商品进口超过规定的最高额度后，仍允许进口，只是超过部分被课以较高关税。两者的共同点都是以配额形式出现，通过提供、扩大或缩小配额向贸易对方施加压力，使之成为贸易歧视的一种手段。

为了加强绝对进口配额的作用，一些国家往往对配额商品定得很细，如按不同的商品规格、价格水平、原料来源和进口商等规定不同的配额。

2. "自动"出口配额制

"自动"出口配额制又称"自动出口限制"或"自愿出口限制"，简称"自限制"。它是出口国家或地区在进口国的压力下,"自动"规定某一时期内(一般为3～5年)某些商品对该国的出口限额,在该限额内自动控制出口,超过限额即自动禁止出口。

"自限协定"的条款和内容主要包括:第一,规定在协议有效期内第一年度的出口额和其他各年度的增长率,即配额水平;第二,"自动"限制出口商品的分类;第三,协调各种"自限"商品限额相互融通使用的权限;第四,保护条款,即进口国有权通过一定程序,限制或停止某种造成"市场混乱"的商品进口。

"自动出口限制"一般采取单方面自动出口限制和协定自动出口限制两种形式。

单方面自动出口限制,即由出口国单方面自行规定出口配额,限制商品出口。此种配额有的由出口国政府规定并予以公布,出口商必须向有关机构申请配额,领取出口许可证后才能出口;有的由出口国的出口厂商或同业公会根据政府的政策意向来规定。

协定自动出口限制,即由进口国与出口国通过谈判签订自限协定或有秩序销售协定,在协定的有效期限内规定某些产品的出口配额,出口国据此配额实行出口许可证制,自动限制有关商品出口,进口国则根据海关统计来进行监督检查。作为非关税措施之一的自动出口限制严重阻碍了国际贸易发展。

3. 进口许可证制

进口许可证制度是一国规定某些商品的进口必须申领许可证,没有许可证海关不予进口的制度,其是国际贸易中一项应用较为广泛的非关税措施。

实施进口许可证制的目的主要在于分配或控制配额管理商品进出口总量,依一国的对外贸易政策需要,禁止或限制某些产品的进口或根据原产地区别对待各种进口商品。

进口许可分为自动许可和非自动许可两种。自动许可指不需要通过审批程序就能获得的许可;非自动许可指必须通过审批程序才能获得的许可,具体可分为含数量限制的许可(通常为进口配额管理)和不含数量限制的许可(通常为单一的进口许可证管理)。进口配额管理中的贸易壁垒经常表现为:配额量不合理、配额发放标准不合理或分配不公正。在单一的进口许可管理中,贸易壁垒主要表现为:管理程序不透明、审查及发放许可证的程序过于复杂或要求提供不必要的文件、审批时间过长等。

4. 外汇管制

外汇管制是指一国政府为平衡国际收支和维持本国货币汇率而对外汇买卖实行的限制性措施,在我国又称外汇管理,是一国政府通过法令对国际结算和外汇买卖进行限制的一种限制进口的国际贸易政策。负责外汇管理的机构,一般都是政府授权的中央银行,但也有国家另设机构,如法国设立外汇管理局担负该任务。外汇管制分为数量管制、成本管制和混合性外汇管制。数量管制是指国家外汇管理机构对外汇买卖的数量直接进行限制和分配,通过控制外汇总量达到限制出口的目的。一些国家实行数量性外汇管制时,往往规定进口商必须获得进口许可证后,方可得到所需的外汇。成本管制是指国家外汇管理机构对外汇买卖实行复汇率制,利用外汇买卖成本的差异,调节进口商品结构。混合性外汇管制是指同时使用数量性和成本性外汇管制，对外汇实行更为严格的控制，以控制商品的进出口。

5. 进口税费

国内税费是指产品进入一国国内市场后，在流通领域发生的税费。若专门针对进口产品征收国内税费或对进口产品征收高于国内产品的国内税费，则构成对进口产品的限制。

### （三）非关税壁垒的新发展

1. 技术性贸易壁垒

技术性贸易壁垒是国际贸易中商品进出口国在实施贸易进口管制时通过颁布法律、法令、条例、规定，建立技术标准、认证制度、检验制度等方式，对外国进出口产品制定过分严格的技术标准、卫生检疫标准、商品包装和标签标准，从而提高进口产品的技术要求，增加进口难度，最终达到限制进口目的的一种非关税壁垒措施。

综观世界各国（主要是发达国家）的技术性贸易壁垒，其限制产品进口方面的技术措施主要有以下几种。

（1）安全标准。

安全标准指以保护人类和国家安全为理由而采取的限制或禁止贸易的措施。如德国颁布的《防爆器材法》、美国颁布的《冷冻设备安全法》《联邦烈性毒物法》《控制放射性物质的健康与安全法》、日本颁布的《氧气瓶生产检验法》等。

（2）卫生标准。

卫生标准指以人类健康为理由对进口动植物及相关产品实施的卫生检验检疫标准，是规范或限制商品进口的贸易措施。从发展趋势看，发达国家的食品安全卫生指标将持续提高，尤其对农药残留、放射性物质残留及重金属含量的要求日趋严格。

（3）包装标志。

包装标志是技术壁垒的重要组成部分，主要是通过对包装标志进行强制性规定来达到限制或者禁止进口的目的。主要发达国家在包装标志制度上都有明确的法规和规定。如美国，对除新鲜肉类、家禽、鱼类和果蔬以外的全部进口食品都强制使用新标签，食品中使用的食品类添加剂必须在配料标示中标明经政府批准使用的专用名称。

（4）质量标准。

质量标准指按照国际标准化组织的规定，进口产品质量特性应达到的技术要求。国际上通行的管理产品质量的方法是质量认证，具体分为产品质量认证和质量体系认证两类。

2. 反倾销措施壁垒

由于反倾销被普遍认为是合理、合法的措施，因而已被众多发达国家采用，以阻止发展中国家产品的进入。甚至一些发展中国家也纷纷仿效，对发展中国家产品出口产生了巨大阻碍。反倾销措施壁垒是指进口国以产品存在倾销为由，为削弱产品在进口国市场的竞争力而采取的限制进口的手段。

在国际经济竞争日趋激烈的今天，我国作为世界上最大的发展中国家，由于进出口贸易的迅速发展，进出口总额的不断增加，我国成为受到反倾销次数最多的国家，利益受到严重损害。随着国际贸易的不断扩大和经济全球化的发展，反倾销成为当今世界贸易摩擦中一个焦点问题。

3. 绿色壁垒

（1）绿色标准。

发达国家在保护环境的名义下，通过立法手段，制定严格的强制性技术标准，限制国外商品进口。之所以可以做到这些，是因为发达国家的科技水平较高，处于技术垄断地位。这些标准均根据发达国家生产和技术水平制定，对于很多发展中国家而言是很难达到的，势必导致发展中国家产品被排斥在发达国家市场之外。

（2）绿色环境标志。

这是一种印在产品或其包装上的图形，用以表明该产品不但质量符合标准，而且在生产、使用和处理过程中符合环保要求。1978年德国率先推出"蓝色天使"计划，以一种画着蓝色天使的标签作为产品达到一定生态环境标准的标志。美国于1988年开始实行环境标志制度，由36个州联合立法，在塑料制品和包装袋容器上使用绿色标志。这些标志犹如无形的绿色屏障，使发展中国家产品难以进入发达国家市场，因为对于发展中国家来说，必须取得这种"绿色通行证"，而这需要花费大量的时间和费用。

# 第二节　出口鼓励措施

出口鼓励措施是指出口国家的政府通过经济、行政和组织等方面的措施，促进本国商品的出口，开拓和扩大国外市场，运用财政、金融、汇率等经济手段和政策工具较为普遍。其主要方式有以下几种。

## 一、出口补贴

### （一）出口补贴的定义

出口补贴又称出口津贴，是指政府在商品出口时给予出口厂商现金补贴或财政上的优惠，目的在于降低出口商品的价格，加强其在国外市场上的竞争力。

### （二）出口补贴的分类

一国政府对出口商品可提供补贴的范围非常广泛，但不外乎两种基本方式，一种是直接补贴，一种是间接补贴。

1. 直接补贴

直接补贴是指政府在商品出口时，直接付给出口商的现金补贴。其主要目的是弥补出口商品国内价格高于国际市场价格所带来的亏损，或者补偿出口商品所获得利润率低于国内利润率所造成的损失。

2. 间接补贴

间接补贴是指政府对某些商品的出口给予财政上的优惠。如退还或减免出口商品所缴纳的销售税、消费税、增值税、所得税等国内税，对进口原料或半制成品加工再出口给予暂时免税或退还已缴纳的进口税，免征出口税，对出口商品实行延期付税、降低运费、提供低息贷款、实行优惠汇率以及对企业开拓出口市场提供补贴等。其目的仍然在于降低商品出口成本，提高商品国际竞争力。

## 二、出口信贷

### （一）出口信贷的含义

出口信贷是出口国为了鼓励商品出口，加强本国商品在国际市场上的竞争力，通过银行对本国出口厂商或外国进口厂商提供贷款。出口信贷的利率一般低于相同条件资金贷放的市场利率，其中的利差由国家补贴，并与国家信贷担保相结合。对于金额较大、期限较长的商品（如飞机、船舶等）的出口，这是一种重要的手段。

### （二）出口信贷的分类

1. 按照借贷关系分类

（1）卖方信贷。

卖方信贷是指出口方银行向本国出口商提供的商业贷款。出口商以此贷款作为垫付资金，允许进口商赊购自己的产品和设备。出口商一般将利息等资金成本费用计入出口货价中，将贷款成本转移给进口商。卖方信贷正是银行直接资助出口商向外国进口商提供延期贷款，以促进商品出口的一种方式，但由于卖方信贷风险较大，手续也较烦琐，因此较少使用。

（2）买方信贷。

买方信贷是指出口方银行直接向进口商或进口商银行提供信贷支持，以供进口商购买技术和设备，并支付有关费用。其附带条件是贷款必须用于购买债权国的商品，其实是一种约束性贷款。出口买方信贷主要有两种形式：一是出口商银行将贷款发放给进口商银行，再由进口商银行转贷给进口商；二是由出口商银行直接贷款给进口商，由进口商银行出具担保。贷款币种为美元或经银行同意的其他货币。贷款金额不超过贸易合同金额的80%～85%。贷款期限根据实际情况而定，一般不超过10年。贷款利率参照"经济合作与发展组织"(OECD)确定的利率水平而定。

2. 按照时间长短分类

(1) 短期信贷。

短期信贷通常指1年以内的信贷,一般适用于原料、消费品、小型机器设备的出口。

(2) 中期信贷。

中期信贷通常为1～5年的信贷,一般适用于中型机器设备的出口。

(3) 长期信贷。

长期信贷通常为5～10年或更长时间的信贷,一般适用于重型机器、成套设备的出口。

# 第三节 出口管制措施

在国际贸易中,各国政府在鼓励出口的同时,往往还出于一些政治目的、经济利益的考虑,以及为履行贸易协定中应尽的义务,对一些商品实行出口管制,即限制或禁止有关商品的出口或限制、禁止某类商品对某些国家的出口,由此而形成了出口管制制度。

## 一、出口管制的原因

### (一) 经济原因

许多国家为了避免本国相对稀缺的商品过量流失而造成不利的影响,常常会对该类商品实行出口管制,以保证国内需要。此外,当一国的某些商品在国际贸易总额中占有很大比重时,为了控制、稳定国际市场价格,改善贸易条件,政府也将对此类商品实行出口管制。

### (二) 政治原因

政治原因往往是实行出口管制的主要原因,也是各国实行国别政策的重要手段之一。一些西方发达国家经常对自己的"敌对"或"不友好"的国家实行出口管制,特别是对武器、军事设备、高技术和重要战略物资的出口进行严格的限制。

### (三) 其他原因

例如,为了人权目的,禁止劳改产品的出口;为了保护地球生态环境和濒危动植物,对一些物资进行全球性的贸易禁运;为了保护历史文物,对一些特殊商品的出口实行管制。

## 二、出口管制的对象

### （一）需要"自动"限制出口的商品

为了缓和与进口国的贸易摩擦，在进口国的要求下或迫于对方的压力，不得不对某些具有很强国际竞争力的商品实行出口管制。

### （二）本国在国际市场上占主导地位的重要商品

对于一些出口商品单一、出口市场集中，且该商品的市场价格容易出现波动的发展中国家来讲，对这类商品的出口管制，目的是稳定国际市场价格，保证正常的经济收入。例如，石油输出国组织对成员方的石油产量和出口量进行控制，以稳定石油价格。

### （三）得到保护的某些动植物

如象牙、犀牛角、虎骨等珍稀动物药材、珍稀动物本身及其制品，均在禁止出口商品的范围之列。

### （四）历史文物和艺术珍品

禁止出口历史文物、艺术品、黄金白银等特殊商品，这是出于保护本国文化艺术遗产和弘扬民族精神的需要而采取的出口管制措施。

### （五）国内生产和生活紧缺的物资

禁止出口国内生产和生活紧缺的物资的目的是保证国内生产和生活需要，抑制国内该商品价格上涨，稳定国内市场。如西方各国往往对石油、煤炭等能源商品实行出口管制。

### （六）跨国公司的某些产品

跨国公司在发展中国家的大量投资，虽然会促进东道国经济的发展，但同时也可能利用国际贸易活动损害东道国的对外贸易和经济利益。如跨国公司实施"转移价格"策略，就是一个典型的例子。因此，发展中国家有必要利用出口限制手段来控制跨国公司的这类行为，以维护自己的正当利益。

## 三、出口管制的形式

出口管制的形式主要有单边出口管制和多边出口管制两种。

### （一）单边出口管制

单边出口管制是指一国根据本国的出口管制法律，设立专门的执行机构，对本国某些商品的出口进行审批和发放许可证，单边出口管制完全由一国自主决定，不对他国承担义务与责任。

## （二）多边出口管制

多边出口管制是指几个国家的政府，通过一定的方式建立国际性的多边出口管制机构，商讨和编制多边出口管制的清单，规定出口管制的办法，以协调彼此的出口管制政策与措施，达到共同的政治与经济目的。

# 第四节 国际货物运输方式

国际货物运输方式包括海洋运输、铁路运输、航空运输、邮政运输、内河运输、公路运输、管道运输、集装箱运输、大陆桥运输、国际多式联运等。

## 一、海洋运输

海洋运输是指利用船舶在两个不同国家或地区港口之间通过一定航线和航区进行的运输方式。作为最主要的运输方式，我国海洋运输出口运量占我国国际货物运输总量的90%左右。全球贸易中，海洋运输占国际贸易运输总量的80%以上。

海洋运输的优点：载运量大，可利用天然航道，所需动力和燃料消耗较低以及运费低廉等。海洋运输的缺点：受气候和自然条件的影响较大，航期不易准确预测，和其他运输方式相比风险较大，运输速度相对缓慢。

按海洋运输船舶的经营方式不同，国际海洋货物运输可分为班轮运输和租船运输。

### （一）班轮运输

班轮运输又称定期运输，是指在一定航线上有一定的停靠港口，定期开航的船舶运输。

1. 班轮运输的特点

固定航线、固定费率、固定停靠港口、固定航行日期，即"四固定"；由船方负责配载装卸，装卸费包括在载运费中，同时，滞期费和速遣费也不再另外计算，即所谓的"两管"；船货双方责任划分，以船方签发的提单条款为依据；班轮承运货物的品种、数量比较灵活，而且一般在码头船舱交接货物，给货主提供了便利条件。

2. 班轮运输的费用

班轮运输的费用一般按货物分级表、各航线费率表、附加费率表、冷藏货及活牲畜费率表计算。我国海洋班轮运输公司使用的是"等级运价表"，即将承运的货物分成若干等级（一般为20个等级），每一个等级的货物有一个基本费率。

班轮运费包含基本运费和附加运费两部分。基本运费是指货物运往班轮航线上固定停靠的港口，按照运价表内货物划分的等级所收取的运费，是构成全程运费的主要部分。附加运费是指班轮公司除收取的基本运费之外应收取的其他运费，主要有超重附加费、超长附加费、直航附加费、转船附加费、港口拥挤费、港口附加费、燃油附加费、选港附加费和绕航附加费等。

### （二）租船运输

租船运输又称不定期船运输。与班轮运输不同，租船运输没有预定的船期表，且航线和港口不固定，都需要按照双方签订的租船合同来统一安排。其中，根据承租人的要求，船舶所有人确认船舶的航线和停靠的港口、运输货物的种类以及航程等。运费也由双方在租船合同中约定。租船运输一般适用于运输大宗货物。租船运输的方式主要有下列分类。

1. 定程租船

定程租船又称航次租船，是指由船舶所有人负责提供船舶，在指定港口之间进行一个航次或数个航次，承运指定货物的租船运输。定程租船根据租赁方式可分为单航次租船、来回航次租船、连续航次租船、包运合同等。

定程租船运费包括定程租船运费和定程租船的装卸费，船方与租船方之间装卸费用分为五种情况。一是船方负担装卸费，又称班轮条件，船货双方一般以船边划分费用。其一般适用于木材和包装货物的运输。二是船方不负担装卸费，即船方既不负担装货费，也不负担卸货费。其一般适用于散装货。必要时还须规定理舱费和平舱费的承担方，如规定由租船方负担，则称为"船方不管装卸、理舱和平舱"条款。三是船方不负担装卸、理舱和平舱费。四是船方管装不管卸，即船方负担装货费，但不负担卸货费。五是船方管卸不管装，即船方负担卸货费，而不负担装货费。

2. 定期租船

定期租船是指由船舶所有人将船舶出租给承租人，供其使用一定时期的租船运输。

此外，有一种新兴的租船方式，即航次租期，是介于航次租船和定期租船之间，其是指以完成一个航次运输为目的，按完成航次所花的时间和约定的租金率计算租金的方式。

3. 光船租船

光船租船是定期租船的一类特殊方式，是指船舶所有人将船舶出租给承租人使用一定期限，但船舶所有人提供的是空船，承租人要自己任命船长、配备船员，负责船员的给养和船舶经营管理所需的一切费用。对于租船人来说，光船租船运作难度较高，一般很少采用。

## 二、铁路运输

铁路运输是指利用铁路进行国际贸易货物运输的一种方式，也是国际货物运输中一种主要运输方式。铁路运输拥有运量大、不受气候条件影响、运输准确、风险较小以及连续性强等优点,且发货人与收货人可在附近站点发货与取货。铁路运输分为国际铁路货物联运和国内铁路货物运输。

### (一)国际铁路货物联运

国际铁路货物联运是指两个或两个以上不同国家铁路当局联合起来完成一票货物的铁路运送,使用一份统一的国际联运票据。国际铁路货物联运的国际条约有《国际铁路货物运输公约》和《国际铁路货物联运协定》。

### (二)国内铁路运输

国内铁路运输是指进出口货物在口岸和内地之间的集散。其包括两种方式:

1. 我国进出口货物铁路运输

我国进出口货物铁路运输是指我国出口货物经铁路运至港口装船及进口货物卸船后经铁路运往各地。

2. 对中国香港铁路运输

对中国香港铁路运输是一种特殊的租车方式的两票运输,包含国内段运输和中国香港段运输。办理对中国香港铁路运输货物的具体做法是:对发货地至深圳北站的国内段运输,填写国内铁路运单,收货人为中国对外贸易运输公司深圳分公司。作为各外贸企业的代理,深圳外运分公司负责办理货物运输单据的交接,并向深圳铁路局租车,然后向海关申报出口,经查验放行后,将货物运至中国香港九龙港。中国香港中国旅行社作为深圳外运分公司在中国香港的代理人,向中国香港九广铁路公司办理中国香港段铁路运输的托运、报关等工作,并将货物最终交给收货人。

## 三、航空运输

航空运输的优点主要有交货速度快、时间短、安全性能高、货物破损小、节省包装与保险费用等。在国际运输中,航空运输主要适用于急需货物、鲜活商品、精密仪器及贵重商品的运输等。

### (一)航空运输的方式

1. 班机运输

与班轮运输相似,班机运输是指在固定时间、固定航线、固定始发站和目的站运输的航空运输方式,其适用于运送急需的货物、鲜活商品以及季节性商品等。

2. 包机运输

包机运输是指包租整架飞机或由几个发货人(或航空货运代理公司)联合包租一架飞机来运送货物。包机分为整包机和部分包机两种方式,前者适用于运送数量较大的商品,后者适用于多个发货人,且到达同一地点的货物运输。

3. 集中托运方式

集中托运方式是指航空货运代理公司把若干批单独发运的货物组成一批向航空公司办理托运,填写一份总运单将货物发运到同一目的站,由航空货运代理公司在目的站的代理人负责收货、报关并将货物分别拨交予各收货人的一种运输方式。由于集中托运方式拥有运费较低的优点,在航空运输中使用较为普遍。

4. 航空急件运送方式

航空急件运送方式是指由一个专门经营此业务的机构与航空公司密切合作,设专人用最快的速度在货主、机场、收件人之间传送急件,其适用于急需的药品、医疗器械、贵重物品、图纸资料、货样及单证的传送,因此又被称为"桌到桌运输"。

### (二)航空运输的承运人

1. 航空运输公司

航空运输公司是航空货物运输中的实际承运人,负责办理从起运机场至到达机场的运输,并对全程运输负责。

2. 航空货运代理公司

航空货运代理公司作为货主的代理,负责办理航空货物运输的订舱,在始发机场和到达机场的交接货与进出口报关等事项。同时,航空货运代理公司也可以是航空公司的代理,办理接货并以航空承运人的身份签发航空运单,对运输过程负责。

### (三)航空运价

航空运价是指从出发机场至到达机场的运价,不包括提货、报关、仓储等其他费用,航空运价仅适用于单一方向。航空运价一般按照货物的实际重量(千克)和体积(以6 000立方厘米或366立方英寸体积折合1千克)两者之间较高者为准,业内人士称为"运费公斤"。空运货物按一般货物、特种货物和货物的等级规定运价标准。

## 四、集装箱运输和国际多式联运

### (一)集装箱运输

1. 集装箱及集装箱运输的含义

集装箱又称为"货柜"或"货箱"。集装箱运输是20世纪80年代迅速发展起来的一种新型运输方式,是一种依托各类运载工具,以集装箱作为货物运输单位进行运输的方式,适用于海洋运输、铁路运输以及国际多式联运等。

2. 集装箱运输的优点

有利于提高装卸效率和加速船舶的周转；有利于提高运输质量和减少货损货差；有利于节省各项费用和降低货运成本；有利于简化货运手续和便利货物运输。

3. 集装箱运输的交接方式

（1）按货物数量的交接方式。

整箱货是指一个托运人运货的数量较多，其货物足以装满一个或多个集装箱。

拼箱货是指货物量不足一整箱，须由承运人在集装箱货运站负责将不同发货人的少量货物拼装在一个集装箱内，货到目的地（港）后，由承运人拆箱后分拨给各收货人。

（2）按货物交接地点。

集装箱运输货物的交接地点有三类，分别是仓库门、集装箱堆场、集装箱货运站，简称门、场、站。

### （二）国际多式联运

根据《联合国国际货物多式联运公约》的解释，国际多式联运是指按照多式联运合同，以至少两种不同的运输方式，由多式联运经营人将货物从一国境内接管货物的地点运至另一国境内指定交付货物的地点的一种运输方式。构成国际多式联运应具备以下条件：有一份多式运输合同；至少有两种不同运输方式的连贯运输；使用一份全程运输提单；由一个承运人，一般是第一程运输的承运人，也即收揽货物运输业务的人，对全程运输负责；以全程单一的运费费率计算总运费；必须是国际货物运输。

## 五、大陆桥运输

大陆桥运输是指以陆地上铁路或公路运输系统为中间桥梁，把大陆两端的海洋连接起来的运输方式，与国际多式联运相似，一般以集装箱为中介。大陆桥运输可以利用成熟的海陆运输条件，制定合理的运输路线，缩短运输时间，并降低成本。世界上现有的大陆桥主要有西伯利亚大陆桥、欧亚大陆桥、北美大陆桥等。

## 六、其他运输方式

除了使用海运、铁路和航空等常见的运输方式外，国际贸易运输还采用公路、内河、邮政、管道等方式。

### （一）公路运输

公路运输也称汽车运输，与铁路运输同为陆地运输方式。公路运输的优点是机动灵活、简捷方便、直达，可作为码头港口、火车站、机场货物的中转集散工具，将海运、铁路和航空运输连成一体，实现"门到门"的服务；公路运输的缺点是运量有限、成本较高、风险较大。

## （二）内河运输

内河运输是联结内陆腹地和沿海地区的纽带，也是边疆地区与邻国边境河流的联结线，对进出口货物的运输起着关键作用。内河运输的特点是投资少、运量大、成本低。

## （三）邮政运输

邮政运输是指通过邮局寄交进出口货物的一种运输方式。各国邮政之间订有协定和公约，形成了全球性邮政运输网。邮政运输手续简便，费用相对较低，一般适用于重量轻、体积小的货物运输。

## （四）管道运输

管道运输是货物在管道内借助于高压气泵的压力输往目的地的一种运输方式，主要适用于液体和气体的货物运输，具有固定成本投资大、运输成本低的特点。

# 第五节　国际货物运输条款

合同中的装运条款一般包括运输方式、装运期、装运港/地、目的港/地、分批装运和转运、装运通知、滞期和速遣条款等内容。

## 一、装运期

装运期又称装运时间，是指卖方在起运地点装运货物的期限。装运期是买卖合同中的重要内容，卖方必须严格按照装运期的要求安排装运，一旦超过该期限，即视为违约。装运期的规定方法一般有以下几种。

### （一）明确规定具体装运期限

明确规定具体装运期限一般有两种规定方式：一是具体规定一段时间，例如，shipment during Sep.2015 或 shipment during Sep./Oct.2015；二是规定最迟期限，例如，delivery at or before end of Aug.2015 或 shipment not later than Aug.21，2015。

### （二）规定在收到信用证后若干天装运

采用规定在收到信用证后若干天装运的方式主要是为了防止买方没有及时开立信用证或者未开立信用证，从而给卖方带来损失。例如，shipment within 21 days after receipt of L/C from the buyer。

### （三）笼统规定近期装运

笼统规定近期装运，不规定装运的具体期限，例如，delivery immediately 或者

shipment as soon as possible 等。因为笼统规定近期装运的方式无法明确买卖双方的责任，国际商会修订的《跟单信用证统一惯例》中规定，不应使用"迅速""立即""尽速"等类似的词语，同时买卖双方的银行也不会受理这一类信用证。因此，其在国际贸易实务中较少运用。

## 二、装运港/地和目的港/地

### （一）装运港/地

为了便于卖方安排装运和适应买方提取货物或转售货物的需要，装运港/地一般是由卖方根据货源情况提出，经买方同意后确定。装运港/地可以明确规定一个，也可以按情况规定两个以上或做笼统规定。

### （二）目的港/地

合同中应明确规定目的港/地，一般是由买方根据需要提出，经卖方同意后确定。与装运港/地相同，目的港/地也可以只规定一个，或者根据情况规定两个以上。

但是与装运港不同的是，在规定目的港时，一般要注意以下两点：一是目的港的规定必须明确具体，避免使用"欧洲主要港口""非洲主要港口"等笼统的规定方法；二是如果目的港/地出现重名的问题，则须加注国名，甚至加注省名，以避免运输错误而出现纠纷。

## 三、分批装运和转运

### （一）分批装运

分批装运是指将一个合同中成交的货物，分为若干批装运至目的港/地。在大宗货物运输中，分批装运较为常见。对于分批装运的规定方法，一是不准分批装运；二是允许分批装运，即允许卖方进行分批装运，条件是卖方要在规定装运期内完成所有货物的装运，该方式对卖方有利，卖方应争取采用此种方式；三是限时、限批、限量装运。

### （二）转运

转运是指货物从装运港或发货地到目的港或目的地的运输过程中，从一种运输工具卸下，再装上同一运输方式的另一运输工具，或在不同运输方式情况下，从一种运输工具卸下，再装上另一种运输工具的行为。

## 四、装运通知

规定装运通知的目的主要是明确买卖双方的责任，促使双方相互配合，共同做好车、船、货的衔接和办理货运保险。因此，装运通知也是装运条款的一项重要内容。

### 五、滞期、速遣条款

滞期、速遣条款是在采用定程租船的情况下,买卖合同中装运条款的组成部分,目的在于租船人使对方按照约定时间定额完成装卸任务。

滞期速遣条款主要包括三项内容。

#### (一)装卸时间

装卸时间是指允许完成装卸任务所约定的时间,一般以天数或小时来表示。装卸时间的规定方法如下。一是天或连续日。从装货或卸货开始,每个日历日为一个作业日。二是累计 24 小时好天气工作日。在好天气情况下,不论港口习惯作业为几小时,均以累计 24 小时算一个工作日。三是连续 24 小时好天气工作日。在好天气情况下,连续作业 24 小时算一个工作日,因坏天气而不能作业的时间应扣除。其适用于昼夜作业的港口。

对于装卸时间,可在合同中做出具体约定。

#### (二)装卸率

装卸率是指每日装卸货物的数量。装卸率应按照港口习惯的正常装卸速度约定。

#### (三)滞期费和速遣费

滞期费是指在规定的装卸时间内,租船人未完成装卸作业,给船方造成经济损失,租船人支付给船方的补偿金。速遣费是指在规定的装卸时间内,租船人提前完成装卸作业,使船方节省了在港开支,船方向租船人支付一定的奖励金。由于买卖合同中的滞期、速遣条款是以承租人与船舶所有人之间租船合同为基础制定的,因此它的规定应与租船合同的条款保持一致。

## 第六节 国际货物运输单据

运输单据是指承运人在收到待运的货物之后,签发给托运人的单据,是交接货物、处理索赔与理赔以及向银行结算货款或进行议付的重要单据之一。根据运输方式的不同,运输单分为海运提单、铁路运单、航空运单和邮包收据等。

### 一、海运提单

海运提单是船方或其代理人在收到其承运的货物时签发给托运人的货物收据,也是承运人与托运人之间运输契约的证明。在法律上,海运提单是一种物权凭证。收货人提取货物时,必须提交正本提单。

## （一）海运提单的作用

海运提单是承运人或其代理人签发给托运人的货物收据，证实已按提单记载的事项收到货物。

海运提单是代表货物所有权的凭证。卖方可以用来向银行交单议付，买方可以用来向承运人提取货物，也可用于抵押或转让。

海运提单是承运人和托运人双方同意的运输合同的证明，但提单并不是运输合同，只是运输合同的证明。

## （二）海运提单的分类

一般海运提单主要分为以下几种。

根据货物是否已装船，可分为已装船提单和备运提单。已装船提单是指轮船公司已将货物装上指定轮船后所签发的提单。备运提单是指轮船公司已收到托运货物等待装运期间所签发的提单。

根据提单有无不良批注，可分为清洁提单和不清洁提单。清洁提单是指交运货物的外表状况良好，承运人未加有关货损或包装不良之类批注的提单。不清洁提单是指轮船公司在提单上对货物表面状况或包装加有不良或存在缺陷等批注的提单。

根据提单收货人抬头不同，可分为记名提单、不记名提单和指示提单。记名提单是指记载收货人具体姓名的提单。不记名提单是指不记载收货人的具体姓名而仅记载为交付给提单持有人的提单。在国际贸易中，经常使用的指示提单中主要有凭指示和凭银行指示两种形式。

根据运输方式不同，可分为直达提单、联运提单和转船提单。直达提单是指轮船从装运港装货后，中途不经过换船而直接驶往目的港卸货的情况下所签发的提单。联运提单是指经过两种或两种以上的运输方式联运的货物，由第一程海运承运人所签发的包括运输全程并在目的港或目的地凭以提货的提单。转船提单是指从装运港装货的轮船，不直接驶往目的地，需要在中途港换装另一只船运往目的地的情况下所签发的提单。

## （三）提单的内容

各承运人签发的海运提单形式多种多样，但提单正面一般应包含以下内容：托运人；收货人；通知方；装运港、卸货港、船名；提单号码；包装个数、包装类别以及货物描述；货物的总重量及总体积；提单的份数，包括正本份数与副本份数，且提单签发的份数必须与信用证规定的份数一致；提单签发的地点及日期；承运人（或其代理人）签章；运费和其他费用，按实际情况或者信用证规定填写"运费已付"或"运费待收"，以及运费支付地点；信用证号，如果采用信用证方式结算，则填写信用证号码。如果不采用信用证方式结算，可不填。

提单背面一般印有相应的运输条款，作为承运人和托运人以及承运人与收货人之间及提单持有人之间的责任划分的主要依据口中国远洋运输公司根据我国发展远洋运输业务的需要，使用自制提单，并在提单背面统一印制运输条款。

### （四）提单的转让

提单的转让必须具备下列两个条件：第一，提单必须是指示提单或不记名提单，记名提单不能转让；第二，转让提单可以使用背书或交付的方式。不记名提单可以仅以交付提单的方式进行转让。指示提单可以通过背书转让，背书的方法有两种。

1. 空白背书

空白背书是指由指示提单的合法持有人，即背书人，在提单的背面签字或盖章，确认该货物的所有权被转让，但并不注明被转让人的名称，转让不必取得提单签发人的认可。

2. 记名背书

记名背书是指在提单背书时，提单背面既有背书人的签字或盖章，同时还注明了提单受让人的名称。受让人只需再次加以背书，指示提单还可以继续被转让。

## 二、其他运输单据

### （一）航空运单

航空运单是承运人与托运人签订的运输契约，是承运人或其代理人签发的货物收据，并作为承运人核收运费的依据。由于航空运输的货物先于单据抵达目的地，所以航空运单不具有物权凭证的性质，不能背书转让，不能凭此提取货物，卖方也不能凭此向银行或买方交单议付。航空运单正本1式3份，分3种不同颜色：蓝色的交托运人；绿色的承运人留存；粉红色的随货同行，在目的地交收货人。航空运单副本至少6份，按需求可增加份数，分别发给代理人、目的港，第一、第二、第三承运人，并且用作提货收据。副本除提货收据为黄色，其余均为白色。与海运提单不同，航空运单不能使用指示性抬头。

### （二）铁路运单

铁路运单是铁路和货主间缔结的运输契约。因为铁路运输分为国内铁路货物运输和国际铁路货物联运，所以使用的运单格式和内容有所不同。与航空运单相同，铁路运单也不是物权的凭证，不能背书转让，不能凭此提取货物，卖方也不能凭此向银行或买方交单议付。铁路运单随车同行交收货人，单据上没有通知人一栏。由于国内铁路运单不能作为对外结汇的凭证，对中国香港、澳门出口的货物使用铁路运输方式，须使用特定性质和格式的单据，即承运货物收据。

### (三) 邮包收据

邮包收据是邮局收到寄件人的邮包后所签发的凭证，也是收件人提取邮件的凭证。当邮包发生损坏或丢失时，其可以作为索赔和理赔的依据，同航空运单与铁路运单一样，邮包收据不能作为物权凭证。

### (四) 多式联运单据

多式联运单据是由多式联运经营人签发，用以证明多式联运合同以及证明多式联运经营人接管货物并负责按合同条款交付货物的单据。无论货物在何种运输方式下发生属于承运人责任范围内的灭失或损害，多式联运经营人对运输全过程负责，并对托运人承担赔偿责任。

# 第八章 国际贸易的政策工具

## 第一节 关税措施

### 一、关税的概述

#### （一）关税的概念

关税是指进出口货物在经过一国关境之时，由政府设置的海关向本国进出口商所征收的税收。由此可见，所谓"经过一国关境"，即表明关税为通过税的一种，比如在非关税区的地域，虽然也有货物通过，但不会征收关税，例如通过自由港的商品，便不会征收关税。关税是对于通过关境的"货物"才征的特殊税种，不是"货物"则不属于征税的对象，例如出入国境的旅客，从事客货运输的运输工具，虽然也过境，但是不会征收关税。

关税的征收，是通过海关来执行的。海关是指设立在关境上的国家行政管理机构，是贯彻执行本国有关进出口政策、法令与规章的重要部门，其职责在于依照国家法令对于进出口货物、金银、货币、行李、邮件、运输工具等，进行监督管理、征收关税、查缉走私货物、临时保管通关货物与统计进出口商品等。

其中，征收关税是海关的重要职务之一。海关征收关税的领域，称为关境或关税领域。它是海关所管与执行海关法令和规章的区域。货物只有在进出关境之时，才会被视为进出口货物而征收关税。在一般情况下，一国的关境与国境是一致的，但是自由港、出口加工区等地，虽然在国境之内，从征收关税的角度来分析，却是处于关境以外的。此时，关境会小于国境。当几个国家缔结成关税同盟，对内取消一切贸易限制，对外建立统一的关税制度，参加关税同盟的国家的领土，即会成为统一的关境。此时，关境会大于国境。

#### （二）关税的特点

关税是国家税收的一种，与其他税种一样，具有税收的基本特征。

1. 强制性

是指国家凭着法律规定强制地征收，而非纳税人自愿献纳。

2. 无偿性

国家获取这部分税收无须付出代价,也不需要归还给纳税人。

3. 预定性

国家要预先规定征税的比例或征税额。

除了上述这些基本特点之外,作为一种特殊的税收,关税还有其自身的特点。关税是一种间接税,它仅对于进出口商品进行征收,其税负要由进出口商事先垫付,进出口商会将其作为成本计入货价当中,在货物出售之时收回垫付的税负款。因此,关税的税负最终是由消费者或买方来承担的。

关税的税收主体是本国的进出口商,税收的客体是进出口商品。关税是对外贸易政策的一项重要手段。一国的关税制度可以影响国际商品的生产与流通,甚至会影响与其他国家的关系。

### (三) 关税的作用

关税对于一个国家的经济所产生的作用,主要包括如下这几种。

1. 关税能够增加本国的财政收入

以此为目的而征收的关税,称为财政关税。财政关税的税率,需要以全世界的具体情况作为出发点来进行制定。因为过高的税率,会阻碍进口或减少出口,结果难以达到增加财政收入的目的。随着资本主义的发展,其他税源不断地增加,财政关税在财政收入当中的重要性已经相对降低了。同时,资本主义国家广泛地利用高关税来限制外国商品的进口,以此保护国内的生产与市场,财政关税被保护关税所代替。

2. 关税能够保护本国的产业与国内市场

以此为目的而征收的关税,称为保护关税。保护关税的税率通常会很高,税率不高便不足以限制或禁止外国商品的进口。保护关税曾经是长期保护贸易的一个主要手段,至今仍然是实行保护政策的一项基本措施。但是,自从第二次世界大战以来,由于广大发展中国家的巨大压力,发达国家的关税已经有了较大幅度的下降,保护关税的作用明显不及"二战"前,代之而出现的是非关税壁垒措施。

3. 关税可以调节国内的市场价格,调节国内的市场供应

当国内某商品供不应求之时,可以通过降低关税来增加商品进口,从而抑制国内商品价格的上涨,满足国内的需求。

4. 合理的关税结构,会有利于一国产业结构的调整

一旦关税制度使用不当,便会对一国的经济产生不良影响。对于本国比较具有竞争力的产业实行低关税政策,会促使这些产业之中的企业,在同国外同类企业的竞争当中不断

强大起来。在适应了国际竞争之后，便能具备走出国门、走向世界的实力。

例如，以往中国逐步地取消了彩电、空调、洗衣机等产业的高关税壁垒，于是长虹、海尔、康佳等企业便在竞争中迅速地发展起来，在国内市场占据了较大市场份额的同时，也在国际市场中产生了较大的影响。对于本国较有发展潜力的产业，可以采用一段时间较高关税的保护，有利于这些企业在免受国外企业竞争的温和条件下，顺利地度过襁褓期。对于国内不能够生产的产品，低关税与免关税政策则会有利于这些产品的进口，并且满足国内生产与消费的需要，使得国内经济的发展不受影响。

若是保护过度，便会抑制先进产品、先进技术的进口，从而保护了落后工业，使其不思进取，长期处在落后的地位。并且，高关税最终会被转嫁到消费者的身上，增加消费者的支出，加重消费者的负担。

5. 关税还有涉外的作用

关税一直与国际经济关系、外交关系有着密切的联系。例如，各国可以利用关税税率的高低和不同的减免手段，来对待不同类型国家的进口，以此开展其对外经贸关系。利用优惠待遇，可以改善国际关系，争取到友好贸易往来；利用关税壁垒来限制对方的进口，甚至作为惩罚或报复手段。发展中国家还普遍利用关税的减让作为"入场费"，来取得关贸总协定缔约国的重要地位，或者作为对外谈判的筹码，迫使对方做出让步。

## 二、关税的种类

关税的种类繁多，按照不同的标准，主要可以分为如下这几类。

### （一）按照征收的对象与商品流向分类

1. 进口税

进口税是指外国商品进入一国关境之时，或者从自由港、出口加工区、保税仓库进入国内市场之时，由海关根据海关税则对于本国进口商所征收的一种关税。

进口税是关税当中最重要的一项税种，也是保护关税的一个主要手段。通常所说的关税壁垒，主要是指征收进口税。一国对于进口商品征收高额关税，能够提高其成本与削弱其竞争力，起到保护国内市场与生产的作用。关税壁垒是一国推行贸易保护政策之时所实施的一项重要措施。进口税还是一国进行贸易谈判之时，迫使对方做出让步与妥协的重要手段。确定商品的进口税率多少之时，主要是根据进口国对于该商品的需求程度而定。例如，发达国家对于工业制成品与发展中国家对于奢侈品的进口，常常会征收高额的关税。

进口国同世界各国的政治、经济、外交等关系不尽相同，对于同一种进口商品会根据不同的生产国或出口国，制定出不同的进口税率。

（1）普通税率。

如果进口商品的来源国是没有与之签订最惠国待遇条款，也不享受优惠待遇的国家，则对于该进口商品会按照普通税率来征税。普通税率便是最高税率，一般要比优惠税率高出 1～5 倍，少数商品甚至会高达 10 倍、20 倍。在目前，仅有个别国家对于极少数一般非建交国家的出口商品实行这种税率，大多数情况下，只是将其作为其他优惠税率减税的基础。因此，普通税率并不是被普遍实施的税率。

（2）最惠国税率。

这是指与进口国签有双边或多边最惠国待遇条款的国家的进口商品所适用的税率。最惠国税率是互惠的，并且比普通税率低，有时甚至差别很大。例如，美国对于进口玩具征税的普通税率为 70%，而最惠国税率仅为 6.8%。在世界上大多数的国家都享有最惠国待遇的情况之下，尤其是关贸总协定与现在的世界贸易组织，将最惠国待遇作为一项基本条款之后，最惠国待遇便成为一种非歧视待遇，表明贸易国之间是一种正常的贸易关系。不能享受最惠国待遇，则变成了一种歧视，表明贸易国之间是一种不正常的贸易关系。但是最惠国待遇并不是最优惠的待遇，签有最惠国待遇条款的国家，只是承诺互相给予对方不低于第三方的贸易待遇。因此，最惠国税率通常又被称为正常关税。

（3）普惠制税率。

此为发达国家单方面向发展中国家提供的优惠税率，它是在最惠国税率的基础上降低关税，通常是按照最惠国税率的一定百分比来征收。因此，享受普惠制待遇的发展中国家，往往能够增加出口，加快工业化进程，加速国民经济的增长。享受普惠制税率的商品，必须符合普惠制的原产地原则。

2. 出口税

出口税是出口国海关对于输往国外的商品征收的关税。由于征收这种税会增加出口商品成本，削弱竞争能力，不利于扩大出口，故而目前较少征收，只是对于在世界市场上已经具有垄断地位的商品和国内供不应求的原料品，才会酌量征收，以保持在国外市场上的有利价格，保障国内生产的需要与增加国外商品的生产成本，从而加强本国产品的竞争能力。

3. 过境税

过境税，又称为"通过税"，是指当他国货物通过本国的领域之时，由本国海关征收的关税。过境税一般是指由那些拥有特殊或有利地势的国家，对于通过本国海域、港口、陆路的外国货物征收的税。征收过境税，不仅可以增加本国的财政收入，而且还可以将税负转移给货物输出国或输入国，影响其在国际市场中的竞争能力。过境税的特点是税率比较低，原因如下：

若是过境税的税率过高，过境商品的价格必然会较大幅度地上升，其结果不仅严重地损害输出国与输入国的经济利益，过境商品也会因为征税过多而减少，因而降低了过境税的收入。

若是国家征收的过境税过多或税率过高，必将会引致其他国家的报复，使得该国的出口贸易受到打击。因而，低额征收过境税不仅能够与人方便，也能为自己创造良好的贸易条件。正是基于这些考虑，关税与贸易总协定明确地说明各缔约国之间应当剔除过境税。目前，大多数国家对于过境货物，只是征收少量的签证费、印税、登记费、统计费等。

## （二）按照征收关税的目的分类

### 1. 财政关税

财政关税又称为收入关税。为了达到增加财政收入的目的，对于进口货物征收财政关税之时，必须具备如下这三个条件：一是所征税的进口货物，必须是国内不能生产或无替代品，必须从国外进口的；二是征税的进口货物，在国内必须有大量的消费；三是关税的税率要适中或比较低，若是税率过高，将会阻碍进口，达不到增加财政收入的目的。

### 2. 保护关税

一般而言，保护关税的税率会比较高，有时可高达百分之几百，实际上是等于禁止进口，从而达到保护的目的。目前，虽然可以采用进口许可证、进口配额等办法直接限制进口，以及采用倾销、资本输出等办法冲破关税的限制，使得保护关税的作用相对减低，但是它仍然是贸易保护政策的重要措施之一。

## （三）按照差别待遇与特定的实施情况分类

### 1. 进口附加税

进口附加税是指进口国的海关，对于进口的商品在征收进口关税的同时，出于某种特定目的而额外再加征进口税。进口附加税不同于进口税，在一国的《海关税则》当中，并不能也不像进口税那样，会受到《关贸总协定》的严格约束而只能下降，不能上升，其税率的高低往往视征收的具体目的而定。进口附加税通常是一种临时性的特定措施，又称为特别关税。其目的主要包括：应付国际收支危机，维持进出口平衡；防止外国货物低价倾销；对于某个国家实行歧视或报复等。

一般来说，对于所有进口商品征收进口附加税的情况比较少，更常用的是针对特定国家与特定商品来征收。此类进口附加税，主要有反倾销税与反补贴税。

（1）反倾销税。

反倾销税是指对于实行倾销的进口货物所征收的一种进口税。其目的在于抵制商品倾销，从而保护本国产品的国内市场。因此，反倾销税的税额一般是按照倾销差额来征收，以此来抵销低价倾销商品价格与该商品正常价格之间的差额。反倾销税通常是由受损害产业有关当事人提出出口国进行倾销的事实，请求本国政府机构征收。政府机构对于该项产品的价格状况，以及产业受损害的事实和程度进行调查，确认是倾销之时，即会征收反倾销税。

在政府机构认为必要之时，在调查期间，还可以先对该项商品的进口暂时收取相当于税额的保证金。如果调查后发现倾销属实，即作为反倾销税予以征收；确认倾销不成立之时，即予以退还。有的国家规定基准价格，凡是进口价格在此价格以下者，即自动进行调查，不需要当事人申请。倾销停止之时，应当立即取消征收反倾销税，但是滥用反倾销税的事例还是时有发生的。反倾销税始终都是贸易大国进行关税战、贸易战的一个重要工具。

(2) 反补贴税。

反补贴税又称为抵销税或补偿税。它是对于直接或间接接受任何奖金、补贴的外国商品的进口，所征收的一种进口附加税。反补贴税的目的在于抵销国外竞争者得到奖励与补助产生的影响，从而保护进口国的制造商。这种奖励与补贴，包括对于外国制造商直接进行支付以刺激出口，对于出口商品进行关税减免，对于出口项目提供低成本资金融通或类似的物质补助。

2. 差价税

差价税又称为差额税，是当本国生产的某种产品的国内价格高于同类进口商品的价格之时，为了削弱进口商品的竞争力，保护本国的生产与国内市场，按照国内价格与进口价格之间的差额征收的关税。征收差价税的目的，在于使该种进口商品的税后价格保持在一个预定的价格标准上，以稳定进口国国内该种商品的市场价格。

对于征收差价税的商品，有的规定按照价格差额征收，有的规定在征收一般关税后另行征收。这种差价税实际上是属于进口附加税。差价税没有固定的税率与税额，而是随着国内外价格差额的变动而变动的，因此它是一种滑动关税。

3. 特惠税

特惠税又称为优惠税，是对来自特定国家或地区的进口商品给予特别优惠的低关税或免税待遇，但是它不适合非优惠国家或地区的商品。其目的在于增进与受惠国之间的友好贸易往来。特惠税有的是互惠的，也有的是非互惠的特惠税，其最早起始于宗主国与其殖民地及附属国之间的贸易，其目的在于保护宗主国在其殖民地及附属国市场当中的优势。

4. 普遍优惠制关税

普遍优惠制简称为普惠制，是发达国家承诺对于从发展中国家和地区进口的某些商品，特别是成品与半成品（包括某些初级产品）给予普遍的、非歧视的、非互惠的关税优惠待遇。普遍性、非歧视性与非互惠性，是普惠制的三项基本原则。普遍性是指发达国家对于所有发展中国家或地区出口的成品和半成品，给予普遍的关税优惠待遇；非歧视性是指所有发展中国家或地区都不受歧视，无例外地享受到普惠制待遇；非互惠性即非对等性，是指发达国家应当单方面给予发展中国家或地区的关税优惠，而不要求发展中国家或地区对于发达国家提供反向优惠。

## 三、海关税则与通关手续

### （一）海关税则

1. 海关税则的内容

海关税则又称为关税税则，是一国对于进出口商品计征关税的规章与对于进出口应税与免税商品加以系统分类的一览表。海关税则是关税制度的重要内容，是关税政策的具体体现。

海关税则一般包括这两个部分：一部分是海关课征关税的规章条例及说明；第二部分是关税税率表。

关税税率表是海关税则的主要内容，包括这三部分：税则号列，简称税号；商品分类目录；税率栏目。

税则当中的商品分类，有的是按照商品加工的程度来划分，有的是按照商品的性质来划分，也有的是按照两者相结合来划分——按照商品的性质分成大类，再按照加工的程度分成小类。

2. 海关税则的分类

（1）根据海关税则同一税目下税率种类的多少，可以分为单式税则与复式税则。

单式税则是指一个税目下只有一个税率，适用于来自任何国家同类商品的进口，无差别待遇。在垄断前资本主义时期，各国都是使用单式税则。进入垄断阶段之后，为了在国际竞争中取得优势，在关税上都采用差别与歧视待遇，都改用了复式税则，只有少数的发展中国家，比如委内瑞拉、巴拿马、肯尼亚等，还在使用单式税则。

复式税则是指一个税目下有两个以上的税率，对于来自不同国家的进口商品使用不同的税率。各国的复式税则有所不同，有二、三、四、五栏不等，设有普通税率、最惠国税率、协定税率、特惠税率等。一般是普通税率最高，特惠税率最低。

（2）根据各国税则制定方式的不同，可以分为自主税则与协定税则。

自主税则又称为国定税则，是一国立法机关根据关税自主原则，独立制定出的一种税则。协定税则是一国与其他国家或地区通过谈判，以贸易条约与协定的形式而订立的一种税则。它是在本国原有自主税则的基础之上，通过关税减让谈判另行规定一种税率，不仅适用于该贸易条约或协定的签字国，并且某些协定税率也适用于享有最惠国待遇的国家。

### （二）通关手续

通关手续又称为报关手续，是指出口商或进口商向海关申报出口或进口，接受海关的监督与检查，履行海关规定的手续。办完通关手续后，结清应付的税款与其他费用，经过海关同意，货物即可以通关放行。通关通常包括申报、查验、放行这三个基本环节。

1. 货物申报

货物进出境之时，必须由货物所有人或其代理人按照规定向海关申报。申报之时应当交验报关单、许可证、提单或运单、发票、装箱单、原产地证书、合同或有关规定的证明文件等。

2. 货物的查验与放行

海关在审核单证、查验货物与征收税款和费用之后，即在一切海关手续办妥之后，在提单、运单、装货单上加盖海关放行图章以示放行，进出口货物即算通关，由收、发货人据此向港口、民航、车站、集装箱场或邮局办理提取或托运手续。

3. 报关时限

报关时限主要指进口商应当在货物到达港口之后，在规定的工作日期限之内，向海关办理申报手续，超过法定申报时限未向海关申报的，海关需要征收滞报金。

# 第二节 非关税壁垒

非关税壁垒能够比关税更直接有效地限制商品的进口，其种类繁多、形式多样，对于国际贸易会产生严重的阻碍作用。

## 一、非关税壁垒的概述

### （一）非关税壁垒的含义

非关税壁垒，是指除关税措施之外的一切限制进口的措施，它是与关税壁垒一起充当政府干预贸易的政策工具。

### （二）非关税壁垒的特点

非关税壁垒虽然与关税壁垒一样，可以限制外国商品的进口，但是却有自身显著的特点。

1. 灵活性

尽管在商品的分类方面可以较为灵活地抬高进门商品的关税，但是税率是公开的，商品分类也不能过分地随意。同时，各国关税税率的制定必须通过立法程序，并且要求具有一定的连续性，所以关税的调整常常会受到限制，因此关税壁垒的灵活性很弱。而非关税壁垒措施通常是采用行政手段，制定、改变或调整都更为迅速、简单、伸缩性大，每一类措施都能够根据需要做必要的变动,有时是宽松的限制,有时又成了严厉的壁垒。

2.有效性

关税壁垒对于进口的限制,主要是通过征收高额关税提高进口商品的成本来实行。当面对国际贸易当中越来越普遍出现的商品倾销与出口补贴等鼓励出口措施,关税就会显得作用乏力。同时,对于跨国公司用大幅度压低出口价格来占领对方市场的做法,关税的保护作用已经大为削减。

3.隐蔽性

关税壁垒若要有效地限制进口,其途径只能是想尽办法提高关税的税率,而关税的税率必须在《海关税则》当中公布,自然无隐蔽性可言,非关税壁垒措施,既能以正常的海关检验要求之名义出现,又可以借用进口国的有关行政规定与法令条例来实施,还便于巧妙地隐藏在具体的执行过程当中,而无须做出公开的规定。如此,人们便往往难以清楚地辨识与理由充分地反对这类政策措施,因而增加了反对贸易保护主义的艰巨性与复杂性。

## 二、非关税壁垒的主要种类

### (一) 进口配额制

进口配额制是一国政府在一定时期以内(通常为一年),直接规定某些商品的进口数量或金额,在规定的期限之内,只有配额以内的商品准予进口,超过则禁止进口或征收较高的关税,甚至在罚款之后才准予进口。进口配额制在实施当中,又可以分为绝对配额与关税配额这两类。

1.绝对配额

绝对配额是指在一定的时期之内,对于某些商品的进口数量或金额规定出一个最高限额,达到这个限额之后,便不准再进口。绝对配额在具体的实施过程当中,有如下两种形式。

(1) 全球配额。

不分国籍、地区,只规定在一定时期以内进口某种商品的限额,一旦进口达到这个限额,便不再进口,由于全球配额不限定进口国别或地区,因而进口商在取得配额之后,可以从任何国家或地区进口。如此一来,邻近国家或地区因地理位置接近,交通便捷,到货迅速,会处于有利的地位。这种情况使得进口国家在限额的分配与利用上,难以贯彻国别政策,因而不少国家转而采用国别配额的方式。

(2) 国别配额。

根据某种商品的原产地,按照国别或地区分配固定的配额,超过规定的配额便不准进口,商品在进门之时必须提交原产地证明。与全球配额不同的是,实行国别配额可以很方便地贯彻国别政策,具有很强的选择性与歧视性。

2. 关税配额

关税配额是指对于商品进口的绝对数额不加以限制，而是对在一定时期以内，在规定配额以内的进口商品给予低税、减税或免税之待遇；而超过配额的进口商品则会征收比较高的关税，或是征收附加税或罚款。

（1）优惠性关税配额。

是对于关税配额以内进口的商品给予较大幅度的关税减让，甚至是免税，超过配额的进口商品会征收原来的最惠国税率。

（2）非优惠性关税配额。

是对于关税配额内进口的商品征收原来的进口税，对于超过关税配额的进口商品征收比较高的进口附加税或罚款。

## （二）"自愿"出口配额制

"自愿"出口配额制，又称为"自动"限制出口，是指出口国家或地区在进口国的要求或压力之下，"自动"规定某时期以内（一般为 3～5 年的期限）某些商品对于该国的出口限制，在限定的额度以内自行控制出口，超过限额即会禁止出口。

"自动"出口配额制与进口配额制，虽然从实质上而言都是通过数量控制来限制进口的，但是仍然有着诸多的不同之处。"自动"出口配额制，不是由进口国直接控制进口配额来限制商品的进口，而是由出口国"自愿"限制商品对于指定进口国家的出口。但是在事实上，自愿出口限制并非出口国真正自愿的，它往往是带有强制性的。进口国常常是以商品量太大，会使其有关的工业部门受到严重损害，造成所谓"市场混乱"为理由，要求出口国的出口数量实行"有秩序增长"，否则将会单方面地强制限制进口。在这种情况之下，出口国只能被迫地"自动"限制出口。

"自动"出口配额制，主要包括如下两种形式。

1. 非协定的"自动"出口配额

是指不受国际协定的约束，由出口国在进口国的压力下自动单方面规定出口的限额，限制出口的一种措施。出口商必须向政府主管部门申请配额，在领取出口授权书或出口许可证之后才能出口；也有的是由本国大的出口厂商或协会在政府的督导之下，"自动"地控制出口。

2. 协定的"自动"出口配额

是指进出口双方通过谈判签订"自动限制协定"或"有秩序销售协定"来限制出口。

## （三）进口许可证制

进口许可证制，是指一国政府规定某些商品的进口，必须得到国家有关部门的批准后，领取了许可证才能进口的一种行政措施。它常与配额、外汇管制等结合起来进行运用。进口许可证按照其与进口配额的关系,可以分为如下两种。

1. 有定额的进口许可证

国家有关机构预先规定有关商品的进口配额,然后在配额的限度以内,根据进口商的申请对于每笔进口货物发给进口商一定数量或金额的许可证,配额用完后即会停止发放。

2. 无定额的进口许可证

进口许可证不与进口配额相结合,有关政府机构不预先公布进口配额,只是在个别考虑的基础上,对于有关商品颁发进口许可证。由于它属于个别考虑的,没有公开的标准,因此更具有隐蔽性,给正常的国际贸易带来困难,起到更大的限制进口之作用。

## 第三节 鼓励出口与出口管制措施

世界的贸易日益趋于自由化,于是国家干预进口贸易的政策受到了较多限制,各贸易国从对进口的干预,逐步转向对于出口的管理,以积极的鼓励出口代替消极地限制进口,并且同时配以各种形式的出口管制,旨在增强本国产品的竞争力,贯彻政府的出口意图。

### 一、鼓励出口措施

鼓励出口措施是出口国为促进本国商品出口,开拓与扩大国外市场,在经济、行政、法律等各方面给予出口商的优惠政策,其中运用财政、金融、汇率等经济手段与政策工具较为普遍。

#### (一)出口信贷

出口信贷是指出口国的官方金融机构或商业银行,为了鼓励商品出口、提高本国商品的竞争力,以优惠的利率向本国出口商、进口方银行或进口商提供的信贷。出口信贷按照贷款对象,可以分为卖方信贷与买方信贷这两类。

1. 卖方信贷

是指出口方银行向出口商提供的贷款。它主要用于金额大、期限长的交易项目。由于此类商品购进需要很多的资金,进口商往往会要求延期付款,而出口商为了加快资金的周转,便需要取得银行贷款。而卖方信贷可以直接资助出口商向进口商提供延期付款,以促进商品出口。

2. 买方信贷

又称为约束性贷款,是出口方银行直接向进口厂商或进口方银行提供的贷款,要求贷款必须用于购买债权国的商品，从而达到鼓励出口之目的。

## （二）出口信贷国家担保制

出口信贷国家担保制，是指国家为了扩大出口，设立专门的机构出面担保本国出口商与商业银行，向国外进口商或银行提供的信贷。当外国进口商不能够按时付款或拒付货款之时，由出口国政府担保支付一部分或全部货款，以减少贷款银行的风险。国家担保制保险的范围，不仅包括一般商业性风险，还包括由政治因素、外汇管制、货币贬值所引起的不能按时付款或拒绝付款的风险在内。

## （三）出口补贴

出口补贴又称为出口津贴，是国家政府给予某种商品的出口商一定金额的补贴或财政方面的支持，以此弥补为争夺市场降价出售的损失。该措施主要有如下两种形式。

### 1. 直接补贴

即出口某种商品之时，直接付给出口厂商的现金补贴或发给出口奖励金，数额是本国生产费用与其他国家生产费用之间的差额。

### 2. 间接补贴

即政府对于某些商品给予财政上的优惠，例如，免征国内税，对于某些进口商品免征进口税，或退还进口税等。

## （四）商品倾销

商品倾销是指出口商在已经控制国内市场的条件之下，以低于国内市场价格甚至低于生产成本的价格，在国外市场当中销售产品，其目的在于击败竞争对手，实现对于世界市场的垄断。倾销主要包括如下三种形式。

### 1. 偶然性倾销

此为解决国内市场无法容纳的过剩商品，暂时性地采用低价向外销售的情况。这种倾销对于进口国的同类产品，当然也会造成不利的影响，但是由于时间短暂，进口国家通常较少会采用反倾销措施。

### 2. 间歇性或掠夺性倾销

此为以低于国内价格甚至低于成本的价格，在某一国外市场当中倾销商品，目的在于打垮或摧毁所有或大部分的竞争对手，当垄断市场之后，再提高价格。这种倾销方式严重地损害了进口国家的利益，因而许多国家都采取征收反倾销税等措施进行抵制。

### 3. 长期性倾销

此为长期以低于国内市场的价格在国外市场出售商品的情况。此种倾销具有长期性，其出口价格至少要高于边际成本，否则货物出口将会造成长期的亏损。

商品倾销会导致出口商的利润减少甚至是亏本，可以采用维持国内垄断高价、国家给予出口补贴与垄断国外市场后再抬价等手段，来加以弥补。

## 二、促进对外贸易发展的经济特区措施

为了促进本国经济与对外贸易的发展，各国都采取了建立经济特区的措施。经济特区是指一个国家或地区，在其关境以外划出的一定范围之内，新建或扩建码头、机场、仓库、厂房的基础设施与实行免税等优惠待遇，吸引外国企业从事贸易与出口加工业等业务活动的区域。其目的在于促进对外贸易的发展，鼓励转口贸易与出口加工贸易，繁荣本地区与邻近地区的经济，增加财政收入及外汇收入。

经济特区的出现，距今已经有400多年的悠久历史，早期的经济特区主要是以开展自由贸易为主，现在的经济特区已经发展成为贸易、生产、科技开发等多种类型，具体的形式包括如下几种。

### （一）自由港或自由贸易区

自由港或自由贸易区，是指划在关境以外的，对于进出口商品的全部或大部分实行免征关税，并且允许在港内或区内自由从事生产、加工、储存、展览、拆改装等业务活动，以便于本地区的经济与对外贸易的发展，来增加财政收入与外汇收入。

### （二）保税区

保税区是指海关所设置的或经海关批准注册的，受到海关监督的特定地区与仓库。外国商品存入保税区之内，可以暂时不缴纳进口税；如果再出口，不用缴纳出口税；进入本国消费市场时，则应当缴纳关税。进入区内的外国商品，可以进行储存、改装、分类、混合、展览、加工与制造等。

### （三）出口加工区

出口加工区是一个国家或地区在其港口或临近港口、国际机场的地方划出一定的范围，新建与扩建码头、车站、道路、仓库等基础设施，以及提供免税等优惠待遇，鼓励外国企业在区内投资设厂，生产以出口为主的制成品的加工区域。它与自由贸易区有所不同，自由港或自由贸易区是以发展转口贸易、取得商业方面的收益为主，是面向商业的；而出口加工区则是以发展出口加工工业，取得工业方面的利益为主，是面向工业的。

## 三、出口管制方面的措施

一般情况下，世界各国都会努力地扩大商品出口，积极地参与国际贸易活动。但是，出于某些政治、经济、军事方面的考虑，各国可能会限制某些战略性商品或其他重要商品

输往国外,于是便需要实行出口管制措施。

### (一)出口管制商品的类型

战略物资及其有关的尖端技术与先进技术资料;国内生产紧缺的原材料、半成品,以及国内供不应求的某些商品;为了缓和与进口国之间的贸易摩擦,在进口国的要求与压力之下,"自动"地控制出口商品;历史文物与艺术珍品,比如某些古董、名贵字画等。

### (二)出口管制的形式

1. 单边出口管制

一国根据本国的出口管制法案,设置专门机构对于本国某些商品的出口进行审批与颁发出口许可证,来实行出口管制。

2. 多边出口管制

几个国家政府通过一定的方式,建立国际性的多边出口管制机构,商讨与编制多边出口管制货单和出口管制国别,规定出口管制的办法等,以此来协调彼此的出口管制政策与措施,达到共同的政治与经济目的。

### (三)出口管制的措施

出口与进口,二者是相对而言的。进口限制措施经过一番改头换面后,往往便可以运用于出口管制当中,比如出口配额制、出口许可证、出口国家专营、征收出口税与出口禁运等。一个国家的出口管制有时是针对商品的,有时是针对国家或地区的。因此,它常常也是歧视性出口政策的一个手段。

# 第九章　世界贸易组织

## 第一节　世界贸易组织的概述

### 一、世界贸易组织的产生

#### （一）GATT 的产生发展

GATT 是美国、英国、法国、中国等 23 个国家于 1947 年 10 月 30 日在瑞士日内瓦签订并于 1948 年 1 月 1 日正式生效的，调整缔约方对外贸易政策和国际贸易关系方面的相互权利、义务的一项多边国际协定。WTO 正式运行之前，GATT 是协调、处理国家间关税与贸易政策的主要多边协定。

GATT 的产生有着深刻的历史背景，是"二战"后各主要资本主义国家，尤其是美国反思历史教训、重建"二战"后经济贸易秩序的产物。

"二战"结束后，欧洲国家、日本等主要资本主义国家在战争中大伤元气，为了实现经济重建，各国纷纷实行贸易保护主义政策来保护本国的国内经济。与之相反的是，在"二战"期间，美国的政治、经济和军事实力急剧膨胀，成为头号资本主义强国。强大的经济实力使美国产生了主宰"二战"后世界秩序的梦想。为了从整体上解决"二战"后国际经济关系中的主要问题，美国试图从金融、投资、贸易三个方面重建国际经济秩序。在金融方面，成立了国际货币基金组织（IMF）；在投资方面，1946 年成立了国际复兴开发银行（世界银行）；在贸易方面，美国则积极倡导以其互惠贸易协定为框架，组建国际贸易组织，以便在多边基础上，通过互减关税扭转日益盛行的高关税贸易保护主义和歧视性的贸易政策，促进国际贸易的自由发展。

#### （二）WTO 的建立

WTO 是根据 GATT 乌拉圭回合谈判达成的《建立世界贸易组织协定》于 1995 年 1 月 1 日建立的。它取代了原有的 GATT，成为乌拉圭回合多边贸易谈判的意外收获。

在 GATT 临时实施的过程中，无论是各缔约方政府，还是学术界，都一直非常关心成立国际贸易组织问题，并提出了一系列构想。1990 年 12 月，在乌拉圭回合布鲁塞尔部长级会议上，贸易谈判委员会提议起草一个组织性决议。经过两年多的修改和各谈判方的讨价还价后，1993年11月，乌拉圭回合谈判结束前，各方原则上形成了"建立多边贸易组织协定"。根据美国代表的提议，将"多边贸易组织"易名为"世界贸易组织"。1993年12月15日，乌拉圭回合谈判胜利结束。1994年4月15日，在摩洛哥的马拉喀什召开的GATT部长会议上，乌拉圭回合谈判的各项议题的协议均获通过，并采取"一揽子"方式（无保留例外）加以接受。经104个参加方政府代表签署，1995年1月1日正式生效。根据其中的《建立世界贸易组织协定》的规定，1995年1月1日WTO正式成立。1995年WTO和GATT共存一年，在这一年的过渡期内，1947年的GATT的规则继续适用。直到1996年1月1日，WTO全面取代GATT，担当起全球经济贸易组织的角色，监督、协调和管理新多边贸易与法律体系。

## 二、世界贸易组织的宗旨和职能

### （一）WTO的宗旨

在《建立世界贸易组织协定》的序言中阐述了WTO的宗旨，即提高世界范围内人民的生活水平，保证充分就业，大幅度稳步地提高实际收入和有效需求；扩大货物、服务的生产和贸易；坚持走可持续发展之路，各成员应促进对世界资源的充分利用、保护和维护环境，并以符合不同经济发展水平下各成员需要的方式，加强采取各种相应的措施；积极努力以确保发展中国家，尤其是最不发达国家在国际贸易增长中获得与其经济发展水平相应的份额和利益；通过互惠互利安排，实质性削减关税和其他贸易壁垒，消除国际贸易关系中的歧视待遇，建立一个完整的、更有活力的和持久的多边贸易体系。

### （二）WTO的职能

WTO作为一个专门的国际组织，有其特有的工作范围和职能。对WTO职能的规定散见于乌拉圭回合的各项协定和决议中，其主要职能包括以下几个方面。

1. 负责WTO多边协议的实施、管理和运作

WTO的主要职能是组织实施WTO负责管辖的各项贸易协定、协议，积极采取各种措施努力实现各项协定、协议的目标。

2. 为各成员方的多边贸易谈判提供场所

WTO为其成员就多边贸易关系进行的谈判提供场所，同时提供使谈判结果生效的框架。

3. 对各成员的贸易政策、法规进行定期评审

根据《建立世界贸易组织协定》附件3的规定，WTO依靠贸易政策评审机制，评审

各成员的贸易政策。主要是对各个成员的全部贸易政策和做法及其对多边贸易体制运行的影响进行定期共同评价和评审。其目的在于促进所有成员遵守多边贸易协议及诸边贸易协议中的规则、纪律和承诺，增加透明度。

4. 协调与其他国际经济组织的关系

WTO 与负责货币和金融事务的国际组织，如国际货币基金组织和世界银行及其附属机构进行合作，以增强全球经济决策的一致性，保证国际经济政策作为一个整体和谐地发挥作用。

5. 对发展中国家和最不发达国家提供技术援助和培训

WTO 给予发展中国家的特殊和差别待遇，包含在乌拉圭回合达成的大多数单独协议和安排中，这些规定中的一项内容是向发展中国家提供技术援助，以使它们能够履行协议所规定的义务。

### 三、世界贸易组织的运行机制

WTO 作为一个新生事物，在保留与继承 GATT 合理内核的同时又对其局限性进行了变革与克服，相比 GATT，WTO 拥有一套更加完善和有效的运行机制。

#### （一）WTO 的组织结构

1. 部长会议

《马拉喀什协议》规定，部长会议是由 WTO 所有成员方主管外经贸的部长、副部长级官员或其全权代表组成的，至少每两年举行一次。部长会议具有广泛的权力，主要有以下几种。

（1）立法权。

从法律角度讲，只有部长会议才有权对其协定、协议做出修改和权威性解释。其他任何机构都没有这种法律权力。

（2）准司法权。

对其成员之间所发生的争议或其贸易政策是否与 WTO 相一致等问题做出裁决。

（3）豁免权。

可以免除某个成员在特定情况下的义务。

（4）审批权。

批准非 WTO 成员方提出的取得 WTO 观察员资格的申请。

2. 总理事会

在部长会议休会期间由全体成员方代表组成的总理事会代行其职能，负责 WTO 的日常事务。总理事会实际是一个由总理事会、贸易政策评审机构和争端解决机构组成的三位一体的机构,只是在执行各自不同的职权时才使用不同的名称。总理事会定期举行会议,通常每两个月一次。也可视情况需要随时开会,自行拟定议事规则及议程,履行其解决贸易争端和审议各成员贸易政策的职责。

总理事会的工作得到几个理事会和专门委员会的协助。

(1) 理事会。

理事会是总理事会的附属机构,由所有成员方的代表组成。总理事会下设三个理事会,即货物贸易理事会、服务贸易理事会、知识产权理事会,它们分别在各自负责的 WTO 协议管理的贸易领域工作。

(2) 专门委员会。

部长会议下设立专门委员会,以处理特定的贸易及其他有关事宜。已设立的专门委员会有贸易与发展委员会、国际收支限制委员会、预算财务与行政委员会、贸易与环境委员会、区域贸易协定委员会。

(3) 秘书处与总干事。

WTO 设立由一位总干事领导的秘书处。秘书处设在瑞士日内瓦,拥有大约 500 名工作人员,它在日内瓦之外的其他地方不设分支机构。秘书处工作人员由总干事指派,并按部长会议通过的规则决定他们的职责和服务条件。

秘书处的主要职责是:为 WTO 代表机构(理事会、委员会、工作组和谈判组等)进行谈判和执行协议提供行政和技术支持;向发展中国家及最不发达国家成员提供技术援助;为各成员方提供贸易实绩和贸易政策分析;在涉及 WTO 规则和先例解释的贸易争端中,由法律雇员提供帮助;处理新成员方的加入谈判并为考虑加入 WTO 的成员方政府提供咨询。

总干事由部长会议选定,领导秘书处。总干事的权力、职责、服务条件及任期规则由部长会议通过规则确定。作为秘书处的首脑,总干事不是多边贸易政策的决策者,而是各成员集体利益的维护者。在履行职务过程中,总干事和秘书处工作人员均不得寻求和接受 WTO 以外的任何政府或机构的指示,以避免任何有损国际职员身份的行为。

### (二) WTO 的决策机制

WTO 的决策机制是指 WTO 对有关事项做出决定时应遵循的程序规则,主要决策包括通过新协议、对协议条文的解释和修改、豁免某成员方义务及接受新成员等。主要的决策方式包括以下几种。

1. 协商一致决策方式

协商一致的含义是在做出决定的会议上,如果任何一个与会的成员方对拟就通过的决议不正式提出反对,就算达成协商一致。如果某一决定未能协商一致,则将以投票决定。

这一方式主要应用在以下几个方面。对《建立世界贸易组织协定》及多边贸易协议的修改；对有关豁免义务的修改；对《关于争端解决规则与程序的谅解》的修改；对《建立世界贸易组织协定》附件4诸边贸易协议的增加。

2. 简单多数通过决策方式

按照WTO的规则，若某一决定无法取得完全一致意见时，则由投票决定。在部长会议和总理事会上，WTO的每一个成员方有一票投票权。除多边贸易协议中另有规定外，应以多数表决通过。

3. 2/3通过决策方式

根据《建立世界贸易组织协定》，下述事项需以2/3多数通过：对《建立世界贸易组织协定》附件1的《多边货物贸易协议》和《与贸易相关的知识产权协议》的修改；对《服务贸易总协定》第一部分至第三部分及其附件(范围与定义、一般义务与纪律、具体承诺)的修改建议；将某些对《建立世界贸易组织协定》和多边贸易协定的修改递交成员方接受的决定；关于加入WTO的决策；财务规则和年度预算。

4. 3/4通过决策方式

以下事项必须以3/4压倒多数通过：条文解释；协定修改；豁免义务。

5. 全体成员方一致同意决策方式

所谓全体成员方一致同意是指WTO做出某项决定时不仅没有任何成员方表示正式反对，而且所有成员方都应明确表示同意。所有成员方"一致同意"与"协商一致"存在实质性的区别，后者只要在会上无正式反对意见、缺席、弃权、沉默或发言只属于一般性评论等都不构成正式的反对意见，可视为决定已获协商一致通过，而前者则要求每一成员方对上述修改都必须以明确的方式表示接受。在实践中采用此方式通过决定的可能性微乎其微，因此可以在实质上确保WTO的重大原则保持基本稳定。

6. 反向协商一致通过决策方式

反向协商一致又称为倒协商一致，即以协商一致的方式做出否定的表示。这一规则是乌拉圭回合谈判对过去GATT决策机制的一项重要而富有创意的改革，主要应用于WTO的争端解决机构的决策。

### （三）WTO的加入和退出机制

1. WTO的加入机制

一般来说，加入WTO的方式有两种。一是创始加入；二是新申请加入。WTO对这两种加入方式的申请资格做不同的规定。

(1) 两种 WTO 成员资格。

①创始成员资格需满足的条件

在 WTO 成立之时已经是《1947 年关税与贸易总协定》的缔约方；在规定的期限内完全接受 WTO 有关协议的程序；在货物贸易和服务贸易等方面做出减让和市场准入承诺。

②新加入成员资格

申请加入 WTO 的主体包括两种。一是主权国家；二是单独关税区，即在对外贸易关系及 WTO 协议和多边贸易协议所规定的事务处理方面享有充分自治权的地区。

(2) 加入 WTO 的程序。

①提交申请书。

准备加入 WTO 的国家或单独关税区政府应首先向 WTO 提出正式申请，主要是表达其加入 WTO 的愿望。WTO 的总干事要将该申请的主要内容向其他的成员方传达，使各成员方都能针对申请方的情况进行分析。WTO 总理事会对申请书的讨论和通过即视为申请方的申请被接受。

②成立工作组。

在申请被接受的同时，WTO 的总理事会应着手成立一个工作组，确定该工作组的职责范围和主席人选。一般来说，感兴趣的所有成员都可以派人参加工作组。

③递交备忘录。

在加入 WTO 的申请被正式接受之后，申请方必须对其与《建立世界贸易组织协定》相关的商业政策的全面情况进行说明，并以备忘的形式提交 WTO。WTO 的秘书处在收到申请方的备忘录之后，会向感兴趣的成员方散发，以供其讨论和研究。

④回复备忘录。

工作组在收到备忘录后请各成员方提出与申请方相关的任何问题，并将所列问题上交工作组，然后由工作组将所有问题汇集之后回复申请方。申请方应对此做出口头或书面答复，工作组根据实际情况召开会议继续对其备忘录和问题答复进行审议，并根据审议结果起草工作组报告和加入议定书草案。

⑤市场准入的双边谈判。

当工作组在原则和政策审议方面取得足够进展时，申请方开始同要求与其谈判的有关成员进行双边开放市场的平行谈判，双方就履行 WTO 的各项协议做出承诺，达成双边协议。

⑥起草加入议定书。

当工作组完成了对申请者的贸易体制的审议，而且平行的双边市场准入谈判也已经结束，工作组便可以归纳综合加入条件，与申请方一起谈判加入议定书。

⑦批准加入。

最后，工作组提出最终报告，其内容包括加入议定书草案及由双边谈判达成的减让承诺表，将其提交给 WTO 总理事会或部长会议审议。如果 WTO 成员的 2/3 投赞成票，申请方便可签署议定书，加入 WTO。一般情况下，申请方须将上述文件提交本国国会（我国是全国人民代表大会）审议通过才能成为成员。向 WTO 递交已完成国内批准程序的正式通知书 30 天后，该申请方即成为 WTO 的正式成员。

2. WTO 的退出机制

与较为复杂和漫长的加入程序相比，WTO 的退出程序要简单得多。根据《建立世界贸易组织协定》第 15 条的规定，任何成员方可自愿退出 WTO，只需向总干事提交一份退出申请即可。对于退出 WTO 的协议没有实体条件的约束，但退出也应符合程序条件，即成员方的退出在 WTO 总干事收到退出的书面通知之日起六个月期满时方能生效，同时该方与 WTO 相关的所有权利和义务也相应终止。

尽管 WTO 规定了退出机制，但事实上，截至目前，WTO 的成员方还没有退出的先例。这表明，尽管 WTO 仍存有一些不尽如人意的地方，也不断受到指责，但所有的加入方在 WTO 中获得的利益应该都比其付出的代价要高。

# 第二节 世界贸易组织的基本原则和争端解决机制

## 一、世界贸易组织的基本原则

为了实现 WTO 所倡导的贸易自由化、贸易公正化和贸易便捷化这三大目标，在继承 GATT 基本原则的基础上，通过必要的补充和修改，WTO 最终确立了非歧视性原则、关税减让原则、公平竞争原则、一般取消数量限制原则及透明度原则等几大基本原则。这些原则通常被认为是 WTO 多边贸易体制中的核心原则，它们贯穿于 WTO 的各个具体协定和协议中，成为开放、自由的多边贸易体制建立的基础。

### （一）非歧视待遇原则

WTO 规定各国对它的贸易对象国应当一视同仁，不加歧视。这一规定主要体现为最惠国待遇原则和国民待遇原则。

1. 最惠国待遇原则

所谓最惠国待遇是指缔约国一方现在和将来所给予任何第三国的一切特权、优惠及豁免，也必须同样给予缔约对方。最惠国待遇的基本要求是使缔约一方在缔约另一方享有不低于任何第三国享有的待遇，即要求一切外国人或外国企业处于同等地位，享有同样的待遇，不给予歧视。

(1) 最惠国待遇原则具有多边化、无条件和制度化的特点。

多边化，是指最惠国待遇原则适用于 WTO 的所有成员方之间的贸易关系。无条件，是指最惠国待遇原则的使用不取决于任何的前提条件，不论此等条件是贸易性质的还是非贸易性质的。制度化，是指 WTO 成员方根据最惠国待遇原则给予其他成员方的优惠待遇编录在 GATT1994、《服务贸易总协定》及其他相关协议或其附件的减让表中，构成有关协定不可分割的内容，同时，WTO 部长级会议和其他机构负责监督该原则在成员方贸易关系中的适用，使这种待遇得到 WTO 多边贸易体系的保障。

(2) 最惠国待遇具体可以体现在多个方面。

①货物贸易方面的最惠国待遇。

根据 GATT 第 1 条的规定："一缔约国对来自或运往其他国家的产品所给予的利益、优待、特权或豁免，应当立即无条件地给予来自或运往所有其他缔约国的相同产品。"因此，如果 A 国在与 B 国的贸易谈判中同意把某种商品的关税税率进行削减，则该项削减必须扩展到所有的 WTO 成员方。

②服务贸易方面的最惠国待遇。

根据《服务贸易总协定》的规定：在《服务贸易总协定》项下的任何措施方面，各成员应立即和无条件地给予任何其他成员的服务和服务提供者以不低于其给予任何其他成员相同的服务和服务提供者之待遇的待遇，使最惠国待遇原则普遍适用于所有的服务部门，如果一成员在某个服务部门允许外国竞争，那么该部门对来自 WTO 其他所有成员的服务及服务提供者都应该给予相同的待遇。

③与贸易有关的知识产权方面的最惠国待遇。

在与贸易有关的知识产权保护方面，WTO 将最惠国待遇规定为其成员必须普遍遵守的一般义务和基本原则。根据《与贸易有关的知识产权协议》的规定：在知识产权保护方面，一成员给予其他任何成员方民的任何利益、优惠、特权或豁免，应立即地、无条件地给予 WTO 所有其他成员的国民。

④与贸易有关的投资措施方面的最惠国待遇。

在投资措施方面，《与贸易有关的投资措施协议》中规定了 WTO 成员在投资措施方面体现最惠国待遇本质的非歧视性要求，即任何成员方不得维持或采取歧视进口产品的投资措施。

2. 国民待遇原则

国民待遇原则又称平等原则，它是非歧视原则的另一具体体现，也是最惠国待遇原则的补充。是指一个国家给予在其境内的外国公民、企业、商船在经济活动与民事权利义务等领域与其国内公民、企业和商船同等的待遇。

国民待遇在形式上有两个特点：第一，国民待遇是互惠的、对等的，是双方相互间的行为。例如，法国民法典第 11 条规定：如果法国境内的外国人所属国无条约规定同样给予法国人相同的民事权利，则不能享受法国给予的国民待遇；第二，国民待遇具有一定的适用范围。一国并不是将本国公民或企业所享有的一切权利都包括在国民待遇范围之内。例如，沿海航行权、领海捕鱼权、购买土地权等，通常都不包括在内，这些权利一般都不给予外国侨民或企业，只准本国公民或企业享有。

国民待遇原则具体体现在以下方面。

(1) 货物贸易领域的国民待遇。

根据 GATT 第 3 条，国民待遇原则主要适用于对进口产品征收国内税和执行国内法律规章方面。

(2) 服务贸易领域的国民待遇。

根据《服务贸易总协定》第 17 条的规定，在服务贸易领域，国民待遇意味着一旦一成员允许外国企业在其境内提供服务，则在对待外国企业和本国企业时，不应存在歧视。

(3) 与贸易有关的知识产权方面的国民待遇。

《与贸易有关的知识产权协议》第 3 条规定，在知识产权保护方面，每个成员给予其他成员的国民待遇不应低于它给予本国国民的待遇，除非其他有关国际知识产权公约另有规定。

(4) 与贸易有关的投资措施方面的国民待遇。

《与贸易有关的投资措施协议》明确而具体地规定了该协议适用国民待遇原则，并在该协议的附录中列举了与国民待遇不相符的与贸易有关的投资措施，包括那些本地法律或行政法规项下义务性或强制性措施；或与取得优惠所必需的措施相符的规定等内容。

**（二）关税减让原则**

所谓关税减让原则是指通过谈判削减关税，尽可能地消除关税壁垒，并且削减后的关税应得到约束，不得再进一步提高。关税减让原则的宗旨是，降低各成员方进出口关税的平均水平，尤其是阻碍商品进口的高关税，以促进国际贸易的自由化发展。

关税是 WTO 允许其成员使用的保护国内产业的重要工具。同其他各种非关税壁垒措施相比，关税具有较高的透明度，能够清楚地反映出关税的水平，从而使贸易竞争建立在较明晰、较公平和可预见的基础上。因此，WTO 极力主张其成员将关税作为唯一的保护手段，要求各成员方通过价格，而不是对贸易进行行政管制的直接手段来调节进出口。允许关税作为保护手段，并非意味着成员方可以随意地运用这一手段。因为高关税是国际贸易的重要障碍，因此切实地降低关税成为 GATT 和 WTO 的重要原则之一。在 GATT 的前五轮谈判中，关税减让曾是唯一的议题，在以后的各轮谈判中，关税减让也始终被列在谈判议题的首位。

关税减让原则始终是建立在互利互惠、对等减让的基础上，因此，具有极大的凝聚力和有效性。本着这一原则，成员方双边进行关税减让的谈判，并将谈判结果列成关税减让表。在进一步平衡权益的基础上，运用 WTO 的非歧视性原则，经双边谈判形成的各个关税减让表被汇总成各谈判方一致接受的关税减让总表，适用于所有参加谈判的各方。

但是，完全对等规则不适用于发达国家和发展中国家之间的谈判。GATT1994 第 36 条第 8 款规定："发达成员方在贸易谈判中对发展中成员方所做的减少或撤销关税和其他壁垒的承诺，不能希望得到互惠。"即发达国家和发展中国家不能进行关税对等减让。要求发展中国家在相对互惠的基础上做出削减关税形式的承诺，是考虑这样一个事实：由于发展中国家较低的经济发展水平和贸易与金融需要，因此很难与发达国家在相同的基础上做出承诺。但由于发展中国家不都处于同一发展水平，故而规则要求达到较高发展阶段的发展中国家在削减关税方面比较低经济发展阶段的发展中国家做出更大的贡献和减让。

**（三）公平竞争原则**

WTO 是建立在市场经济基础上的多边贸易体制。公平竞争是市场经济公平运行的重要保障，因此，WTO 的宗旨和各协定都体现了公平竞争的原则。

1. 公平竞争原则的含义

公平竞争原则又称公平贸易原则，其基本含义是指各成员及出口贸易经营者不应采取不公正的贸易手段进行国际贸易竞争或扭曲国际贸易竞争。WTO 允许使用关税，在少数情况下还允许使用其他保护形式，以谋求一个开放的、公平的、无扭曲的竞争规则。为了创立和维护公平竞争的国际贸易环境，WTO 特别将倾销和出口补贴视为典型的不公平竞争方式，并提供了保护公平贸易的措施，允许成员方政府对这两种不公平竞争形式征收进口附加税。

2. 公平竞争原则的体现

（1）关于倾销和补贴的规定。

出口倾销和出口补贴一直被认为是典型的不公平竞争行为，因此对于倾销和出口补贴所做的规定是 WTO 公平竞争原则的最主要体现。例如，GATT 第 6 条规定，各成员认识到用倾销手段将一国产品以低于正常价值的方式出口到另一国家市场，且对该成员方领土内已建立的某项工业造成严重损害或产生严重损害威胁，或者对该国国内工业的新建产生严重阻碍，这种倾销应该受到谴责。又如《补贴与反补贴守则》规定，应禁止对包括矿产品在内的工业品实行出口补贴；对农产品的出口补贴应"不以引起给予补贴的签字国占有超过这些产品的世界出口贸易中的公正份额的方式"进行。同时 GATT 也规定了反倾销和反补贴的合法地位，允许进口成员方征收反倾销税和反补贴税，以抵销出口倾销和出口补贴对本国产业造成的实质性损害。另外，为了防止成员方出于保护本国产业的目的滥用反倾销和反补贴措施，造成公平贸易的障碍，WTO 通过《反倾销协议》《补贴与反补贴措施协议》对成员方实施反倾销和反补贴措施，规定了严格的条件和程序，包括如何认定进口产品正在倾销或享受补贴，如何认定倾销或享有补贴的进口产品正在对本国产品造成实质性损害，或构成实质性损害威胁，以及发起调查、收集信息、征收反倾销税或反补贴税等方面应遵循的程序。

(2) 其他方面的规定。

货物贸易领域里的其他具体协议，如《保障措施协议》和《农业协议》等都体现了公平竞争原则。保障措施是进口方在进口激增对本国产业造成严重损害，或构成严重损害威胁时，所采取的保护性措施。但实施保障措施，很可能会对进口产品与本国产品之间的公平竞争形成过度限制。为此，《保障措施协议》对成员实施保障措施的条件和程序做出了严格规定，禁止采取有秩序销售安排和自愿出口限制等"灰色区域措施"。《农业协议》提出，农产品贸易的目标是建立一个公平的、以市场为导向的农产品贸易体制。实现这一目标的手段是，在议定的期限内，逐步对农业支持和保护实行实质性削减，以纠正和防止对世界农产品市场的限制和扭曲。具体说，就是在市场准入、国内支持、出口竞争和实施动植物检验检疫措施等方面遵守有关协议，鼓励公平竞争。

此外，在《服务贸易总协定》和《与贸易有关的知识产权协定》中，WTO 同样通过一些具体的规定来鼓励各成员方相互开放市场，为外国竞争者提供市场准入和公平竞争的机会，使公平竞争原则不仅体现于货物贸易领域，还体现于服务贸易和与贸易有关的知识产权领域。

## （四）一般取消数量限制原则

1. 一般取消数量限制原则的含义

数量限制是通过影响进出口的数量、来源和去向来管制进出口贸易的一种行政方法，是国际贸易中一种十分迅速有效的限制进出口的非关税贸易壁垒。WTO 成员做出关税减让的承诺后，若再实施数量进出口限制，就会在消除了高关税的贸易壁垒后形成非关税贸易壁垒，成员方的关税减让便失去了意义。此外，数量限制强制地抑制国内市场正常需求，导致国内市场价格与国际市场价格脱节，使国际贸易的数量、成分和流向发生畸形变化。因此，WTO 基本上否定成员方使用数量限制的办法管理本国的进出口贸易。

2. 数量限制的主要形式

数量限制是非关税壁垒的主要形式，是指一国或地区在一定的期限内（通常是一年）

规定某种商品进出口数量的行政措施。作为行政措施，因为数量限制本身缺乏透明度，容易被贸易保护主义滥用，客观上抑制了国际贸易的正常发展。数量限制的具体表现方式主要有进口配额、进口许可证、自动出口限制、数量性外汇管制等。

3.WTO关于取消数量限制的具体规定

（1）一般禁止数量限制。

GATT 1994第11条第1款规定：任何成员除征收捐税或其他费用外，不得设立或维持配额、进出口许可证或其他措施以限制或禁止其他成员方领土的产品的输入，或者禁止或限制向其他成员方领土输出或销售出口产品。即禁止以配额、进出口许可证或其他数量限制措施来限制进出口贸易。GATT禁止数量限制的原则，因此又可称为一般禁止数量限制原则。

（2）实施数量限制应遵循非歧视性原则。

在GATT一般限制使用数量限制原则的基础上，对于按照GATT的规定，确实需要实行数量限制的，各成员方在实施有关行政管理措施时，也必须遵循非歧视性原则。GATT 1994第13条第1款规定：除非对所有第三国的产品的输入，或对相同产品向所有第三国的输出予以禁止或限制外，任何成员方不得限制或禁止另一成员方领土的产品输入，也不得禁止或限制产品向另一成员方领土的输出。即成员方实施数量限制不应只针对某一特定的成员方，而应对所有成员方。

（3）实施数量限制时应遵循的规定和要求。

在根据GATT对禁止数量限制的例外规定对于来自其他成员方的进口产品实施数量限制时，必须遵循GATT的具体实施规定，如应尽可能地避免专门对某一国家或公司分配特定的数量，即应尽可能采用全球配额；在可能的情况下，应尽量避免使用许可证；如果许可证确实必要，则不得只规定从某一特定的国家或来源进口有关商品，即许可证应是全球性的；若配额在各供应国之间进行分配，则应达成配额分配协议，或应根据前一代表时期供应产品的成员方在受限制产品的进口总量或总值中所占的比例进行分配。

**（五）透明度原则**

为保持贸易环境的稳定性和可预见性，WTO除了要求成员方遵守有关市场开放等具体承诺外，还要求成员方的各项贸易措施（包括有关法律、法规、政策及司法判决和行政裁决等）保持透明。

1.透明度原则的含义

透明度原则是指成员方必须迅速公布正在有效实施的与国际贸易有关的法令、条例、司法判决、行政决定及其变化情况（如修改、增补或废除等），同时还应将这些贸易措施通知 WTO。成员方所参加的有关影响国际贸易政策的国际协议，也在公布和通知之列。

2.WTO 关于透明度原则的具体规定

GATT 1994 第 10 条贸易条例的公布和实施明确规定：成员方有效实施的关于海关对产品的分类或估价，关于税捐和其他费用的征收率，关于对进口货物及其转账的规定、限制和禁止，以及关于影响进出口货物的销售、分配、运输、保险、存仓、检验、展览、加工、混合或使用的法令、条例及一般援用的司法判例及行政决定，都应迅速公布，以使各国政府及贸易商对它们熟悉。一成员方政府和政府机构与另一成员方政府和政府机构之间缔结的影响国际贸易政策的现行协定，也必须公布。

《服务贸易总协定》关于透明度原则的表述为：各国政府必须公布所有与服务贸易有关的法律和规定，并且必须在 WTO 成立后两年内（1997 年年底），在政府机构中建立咨询点。这样，外国企业和政府便利用这些咨询点，获得有关任何服务部门的法律法规信息。此外，对于已做出具体承诺的服务部门所适用的法律法规，各国政府还必须将任何变动情况通知 WTO。

透明度原则还规定，鉴于需要对海关行政行为进行必要的检查和纠正，各成员应保留和尽快建立司法的或仲裁的或行政的机构和程序。这类法庭或程序独立于负责行政实施的机构之外。除进口商在所规定允许的上诉期内可向上级法庭或机构申诉外，其裁决一律由这些机构加以执行。

透明度原则几乎涉及 WTO 所有领域，其目的是增强各成员方经济政策和经济管理行为的可预见性和相对稳定性，防止和消除各成员方政府因不公开的行政管理造成的歧视待遇和由此给国际经贸关系带来的阻碍。因此，透明度原则要求，各成员方应公正、合理、统一地实施所要求公开的有关法规、条例、判决和决定。公正、合理是要求成员方对法规的实施体现非歧视原则；统一则要求在成员方领土范围内管理贸易的有关法规不应有差别，即中央政府统一颁布有关政策法规，地方政府颁布的有关上述事项的法规不应与中央政府有任何抵触。

## 二、世界贸易组织的争端解决机制

解决成员方之间的贸易争端是 WTO 的重要职能之一。当某一成员方对另一成员方执行《建立世界贸易组织协定》的情况感到不满且理由充分时，WTO 将启用争端解决机制进行解决。争端解决机制包括《关于争端解决规则与程序的谅解》及其附件，以及 WTO 各项规定及其配套或附属协议中有关争端解决的条款。争端解决机制的核心是精确的操作程序、明确的时间限制和严格的交叉报复机制。争端解决机制的目标是迅速有效地解决争端，保障各成员方在有关协议中的权利和义务的实现。

## （一）WTO 争端解决机制的形成

WTO 的争端解决机制并非乌拉圭回合的首创，从争端解决机制运行的角度来看，它是 GATT 争端解决机制经历曲折的发展路程后完善的成果。

GATT 的争端解决机制在 40 余年的实践中，创造出了处理国际贸易争端的既有规范合理性又具实际可行性的程序规则，为维护和发展以 GATT 为核心的多边贸易体制做出了杰出的贡献。但是它也存在着不少的缺陷：如条文措辞模糊，给缔约各方很大的灵活性，很难操作；争端解决的每一个过程都可能延误，结果造成整个程序拖延的时间较长；由于 GATT 争端解决机制是从实用主义不断过渡到法律主义的，在不同政治、经济及理论分歧的影响下，制定了不少法律文件，造成法律文件多而复杂，缺乏一致性和连贯性。

## （二）WTO 争端解决机制的特点

与 GATT 争端解决机制相比，WTO 争端解决机制具有许多新的特点。

### 1. 鼓励成员通过双边磋商解决贸易争端

根据《关于争端解决规则与程序的谅解》的规定，争端当事方的双边磋商是 WTO 争端解决的第一步，也是必经的一步。即使是争端进入专家小组程序后，当事方仍可通过双边磋商解决争端。WTO 鼓励争端当事方通过双边磋商达成相互满意的解决方案。

### 2. 以保证 WTO 规则的有效实施为优先目标

争端解决机制的目的是使争端得到积极有效的解决，争端各方可通过磋商寻求均可接受并与 WTO 有关协议或协定相一致的解决办法。在未能达成各方满意的解决办法时，争端解决机制的首要目标是确保成员撤销被认定违反 WTO 有关协定或协议的措施。

### 3. 严格规定了争端解决的时限

迅速解决争端是 WTO 争端解决机制的一项重要原则，为此，争端解决程序的各个环节均规定了严格、明确的时间表。例如，专家小组的审案时间一般不超过六个月；在有紧急情况发生的时候，则缩短为 3 个月。但无论遇到何种情况，审案的时间都不能超过九个月。这既有利于及时纠正成员违反 WTO 协定或协议的行为，使受害方得到及时救济，也有利于增强各成员对多边争端解决机制的信心。

### 4. 增设了上诉程序

WTO 争端解决的程序中设立了上诉程序，并建立了相应的常设上诉机构受理上诉的案件。这是 GATT 的程序所没有的。《关于争端解决规则与程序的谅解》规定，任一当事方均有上诉权，但上诉须限制在专家小组报告所涉及的法律问题和专家小组做出的结论范围内。上诉机构可维持、修改或推翻专家组的裁决和结论。

5. 实行"反向协商一致"的决策原则

WTO争端解决机制既继承了GATT采取"协商一致"的决策原则,又引入了"反向协商一致"的决策原则。"反向协商一致"指只要不是参加争端解决机构的所有成员一致对某一问题或程序持反对意见,决定就可以通过,一个或几个成员方的否决是无效的。该决策原则的引入进一步完善了WTO的争端解决机制,大大地增强了执法的力度,从而排除了败诉方单方面阻挠报告通过的可能。

6. 引入了交叉报复机制

交叉报复机制的引入提高了WTO成员方之间贸易争端解决的效力。通过授权进行交叉报复,使有关当事方可以挑选更有效的方式对违反协议的情况进行报复,有利于促使败诉方认真考虑裁决的执行。交叉报复方法通常是在某成员被裁定其在某一领域所使用的措施违反了WTO的协定或协议,且该成员没有在合理期限内纠正,经争端解决机构授权,利益受到损害的成员采用的。报复应优先在被裁定违反WTO协定或协议的措施的相同领域进行,称为平行报复;如不可行,报复可以在同一协定或协议下跨领域进行,称为跨领域报复;如仍不可行,报复可以跨协定或协议进行,称为跨协议报复。

7. 设立了对最不发达国家成员的特别程序

在确定涉及一个不发达国家成员争端的案件,应特别考虑最不发达国家的特殊情况。在此方面,各成员在根据这些程序提出涉及最不发达国家的事项时应表现适当的克制。如认定利益的丧失或减损归因于最不发达国家成员所采取的措施,则起诉方在依照这些程序请求补偿或寻求中止实施减让或其他义务的授权时,应施加适当的限制。

### (三)WTO争端解决机构

WTO争端解决机制专门设立了争端解决机构。实际上,争端解决机构是WTO总理事会在行使争端解决机构职责时的称谓。

根据《关于争端解决规则与程序的谅解》第2条规定:争端解决机构有权设立专家组,通过专家组和常设上述机构的报告,维持对执行裁决的监督,授权中止减让各适用协定下的义务。它应向WTO有关理事会和委员会通报与各适用协定有关的争端的任何进展,且应在《关于争端解决规则与程序的谅解》规定的时间内举行履行其职能所必要的经常会议。因此,争端解决机构是WTO争端解决的最高权力机构和管理机构。

### (四)WTO争端解决的基本程序

WTO争端解决机制的程序可以分为以下几个基本阶段。

1. 磋商阶段

磋商阶段是争端解决机制的初始阶段,是指两个或两个以上成员为使相互间的争议问题得到解决或达成谅解而进行国际交涉的一种方式。与1947年的GATT一样，WTO的争端解决机制也鼓励其成员尽量以友好协商的方式解决国际贸易中的争端。由于磋商阶段各当事方必须在协商一致的基础上达成一致意见解决争端问题，这样也有利于所达成协议的执行，因此这一阶段是争端解决的必经阶段，也是WTO所提供的争端解决方式。

2. 斡旋、调解和调停阶段

GATT有关斡旋、调解和调停的内容主要体现在1947年关税与贸易总协定的第22条和第23条的规定上。根据规定：如果双边磋商未果，经一缔约方请求，缔约方全体有权进行多边磋商。在缔约方请求下，缔约方全体也有权对争端进行调查，做出建议或裁决，进行多边磋商甚至授权有关当事国采取报复措施等。这些规定构成了GATT缔约方全体进行斡旋、调解和调停的法律依据。

3. 专家小组阶段

在争端各当事方经磋商不能达成一致或一方对磋商的请求未予以答复的时候，申诉方可以请求争端解决进入专家小组阶段。该阶段是整个争端解决程序中最为复杂的部分，也是最重要的部分。专家小组经过对案件的审查所做出的决定往往直接决定了案件的处理结果，所以《关于争端解决规则与程序的谅解》对专家小组阶段做出的规定也相当详细。

4. 上诉程序

《关于争端解决规则与程序的谅解》第一次对上诉程序给予了明确的规定，因为在乌拉圭回合之前，GATT并没有关于争端解决机制上诉程序的规定。上诉程序是争端解决程序的终审程序，即经过该程序的审理做出的决定是最终的决定，该决定经争端解决机构通过后，当事方应当立即执行。但上诉程序并不是争端解决的必经程序，只有在一当事方就专家小组决定提出上诉的情况下，才能开始这一程序。

5. 执行程序

为确保争端解决机构的裁决付诸实施，《关于争端解决规则和程序的谅解》对裁决的执行做了具体规定，包括执行期限、异议期限、对执行的监督、裁决执行的方式，以及对发展中国家的特殊规定等。

# 第三节 中国与世界贸易组织

## 一、中国复关"入世"的背景

我国是 GATT 的 23 个创始缔约国之一,并且参加了 GATT 的第一轮和第二轮多边贸易谈判。但由于历史原因,新中国成立以后的一段时间里一直没有参加 GATT 的活动。其主要原因有两个方面。

一是 1949 年新中国成立后,国民党政府无法在中国大陆实施其在前两轮谈判中所承诺的减让,同时,美国也不愿意让新中国自动继承旧中国在 GATT 的席位而享受关税减让的好处。

二是新中国成立后,帝国主义对我国进行封锁禁运,为了对敌斗争的需要,我国在 1951 年实施了新的关税税则,单方面大幅提高了关税,实行高度集中的计划经济体制,这与 GATT 的运行机制是格格不入的,因此实际上也就等同于主动退出 GATT。

1979 年中国实行改革开放之后,与世界的经济联系不断加强,先后恢复和参加了多个国际经济组织的活动,也认识到需要加强同 GATT 的联系。其后,中国开始以观察员国的身份列席 GATT 的有关会议。随着我国同 GATT 的联系不断加强,而且出于改革开放的需要,1986 年 7 月,我国政府正式向 GATT 提出恢复 GATT 缔约国地位的申请,开始了恢复 GATT 缔约国地位的谈判。

## 二、中国复关"入世"的三原则

### (一)中国是恢复 GATT 缔约国地位,而不是加入 GATT

1949 年 10 月 1 日,新中国成立,鉴于国民党政府已经失去对中国大部分领土的有效控制,这个被推翻的政权已经不能继续履行在 GATT 中的义务。新中国成立后,中国政府总理及外交部部长代表中国先后多次致电联合国主要官员,声明此观点,并要求联合国立即驱除国民党政府,由中华人民共和国代替。中国坚持是"恢复"GATT 创始缔约国席位,而不是加入或重新加入。

### (二)中国恢复 GATT 缔约国地位以关税减让,而不是以承担具体进口增长义务为条件

中国在恢复 GATT 缔约国地位时,选择了"关税减让"为承诺条件,理由主要有以下几点。一是中国对外经济贸易体制改革和对外开放的政治决心已经做出,"以计划经济为

主，市场调节为辅"的方针将要管理经济；二是中国当时已有一套相对完善的关税体制，主要进口商品均有了明确的关税税率；三是如果"承担进口义务"势必会承担巨大的进口压力，对我国经济发展产生较大的消极影响。而其中的"选择性保障条款"会使我国恢复GATT缔约国地位的利益大打折扣。

### （三）中国以发展中国家的身份恢复 GATT 缔约国地位，并承担相应的义务

当时中国的经济水平和国际竞争力决定了我们只能以发展中国家的身份恢复GATT缔约国地位，原因如下：一是中国是一个人口多、底子薄、耕地面积少的国家；二是中国经济总体水平及经济结构均符合典型的发展中国家的特征。国内生产总值规模小；三是产业的结构是典型的二元经济结构。农业占国内生产总值比重较高，工业化程度严重不足，服务业发展落后：中国社会是一个典型的农业社会。

## 三、"入世"后中国的权利和义务

### （一）加入 WTO 后中国享有的权利

1. 享受多边的、无条件的和稳定的最惠国待遇与国民待遇

最惠国待遇的基本含义是：成员一方现在和将来给予任何第三成员方在贸易上的优惠、豁免和特权，也将同样给予成员对方。国民待遇是指成员方保证另一成员方的公民、企业和船舶在本国境内享受与本国公民、企业和船舶相同的待遇。加入WTO后，我国的产品、服务和知识产权可以在所有的WTO成员方享受无条件的最惠国待遇和国民待遇，而不必通过与各成员签署双边协定来获得此待遇。

2. 享受普惠制待遇及 WTO 给予发展中成员方的特殊待遇

即享受WTO发达成员方给予发展中成员方的特殊待遇，而无须向发达成员方尽相应的义务。

允许发展中成员方继续享受普遍优惠制，即发展中成员方享受发达成员方根据联合国贸易和发展会议决议，给予发展中国家以"普遍、非歧视和非互惠"为特点的关税优惠。中国加入WTO之前，世界上有28个给惠国，其中21个国家给予我国普惠制待遇，加入WTO后中国更大范围内享受此待遇。

在向WTO负责实施管理的贸易协议与协定靠拢中，WTO的发展中成员方的过渡期长于发达成员方，允许发展中成员方在履行义务时有较大的灵活性，WTO给予发展中成员方技术等方面的援助。

3. 享受贸易自由化成果

贸易自由化是指WTO各成员方在货物、服务和与贸易有关的投资要逐步实现自由化，即各成员方保证履行WTO负责管理的乌拉圭回合和以后WTO成员达成的协议和协

定,逐步降低关税,减少贸易壁垒,消除国际贸易中的歧视待遇,扩大货物、服务和与贸易有关的投资方面的准入度。与此同时,WTO成员方要加强对知识产权的保护。WTO不是一个纯粹的"自由贸易"组织,它是一个致力于贸易自由化与"贸易保护"相结合,使成员方进行开放、公平和无扭曲竞争的贸易组织。WTO负责实施管理的多边贸易协议和协定包括GATT 1994、《农产品协定》《动植物卫生检疫的协议》《纺织品和服装协议》《技术性贸易壁垒协议》《与贸易有关的投资措施协议》《装运前检验协议》《进口许可协议》《海关估价协议》《原产地规则协议》《反倾销协议》《补贴与反补贴协议》《保障措施协议》《服务贸易总协定》《与贸易有关的知识产权协定》。此外,还有乌拉圭回合以后达成的新协议:《自然人流动协议》《基础电信服务协议》《信息技术协议》《金融服务协议》。中国加入WTO后,可以享受上述协议与协定中的自由化的成果和保护的措施。

4. 在多边贸易体制中享有决策权

加入WTO前中国在WTO中以观察员身份参加,只有表态权,没有表决权。加入WTO后,中国参与各个议题的谈判和贸易规则的制定,既有发言权,又有决策权,有利于维护中国在世界多边贸易体系中的合法权益。

5. 享有利用争端解决机制解决贸易争端的权利

WTO《关于争端解决规则与程序的谅解》指出:"WTO的争端解决制度是保障多边贸易体制的可靠性和可预见性的核心因素。"为此,WTO成员承诺,不应采取单边行动以对抗其发现的违反WTO规则的事件,而应在多边争端解决制度下寻求救济,并遵守其规则与裁决。为此,WTO建立了贸易争端解决机制,详细地规定了贸易争端解决所应遵循的程序和时间表。中国加入WTO后,在与WTO其他成员方发生贸易摩擦与贸易纠纷时,有权按WTO的争端解决机制邀请他们与我国共同解决贸易摩擦,如果双边解决不成,可上诉到WTO争端解决机构,由其出面解决。

## (二)加入WTO后中国需要履行的义务

1. 取消非关税壁垒

WTO的最终目标是要完全实现贸易自由化。加入WTO后,中国必然要按照WTO的要求削减进出口配额、进出口许可证、外汇管制及技术检验标准等非关税壁垒。到2005年,全部取消400种进口配额。

2. 开放服务市场

随着各国经济的发展,服务业在整个国民经济中的地位不断提高,国际服务贸易的提供和使用日益增加。加入WTO后,中国应当逐步地、有范围地、不同程度地开放一些服务业，提高中国服务业的质量，增强中国服务业的竞争力。

3. 强化对知识产权的保护

根据 WTO《与贸易有关的知识产权协议》要加强对知识产权的保护。

4. 逐步实现与贸易有关的投资措施自由化

中国加入 WTO 后，在外资政策上要做出调整，给予外国投资者真正的国民待遇。

5. 接受争端解决机构裁决的义务

在享有与 WTO 成员方磋商解决贸易摩擦，通过争端解决机制解决贸易纠纷的权利的同时，也有接受和履行 WTO 其他成员方磋商解决贸易摩擦和接受 WTO 争端解决机构裁决的义务。

# 第十章 国际电子支付与结算

## 第一节 国际贸易结算的主要方式

国际结算指两个不同国家的当事人，不论是个人间的、单位间的、企业间的或政府间的当事人，因为商品买卖、服务供应、资金调拨、国际借贷，需要通过银行办理的两国间货币收付业务。

国际贸易经常发生大量货款结算，以结清买卖双方间的债权、债务关系，称为国际贸易结算。它是建立在商品交易货款两清的基础上的结算，又称为有形贸易结算。它与国际贸易的发生和发展、世界市场变化、国际运输、货损保险、电信传递有着密不可分的联系。国际贸易以外的其他经济活动，以及政治、文化等交流活动，如服务供应、资金调拨、国际借贷、侨民汇款、旅游开支、服务偿付等引起的货币收付，称为非贸易结算。它们多建立在非商品交易基础上，也称为无形贸易结算。

在人类社会利用计算机和远程通信技术建立联机系统后，依靠电报和函件等通信手段进行异地汇兑调拨的处理方式被彻底改变了。联机系统用高速专用线路、社会公用通信网或卫星通信网把信息中心和各营业点的终端连在一起，建立起电子化的支付系统。通过这些系统，银行间的资金调拨可以通过网络瞬时完成。

### 一、国际贸易结算概述

国际结算是随着国际贸易的发展而产生和发展的，它是从现金结算逐渐发展到非现金结算的。中世纪世界各国的对外贸易都是采用黄金、白银、铸造硬币作为国际上的现金结算货币。随着贸易区域不断扩大，从地中海沿岸移至大西洋沿岸，然后远及亚洲、非洲、美洲，遍布全世界。采用现金结算，需要运送费用，承担运输风险，还要清点钱数，很不方便，妨碍了大规模的远洋贸易发展。于是出现了采用商业汇票的信用支付手段来结清债权债务关系。随着海运事业的发展，为了确保运输安全，免遭风险，海洋运输保险业应运而生。银行从只在国内设置机构扩展到在国外设点，或与外国银行构建代理行关系和签订互相委托业务约定，使银行网络覆盖全球，银行发展成为国内结算和国际结算中心。

国际结算方式又称支付方式，通常指全套贸易单据与货款对流的形式。国际结算方式大体上分成汇付、托收、信用证等几种形式。

## 二、汇付

汇付又称顺汇法，是由债务人或付款人主动将款项交给银行，委托银行使用某种结算工具，交付一定金额给债权人或收款人的结算方法。

### （一）汇款的基本概念及其当事人

汇款是一种顺汇方式。一般由汇出行应汇款人（债务人）要求，以一定方式将一定款项通过其国外联行或代理作为付款银行（汇入行），付给收款人（债权人）。

在汇款业务中，付款方叫汇款人，收款方叫收款人。受汇款人委托，将资金汇出的银行叫作汇出行，汇出行办理的汇款业务叫作汇出汇款。受汇出行委托，解付汇款的银行叫作汇入行或者解付行，解付行办理的汇款业务叫作汇入汇款。汇款人、收款人、汇出行和汇入行是汇款业务中的四个基本当事人。汇出汇款和汇入汇款是汇款业务主要的组成部分。按照汇款使用的支付工具不同，汇款分为电汇、信汇和票汇三种。在进出口业务中，电汇汇款是主要的支付方式。

### （二）电汇汇款

电汇汇款是汇款人委托银行以电报、电传、环球银行间金融电信网络的方式，指定出口地某一银行（其分行或代理行）作为汇入行，解付一定金额给收款人的汇款方式。电汇是一种比较快捷的汇款方式，通常用于紧急款项或大额款项的支付、资金调拨、各种支付指标等。

由于跨国或国内支付交易的不断增长和在不同国家或同一国家不同银行间支付系统之间建立间接联系的复杂性造成的费用消耗，促使银行业不断寻求降低成本和提高效率的方法。目前世界上较有名的有美国纽约的"票据交换所银行间支付系统"、英国伦敦的"票据交换自动付款系统"、环球银行间金融电信协会、美国联邦储备通信系统、日本全国银行通汇系统。

环球银行间金融电信网络，或译成环球银行金融电信协会，是一个国际银行间非营利性的国际合作组织，总部设在比利时的布鲁塞尔，并在荷兰阿姆斯特丹和美国纽约分别设立交换中心，为各参加国开设集线中心，为国际金融业务提供快捷、准确、优良的服务。SWIFT运营着世界级的金融电文网络，银行和其他金融机构通过它与同业交换电文，从而完成金融交易。

SWIFT的目标是为全体成员的共同利益服务，为了确保安全准确地完成对私有的、保密的、专利的金融电文的通信、传输以及路由等行为，SWIFT研究、创造一切必要的方法，并且将其付诸使用和操作。

## 三、托收

### （一）托收的定义

托收是指银行按照收到的指示办理获得金融单据的付款或承兑，或者凭着付款或承兑交出单据，或者以其他条款和条件交出单据。托收是出口人在货物装运后，开具以进口方为付款人的汇票（随附或不随附货运单据），委托出口地银行通过它在进口地的分行或代理行代出口人收取货款的一种结算方式。属于商业信用，采用的是逆汇法。

### （二）托收当事人

1. 委托人

这是指委托一家银行办理托收业务的当事人。他还是出口商、卖方、出票人、托运人。

2. 托收行

也称寄单行，它还是出口方银行、托收汇票收款人。当它把汇票寄给代收行时，需背书给代收行。

3. 代收行

它是接受托收行的委托，参与办理托收业务的一家银行，它还是进口方银行、托收汇票的背书人或收款人。

为了执行托收人的指示，托收行将使用委托人指定的银行作为代收行。当没有指定银行时，托收行将使用他自己的任何银行，或在付款或承兑国家，或在符合其他条款和条件的国家里选用另外的银行作为代收行。

托收行可将单据和托收指示直接寄送代收行，或通过中介的另外银行寄给代收行。

4. 提示行

它是向汇票付款人完成提示的代收行。

如果托收行不指定一家特定的提示行，代收行可使用它们选择的一家提示行。多数情况下，提示行就是代收行，但也有提示行与代收行分离为两家银行的情况。

5. 付款人

他是按照托收指示完成提示的被提示人。当汇票被提示给他时：如为即期汇票，就应见票即付；如为远期汇票，就应承兑汇票，到期日付款。他还是进口商，买方或汇票受票人。

### （三）托收的种类

根据托收时是否向银行提交货运单据，托收分为光票托收、跟单托收和直接托收。

1. 光票托收

托收时如果汇票不附任何货运单据，而只附有"非货运单据"（发票、垫付清单等），叫光票托收。这种结算方式多用于贸易的从属费用、货款尾数、佣金、样品费的结算和非贸易结算等。

2. 跟单托收

跟单托收有两种情形：附有商业单据的金融单据的托收和不附有金融单据的商业单据的托收。在国际贸易中所讲的托收多指前一种。

跟单托收根据交单条件的不同，可分为付款交单和承兑交单两种。

（1）付款交单。

是指代行必须在进口人付款后方能将单据交予进口人的方式。即所谓的"一手交钱，一手交单"。出口人把汇票连同货运单据交给银行托收时，指示银行只有在进口人付清货款的条件下才能交出货运单据。这种托收方式对出口人取得货款提供了一定程度的保证。

付款交单跟单托收的种类：付款交单跟单托收根据付款时间的不同可分为三种。一是即期付款交单：出口人开具即期汇票交付银行代收货款，进口人见票后须立即支付货款并换取单据；二是远期付款交单：出口人开具远期汇票托收，根据远期汇票的特点，进口人要先行承兑，等到汇票到期日才能付清货款，领取货运单据；三是在远期付款交单条件下，如果进口人希望在汇票到期前赎单提货，就可采用凭信托收据借单的办法。

这里的信托收据是进口人向代收行出具的文件，该文件承认货物所有权属于代收行，秘书只是以代收行代理人的身份代为保管货物，代收行有权随时收回出借给进口人的商品。

（2）承兑交单。

指在使用远期汇票收款时，当代收行或提示行向进口人提示汇票和单据，若单据合格，进口人对汇票加以承兑时，银行即凭进口人的承兑向进口人交付单据。这种托收方式只适用于远期汇票的托收，与付款交单相比，承兑人交单为进口人提供了资金融通上的方便，但出口人的风险增加了。

3. 直接托收

国际商会出版物第 550 号指出：买方 / 委托人从他的银行，即托收行那里获得托收指示的空白格式，由他填写，连同托收单据直接寄给买方银行，即代收行，请其代收货款，并将已经填写的托收格式副本送给托收行，请其将此笔托收办妥，如同自己办理一样。

国际商会出版物第 552 号是针对银行办理托收业务而制定的统一规则，而直接托收的委托人不经托收行，自己把托收单据直接寄给代收行，虽然效率高，但是国际商会出版物第 552 号不愿包括不经银行办理的托收业务，故国际商会出版物第 552 号没有提到直接托收，未列入规则当中。

## 四、信用证

### （一）信用证概述

信用证，是指开证银行应申请人的要求并按其指示向第三方开立的载有一定金额的，在一定的期限内凭符合规定的单据付款的书面保证文件。信用证是国际贸易中最主要、最常用的支付方式。它以银行信用代替商业信用，利用两家银行作为买卖双方的保证人，代为收款交单。银行在这一活动中所使用的工具就是信用证。

可见，信用证是银行有条件保证付款的证书，成为国际贸易活动中常见的结算方式。按照这种结算方式的一般规定，其流程简述如下：一是开证申请人根据合同填写开证申请书并缴纳押金或提供其他保证，请开证行开证；二是开证行根据申请书内容，向受益人开出信用证并寄交出口人所在地的通知行；三是通知行核对印鉴无误后，将信用证交受益人；四是受益人审核信用证内容与合同规定相符后，按信用证规定装运货物、备妥单据并开出汇票，在信用证有效期内，送议付行议付；五是议付行按信用证条款审核单据无误后，把货款垫付给受益人；六是议付行将汇票和货运单据寄开证行或其特定的付款行索偿；七是开证行核对单据无误后，付款给议付行；八是开证行通知开证人付款赎单；九是提单。十是索赔。

### （二）信用证当事人

1. 信用证基本当事人

（1）开证行。

这是指应开证申请人的委托，或以其自身名义开立信用证的银行，当信用证规定的单据全部提交指定银行或开证行，并符合信用证条款和条件时，便构成开证行的确定付款承诺。开证行也可以称为开证人、授予人。

（2）受益人。

这是指有权依照信用证条款和条件提交汇票或单据，要求兑取信用证款项的人，也是有权享受信用证利益的人。他还有以下名称：卖方、收件人、抬头人、出口商、受信人、使用人、出票人、发货人。

（3）保兑行。

这是指接受开证行的授权，对其开证加以保兑，使自己承担与开证行相同责任的银行，又叫确认行，即受开证行委托对信用证以自己名义保证的银行。

保兑的需求是开证行的资信较小，不能被受益人了解，或因开证行所在国有着政治或经济风险，需要另请一家非进口国家的银行保兑，通常多是要求开证行授权通知行保兑，也可授权任何第三家银行保兑。

2. 信用证其他当事人

(1) 开证申请人。

贸易结算的商业信用证须由进口商或买主根据买卖合同所订的付款条件,向往来银行申请开立信用证。在信用证中又称开证人,还可称为买方、收货人、被记账人、受信买方、进口商、委托人、顾客。负责根据合同开证;以信用证为依据向银行交付比例押金;及时付款赎单;验、退赎单;验、退货。

(2) 通知行。

这是指受开证行的委托,将信用证转交出口人的银行,它只证明信用证的真实性,不承担其他义务,是出口地所在银行。

(3) 指定银行。

指定银行指付款行、承兑行和议付行。

①付款银行

这是指信用证上指定付款的银行,在多数情况下,付款行就是开证行。

对符合信用证的单据,向受益人付款的银行(可以是开证行,也可以是受其委托的另一家银行)。它有权付款或不付款;一经付款,无权向受益人或汇票善意持有人追索。

②承兑银行

这是指对受益人提交的汇票进行承兑的银行,也是付款行。

③议付银行

这是指愿意买入受益人交来跟单汇票的银行。

根据信用证开证行的付款保证和受益人的请求,按信用证规定对受益人交付的跟单汇票垫款或贴现,并向信用证规定的付款行索偿的银行,又称购票行、押汇行和贴现行,一般就是通知行。

④偿付银行

这是指受开证行在信用证上的委托,代开证行向议付行或付款行清偿垫款的银行(又称清算行)。偿付行只付款不审单;只管偿付不管退款;不偿付时,开证行偿付。

### (三) 信用证结算方式的三个特点

1. 信用证是一项自足文件

信用证不依附于买卖合同,银行在审单时强调的是信用证与基础贸易相分离的书面形式上的认证。

2. 信用证方式是纯单据业务

信用证是凭单付款,不以货物为准。只要单据相符,开证行就应无条件付款。

3. 开证银行负首要付款责任

信用证是一种银行信用，它是银行的一种担保文件，开证银行对之负有首要付款责任。

### （四）信用证种类

1. 以信用证项下的汇票是否附有货运单据划分

（1）跟单信用证。

这是凭跟单汇票或仅凭单据付款的信用证。此处的单据指代表货物所有权的单据（如海运提单等），或证明货物已交运的单据（如铁路运单、航空运单、邮包收据）。

（2）光票信用证。

这是凭不随附货运单据的光票付款的信用证。银行凭光票信用证付款，也可要求受益人附交一些非货运单据，如发票、垫款清单等。

在国际贸易的货款结算中，绝大部分使用跟单信用证。

2. 以开证行所负的责任为标准划分

（1）不可撤销信用证。

这是指信用证一经开出，在有效期内，未经受益人及有关当事人的同意，开证行不能片面修改和撤销，只要受益人提供的单据符合信用证规定，开证行必须履行付款义务。

（2）可撤销信用证。

这是开证行不必征得受益人或有关当事人同意，有权随时撤销的信用证，应在信用证上注明"可撤销"字样。

3. 以有无另一银行加以保证兑付为标准划分

（1）保兑信用证。

这是指开证行开出的信用证，由另一银行保证对符合信用证条款规定的单据履行付款义务。对信用证加以保兑的银行，称为保兑行。

（2）不保兑信用证。

开证行开出的信用证没有经另一家银行保兑。

4. 根据付款时间不同划分

（1）即期信用证。

指开证行或付款行收到符合信用证条款的跟单汇票或装运单据后，立即履行付款义务的信用证。

（2）远期信用证。

指开证行或付款行收到信用证的单据时，在规定期限内履行付款义务的信用证。

（3）假远期信用证。

信用证规定受益人开立远期汇票，由付款行负责贴现，并规定一切利息和费用由开证人承担。这种信用证对受益人来讲,实际上仍属即期收款,在信用证中有"假远期"条款。

5. 根据受益人对信用证的权利可否转让划分

(1) 可转让信用证。

指信用证的受益人(第一受益人)可以要求授权付款、承担延期付款责任、承兑或议付的银行(统称"转让行"),或当信用证是自由议付时,可以要求信用证中特别授权的转让银行,将信用证全部或部分转让给一个或数个受益人(第二受益人)使用的信用证。开证行在信用证中要明确注明"可转让",且只能转让一次。

(2) 不可转让信用证。

指受益人不能将信用证的权利转让给他人的信用证。凡信用证中未注明"可转让"的,就是不可转让信用证。

6. 循环信用证

指信用证被全部或部分使用后,其金额又恢复到原金额,可再次使用,直至达到规定的次数或规定的总金额为止。它通常在分批均匀交货的情况下使用。在按金额循环的信用证条件下,恢复到原金额的具体做法有以下几种。

(1) 自动式循环。

每期用完一定金额,不需等待开证行的通知,即可自动恢复到原金额。

(2) 非自动循环。

每期用完一定金额后,必须等待开证行通知到达,信用证才能恢复到原金额使用。

(3) 半自动循环。

即每次用完一定金额后若干天内,开证行未提出停止循环使用的通知,自第 × 天起即可自动恢复至原金额。

7. 对开信用证

指两张信用证申请人互以对方为受益人而开立的信用证。两张信用证的金额相等或大体相等,可同时互开,也可先后开立。它多用于来料加工和补偿贸易业务。

8. 对背信用证

又称转开信用证,指受益人要求原证的通知行或其他银行以原证为基础,另开一张内容相似的新信用证,对背信用证的开证行只能根据不可撤销信用证来开立。对背信用证的开立通常是中间商转售他人货物,或两国不能直接办理进出口贸易时,通过第三者以此种办法来沟通贸易。原信用证的金额(单价)应高于对背信用证的金额(单价),对背信用证的装运期应早于原信用证的规定。

9. 预支信用证

指开证行授权代付行(通知行)向受益人预付信用证金额的全部或一部分,由开证行保证偿还并负担利息，即开证行付款在前，受益人交单在后，与远期信用证相反。预支信用证凭出口人的光票付款，也有要求受益人附一份负责补交信用证规定单据的说明书，当货运单据交到后，付款行在付给剩余货款时，将扣除预支货款的利息。

10. 备用信用证

又称商业票据信用证、担保信用证。指不以清偿商品交易的价款为目的，而以贷款融资，或担保债务偿还为目的所开立的信用证。备用信用证是一种特殊形式的信用证，是开证银行对受益人承担一项义务的凭证。开证行保证在开证申请人未能履行其应履行的义务时，受益人只要凭备用信用证的规定向开证行开具汇票，并随附开证申请人未履行义务的声明或证明文件，即可得到开证行的偿付。

## 五、国际贸易结算的其他方式

### （一）银行保函

1. 银行保函的定义

银行保函，又称保证书，指银行、保险公司、担保公司或担保人应申请人的请求，向受益人开立的一种书面信用担保凭证，保证在申请人未能按双方协议履行其责任或义务时，由担保人代其履行一定金额、一定时限范围内的某种支付或经济赔偿责任。

2. 银行保函的当事人

银行保函业务中涉及的主要当事人有三个：委托人（要求银行开立保证书的一方）、受益人（收到保证书并凭以向银行索偿的一方）和担保人（保函的开立人。此外，往往还有反担保人、通知行及保兑行等。

他们之间的法律关系如下：

委托人与受益人之间基于彼此签订的合同而产生的债权债务关系或其他权利义务关系。此合同是他们之间权利和义务的依据，相对于保函协议书和保函而言是主合同，它是其他两个合同产生和存在的前提。如果此合同的内容不全面，会给银行的担保义务带来风险。因而银行在接受担保申请时，应要求委托人提供他与受益人之间签订的合同。

委托人与银行之间的法律关系是基于双方签订的《保函委托书》而产生的委托担保关系。《保函委托书》中应对担保债务的内容、数额、担保种类、保证金的交存、手续费的收取、银行开立保函的条件、时间、担保期限、双方违约责任、合同的变更、解除等内容予以详细约定，以明确委托人与银行的权利义务。《保函委托书》是银行向委托人收取手续费及履行保证责任后向其追偿的凭证。因此，银行在接到委托人的担保申请后，要对委托人的资信、债务及担保的内容和经营风险进行认真的评估审查，以最大限度地降低自身风险。

担保银行和受益人之间的法律关系是基于保函而产生的保证关系。保函是一种单务合同，受益人可以以此享有要求银行偿付债务的权利。在大多数情况下，保函一经开立，银行就要直接承担保证责任。

3. 银行保函种类

（1）依保函的性质不同，可分为从属性保函和见索即付保函

从属性保函指作为一项附属性契约而依附于基础交易合同的银行保函。

见索即付保函是指对由银行出具的，书面形式表示在受益人交来符合保函条款的索赔书或保函中规定的其他条件时，承担无条件的付款责任的保函。见索即付保函是"二战"后为适应当代国际贸易发展的需要，因银行和商业实践的发展而逐步确立起来的，并成为国际担保的主流和趋势，原因主要在于：

一是从属性保函发生索赔时，担保银行需调查基础合同履行的真实情况，这是其人员和专业技术能力所不能及的，而且会因此被卷入合同纠纷甚至诉讼中。银行为自身利益和信誉考虑，绝不愿意卷入复杂的合同纠纷中，使银行的利益和信誉受到损害，而趋向于使用见索即付保函。

二是见索即付保函可使受益人的权益更有保障和更易于实现，可以避免保函委托人提出各种原因——如不可抗力、合同履行不能等来对抗索赔请求，可确保其权益不因合同纠纷而受到损害。

（2）履约保函

在一般货物进出口交易中，履约保函又可分为进口履约保函和出口履约保函。

①进口履约保函

进口履约保函是指担保人应申请人（进口人）的申请开给受益人（出口人）的保证承诺。保函规定，如出口人按期交货后，进口人未按合同规定付款，则由担保人负责偿还。这种履约保函对出口人来说是一种简便、及时和确定的保障。

②出口履约保函

出口履约保函是指担保人应申请人（出口人）的申请开给受益人（进口人）的保证承诺。保函规定，如出口人未能按合同规定交货，担保人负责赔偿进口人的损失。这种履约保函对进口人有一定的保障。

（3）还款保函

还款保函又称预付款保函或定金保函，是指担保人应合同一方当事人的申请，向合同另一方当事人开立的保函。保函规定，如申请人不履行他与受益人订立合同的义务，不将受益人预付或支付的款项退还或还款给受益人，则由担保人向受益人退还或支付款项。

除上述两种保函外，还可根据其他功能和用途的不同，分为其他种类的保函，如投标保函、补偿贸易保函、来料加工保函、技术引进保函、维修保函、融资租赁保函、借款保函等。

## （二）国际保理

### 1. 国际保理的定义

国际保理又称为承购应收账款。指在以商业信用出口货物时（如以 D/A 作为付款方式），出口商交货后把应收账款的发票和装运单据转让给保理商，即可取得应收取的大部分贷款，日后一旦发生进口商不付或逾期付款的情况，则由保理商承担付款责任，在保理业务中，保理商承担第一付款责任。

### 2. 国际保理业务有两种运作方式

即单保理和双保理。前者仅涉及一方保理商，后者涉及进出口双方保理商。国际保理业务一般采用双保理方式。双保理方式主要涉及四方当事人，即出口商、进口商、出口保理商及进口保理商。

### 3. 国际保理各当事人之间的关系

不同的国际保理其参与的当事人是不同的。在国际双保理的情况下，会形成出口商与进口商、出口商与出口保理商、出口保理商与进口保理商、进口商与进口保理商之间的四层关系。

一是出口商与进口商之间是货物买卖合同关系。

二是出口商与出口保理商之间是根据出口保理协议建立的一种合同关系。出口保理协议是国际保理交易中的主合同。依该协议，出口商应将出口保理商协议范围内的所有合格应收账款转让给出口保理商，使出口保理商对这些应收账款获得真实有效而且完整的权利，以便从实质上保证应收账款是有效的和具有相应价值的，并且不存在也不会产生任何障碍。

三是出口保理商与进口保理商之间是相互保理合同关系。进出口保理商之间应签订的相互保理协议，双方的关系具有债权转让人与受让人间的法律关系，即出口保理商将从供应商手中购买的应收账款再转让给进口保理商，即再保理而形成法律关系。

四是进口商与进口保理商之间是一种事实上的债权债务关系。从法律意义上说，进口商与进口保理商之间没有合同上的法律关系，但由于进口保理商最终收购了出口商对进口商的应收账款，只要出口商与进口商之间的买卖合同或其他类似契约未明确规定该合同或契约项下所产生的应收账款禁止转让，保理商就可以合法有效地获得应收账款，而无须事先得到进口商的同意，与进口商之间事实上形成债权债务关系。

## （三）福费廷

福费廷指改善出口商现金流和财务报表的无追索权融资方式，包买商从出口商那里无追索地购买已经承兑的，并通常由进口商所在地银行担保的远期汇票或本票的业务就叫作包买票据，音译为福费廷。

其特点是远期票据应产生于销售货物或提供技术服务的正当贸易；完成包买票据业务后，出口商放弃对所出售债权凭证的一切权益，将收取债款的权利、风险和责任转嫁给包买商，而银行作为包买商，也必须放弃对出口商的追索权；出口商在背书转让债权凭证的票据时均加注"无追索权"字样，从而将收取债款的权利、风险和责任转嫁给包买商。

福费廷业务主要提供中长期贸易融资，利用这一融资方式的出口商，应同意向进口商提供期限为6个月至5年甚至更长期限的贸易融资；同意进口商以分期付款的方式支付货款，以便汇票、本票或其他债权凭证按固定时间间隔依次出具，以满足福费廷业务需要。除非包买商同意，否则债权凭证必须由包买商接受的银行或其他机构无条件地、不可撤销地进行保付或提供独立的担保。福费廷业务是一项高风险、高收益的业务，对银行来说，可带来可观的收益，但风险也较大；对企业和生产厂家来说，货物一经出手，可立即拿到货款，占用资金时间很短，无风险可言。因此，银行做这种业务时，关键是必须选择资信十分好的进口地银行。

## 第二节　电子信用证业务发展状况

随着经济与科技的发展，贸易与结算规则日趋完善，更加现代化和科学化。20世纪90年代，国际商会新规则的出台，促进了贸易和结算向规范化和标准化方向迅速发展。银行结算与电子信息技术结合，使开证、通知、寄单、索偿、结汇、调拨等结算环节的计算机化程度加深。并与电子数据互换结合起来，成为近几年的发展趋势。

### 一、英国 Bolero 电子信用证系统

以伦敦作为主营业所在地的电子商务公司开发的管理系统 Bolero 是一个开放、中立、高度安全、合法的，以互联网为支持、核心信息平台为主构架的电子网络，致力于消除纸上贸易。使用者签署协议成为成员后，通过互联网交换单据、核查数据、完成贸易过程。注册申请后，允许在线转让货物所有权。Bolero 提供的电子信用证支付方式起始于承运人通过核心电信平台按发货人的要求签发的一份电子提单，Bolero 权利注册系统将一个信用证项下的所有信息（包括电子提单、电子保险单、电子商检证书等）捆绑到一起（以下称

为捆绑提单），并根据指示确定提单的持有人；捆绑提单信息的流转是通过当前捆绑提单持有人向权利注册系统发出指定另一提单持有人的指令来进行，发货人指定银行为提单持有人时，银行应完成信用证项下垫付货款责任；银行再指定买方为提单持有人时，买方应完成付款赎单责任。当最后收货人成为捆绑提单的持有人时，他可以将捆绑提单通过电子手段交回给承运人或承运人指定的其他人，并要求提货。

## 二、美国Tradecard电子信用证系统

美国纽约市的电子商务公司的Tradecard系统，其运作流程包括交易撮合、货物运输、货款支付等几个阶段。Tradecard除提供电子市场撮合契约外，其付款审核单据机制整合Co-face付款保证机制与Thomas Cook汇兑转账机制，建置创新的财务供应链管理，整合谈判、订约、付款及运送的信息管理作业，都大幅降低了贸易文件使用成本。同时，Tradecard系统将贸易中使用的电子文件作为买卖双方履约运送及付款的查核参考，避免了实体交易上贸易文件的使用及其电子化所面临的困扰。

## 三、加拿大CCEWeb电子信用证系统

加拿大电子商务软件公司开发了CCEWeb系统，该系统将信用证的功能和信用卡相结合，集成了基于互联网的贸易支付、贸易流程和单证管理等多项功能，可进行全球贸易。该系统的核心是单据清算中心，其功能类似于银行的融资部，将贸易、运输、保险、融资等各类单据集中处理并进行传递。信用证项下的支付通过单据清算中心进行，运作方式和银行处理信用证交易一样，单据清算中心将检查信托受益人所提交单据的表面一致性，并在支付受益人后结束整个交易过程。CCE Web系统提供了一个安全的电子交易平台，但是CCEWeb系统没有提供一个权利登记中心来实现买卖双方之间的物权转移。

# 第三节  电子信用证业务流程

信用证是一个极其复杂的体系，完全意义上的电子信用证的成功运作，需要银行、买卖双方等各方系统的全方位电子化协同运作。电子信用证应该是集电子开证、电子通知、电子交单、电子审单、电子支付全过程的电子化运作，是信用证运作全过程、各环节的电子化。

## 一、电子信用证的开立与通知

### （一）电子信用证的开立

电子信用证的发展趋势是从信用证开立到通知完全实现电子化。首先，国际货物买卖双方当事人在合同中明确同意用电子信用证方式付款。然后买方在自己的计算机系统上生成开证申请书或者登录到开证行的网页上下载银行提供的通用格式，通过互联网将电子开证申请书发送到开证银行的计算机信息系统。

### （二）电子信用证的通知

在信用证的通知方面，和信用证的开立一样，几乎所有的银行间与信用证有关的指示均可用电子方式传送。开证行依照客户的授信额度，通过内部作业系统和外部网络系统的接口将信用证直接发送到受益人的计算机接收系统，或者通过受益人所在地的往来行通知受益人。在后一种情况下，开证行可以通过银行之间的内部作业系统将信用证发送到通知行的计算机信息系统。通知行只要将该电子信用证转发到受益人的电子信箱，即完成了信用证的通知步骤。

这样，原先从开证申请到通知一般需要七天左右的时间，而在网上操作后可以缩短到一天甚至是一个小时，这无疑为进出口双方加快商品交易速度提供了最大的方便。由于现行的惯例及 UCP 早就允许以电子形式开立和通知信用证，因此 E-UCP 并未涉及有关电子开立或通知信用证的问题，在这方面也没有什么新的法律问题出现。不论采取哪一种方法，都会涉及信用证的证实问题，通常是由网络系统加以证实。

## 二、电子信用证的传输方式

在开证工具上，目前世界上 80% 的信用证都是通过 SWIFT 系统，即环球金融信息交换系统开立的，仅有很少的信用证使用电传系统甚至是纸面形式开立。但是，即使是使用

SWIFT 系统开立的信用证，客户提交的开证申请书一般还是纸质的文档，通知到客户手上的信用证也是银行打印出来的。

通过 SWIFT 系统进行的电开信用证和电子通知信用证可谓电子信用证的最初形态。现在，SWIFT 已制定了针对 E-UCP 信用证的标准。由于缺少具体的规则指引，现在 SWIFT 的七类标准都不提供开证行遵照 E-UCP 的标准方式，也就是说，依照 SWIFT 开立的信用证不能自动适用 E-UCP。由于基于超文本链接的标准已能全部支持 E-UCP，因此，SWIFT 也发布了一个针对 E-UCP 的指引，但是该指引由于过于原则和抽象，在实践中并不能起到太大的指导作用，还有许多问题是该指引本身所无法解决的。同时，SWIFT 已开始开发制定一系列的基于 XML 技术的贸易融资标准，该标准覆盖贸易合同链的全过程，未来的 SWIFT 贸易融资标准将会完全支持 E-UCP。但是以 SWIFT 方式开立和通知信用证仅限于电传、电报以及相对封闭的 EDI 系统运作，电子化程度相对较低。

### 三、电子信用证单据的交付

出口商收到经过网络系统证实的电子信用证后，将该信用证内容通过互联网立即发到出口商已经联系好的航运公司、货物运输代理、保险公司以及商检机构等，要求这些服务机构根据信用证的内容和实际货物情况，出具电子单据，例如电子提单、保险单以及质检单等。

待货物装运后，这些服务机构也可以通过互联网将单据提交给出口商，出口商汇集信用证所需的所有单据。此时，出口商有两种选择，他可以直接通过互联网将这些单证发送给开证行，请求付款，也可以交给议付行请求付款。但从国际贸易实践来看，买卖双方之所以采用信用证方式付款，更多的是出于对风险的防范，也就是对买方资信的不信任，特别是在对买方所在地银行的资信状况不够了解的情况下。

卖方往往选择将这些单据发送给议付行，进行议付。在进行电子交单时也会遇到一些特殊问题，总结如下。

#### （一）单据的正本与副本

电子记录方式下的正本与副本的要求，截然不同于纸制单据下的正本与副本之分，据 E-UCP 规定，仅提交一条电子记录，应视为已满足了 UPC 和 E-UCP 信用证对一份或多份正本或副本电子记录的要求。

#### （二）交单方式

根据 E-UCP 的规定，在采用电子交单时，电子记录可以分开提交，无须同时提交。也就是说，对于分开提交,E-UCP信用证所需的电子记录并不构成不符点。同时，若E-UCP信用证允许提交一条或多条电子记录，受益人有责任向接受交单的银行提供表明交单完毕

175

的通知。如果银行未收到受益人的此项通知，将被视为未曾交单。这也是在纸制单据下交单方所没有的义务。

### 四、电子信用证单据的审核

当开证银行通过互联网直接接收出口商提交的单据时，需要审核单证、单单是否相一致，UCP 500 规定开证行审核电子单据的时间为七个工作日。在使用互联网提交单据时，由于信用证内容越来越格式化，并且可以通过计算机预先设置的程序进行审单，这样所需要的时间将会明显缩短。需要注意的是，当出口商将有关单据发送到通知行的计算机信息系统时，通知行仍必须按照《跟单信用证统一惯例》的要求审查单证、单单是否一致，并议付出口商开立的汇票。同时，电子审单也需要注意一些特殊问题。

#### （一）对单据中嵌套记录的处理

如果所提交的电子记录包含了一个通向外部系统的超级链接或表明电子记录可以参照某一外部系统审核，则所链接或参照的外部系统中电子记录应被视为是需要审核的电子记录。

#### （二）银行不能审单的处理

开证行或保兑行（如有）不能审核 E-UCP 所要求格式的电子记录，或者在没有格式要求时所提交的电子记录，都不构成拒绝理由。

#### （三）拒绝后单据的处理

如果开证行、保兑行（如有）或作为其代理的被指定银行对包括电子记录的交单做出拒绝，在发出拒绝通知 30 天内未收到被拒绝方关于电子记录的处理指示，该银行应退还交单人以前尚未退还的所有纸制单据，但可以任何合适的方式自行处理该电子记录，而不承担任何责任。

由于电子单据的内容与格式更加标准化和规范化，银行对电子单据审核的工作量会大大减少，信用证单据的审核会更多地依赖计算机信息系统自动完成。此外，通过电子方式开立信用证并采用电子方式审单，有助于提高电子单据的正确性，不符合率会大大减少，提高单据审核的速度，节省审单的时间。

# 第四节　国际电子支付

## 一、国际电子银行

### (一) 电子银行的概念

根据中国工商银行《电子银行业务管理办法》，电子银行业务是指银行通过面向社会公众开放的通信通道或开放型公众网络，以及为特定自助服务设施或客户建立的专用网络等方式，向客户提供的离柜金融服务。主要包括网上银行、电话银行、手机银行、自助银行以及其他离柜业务。

电子银行业务主要包括利用计算机和互联网开展的网上银行业务，利用电话等声讯设备和电信网络开展的电话银行业务，利用移动电话和无线网络开展的手机银行业务，以及其他利用电子服务设备和网络、由客户通过自助服务方式完成金融交易的业务，如自助终端、ATM、POS等。电子银行是金融创新与科技创新相结合的产物。

### (二) 电子银行的形式

电子银行根据是否有具体的物理营业场所划分为两类。

1. 世界首家网络银行——安全第一网络银行

这又被称为虚拟网络银行或纯网络银行。这类网络银行，一般只有一个具体的办公场所，没有具体的分支机构、营业柜台、营业人员。这类银行的成功主要是靠业务外包及银行联盟，从而减少成本。

2. 由传统银行发展而来的网络银行

这类银行是传统银行的分支机构，是原有银行利用互联网开设的银行分站。它相当于传统银行新开设的一个网点，但是又超越传统的形式，因为它的地域比原来的更加宽广。许多客户通过互联网就可以办理原来的柜台业务，这类网络银行的比重占网络银行的95%。

### (三) 电子银行基本组织形式

网上支付要求金融业电子化，电子银行的建立成为大势所趋。

由一家银行总行统一提供一个网址，所有交易均由总行的服务器来完成，分支机构只是负责接受现场开户申请及发放有关软硬件的工作；以各分行为单位设有网址，并互相连接，客户交易均由当地服务器完成，数据通过银行内部网络连接到总行，总行再将有关数据传送到其他分支机构服务器，完成交易过程。

## 二、国际电子支付工具

国际电子支付工具的发展主要体现为信用卡的发展与变化。

### （一）EMV 的迁移

EMV 是指由 Europay、Mastercard 和 Visa 三大国际信用卡组织联合制定的金融集成电路（IC）卡金融支付标准。而 EMV 迁移则是指银行卡由磁条卡向集成电路（IC）卡转移，采用安全性和功能性更高的智能 IC 卡来代替磁条卡。

### （二）依靠 CRM 客户关系管理发行信用卡

CRM 是正在兴起的旨在改善企业与客户之间关系的新型管理机制，运用于企业销售、服务、技术支持等与客户有关的各个方面。利用 CRM 系统，银行能搜集、追踪和分析每一个客户的信息，根据客户需要研制信用卡产品。

### （三）非核心处理业务将进一步外包

国外发卡机构尤其是小银行多依靠专业服务机构为其处理非核心业务，有效降低了银行的运作成本。电子商务兴起后，一些网络服务供应商还通过追踪消费者的网上消费动态，建立自己的客户信用评估系统、数据处理系统。这使得小银行无须巨额投资，通过利用专业化机构的资源优势购买客户，就能发行高质量的信用卡。

### （四）网上信用卡势不可当

网上银行出现以后，客户可通过电子银行开户表，输入相关信息，用打印机打出开户表，签名后连同存款支票或汇款等方式存入银行。几天后客户就能收到银行卡。美国运通银行通过在网上颁布会员优惠计划和旅行服务优惠发展客户，已成为美国第二大受欢迎的网上信用卡公司。

## 三、国际电子支付安全协议

由于电子货币在发展中存在立法滞后所引起的法律问题、电子数据的法律效力问题、电子货币的监管问题以及电子货币安全问题，国际电子支付安全协议的重要性越来越凸显。SSL 协议和 SET 协议是国际上通行的两种电子支付安全协议。

## （一）SSL 协议

1. SSL 协议的概述

安全套接层协议（SSL）是 Netscape（网景）公司推出的一种安全通信协议。SSL 对网络服务器与客户之间的通信提供安全连接，即对整个会话进行了加密，从而保证信息传输的安全性。

SSL 协议是一种保护 Web 通信的工业标准，能够对信用卡和个人信息、电子商务提供较强的加密保护。主要目的是服务互联网的安全通信，提高应用程序之间数据的安全感系数。在 SSL 中，采用了公开密钥和私有密钥两种加密的方法。

SSL 在客户机和服务器开始交换一个简短信息时提供一个安全的握手信号。每个计算机都要正确识别对方。

2. SSL 安全协议在信用卡支付中的作用

买家在商家订货后，将经过加密的信用卡信息传递给商家服务器。

商家服务器对接收到的信息的有效性和完整性进行验证后，将买方的信用卡信息传递给业务服务器或第三方处理系统。

业务服务器验证商家身份后，将买方加密的信用卡信息传递到安全的地方解密，然后将买方信用卡信息通过安全专用网络传送到商家银行。

商家开户银行与买方信用卡发行联系，确认信用卡信息的有效性。得到证实后，将结果传送给业务服务器，业务服务器通知商家服务器交易完成或拒绝，商家再通知买方。

交易过程的每一部都需要交易方以数字签名方式来确认身份，买方和商家都需使用支持此业务的软件。

数字签名是买方、商家在注册系统时产生的，不能修改。买方信用卡加密后的信息一般都存储在所使用的计算机上。

3. SSL 协议的优点和缺点

（1）优点

SSL 协议能保证信息传输中的安全。SSL 协议对所有通信都加密后，窃听得到的是无法识别的信息。

（2）缺点

一是 SSL 协议有利于商家而不利于客户。按照 SSL，客户购买的信息首先发往商家，商家再将信息转发给银行，银行验证客户信息的合法性后，通知商家付款成功，商家再通知客户购买成功，并将商品寄送客户。因为客户的信息首先传到商家，商家阅读后再传到银行，这样，客户资料的安全性就得不到保证；二是 SSL 协议虽能保证资料信息传递的安全，但在信息被传递的过程中，信息是否被送人或截取，就无法保证了。

可见，SSL协议没有实现安全电子交易所需的保密性、完整性等方面的要求。

### （二）SET协议

1. SET协议概述

在电子商务环境中，客户（持卡人）希望在交易中对自己的账户信息进行保密，商家则希望客户的订单不被否认；在交易过程中，交易各方都希望验明他方的身份，以防被骗。基于这些情况，由美国Visa和Master Card两大信用卡组织联合微软、网景、IBM等多家科技公司，于1997年10月合作制定了应用于互联网的以银行卡为基础进行在线交易的安全标准，这就是"安全电子交易"。它提供了消费者、商家和银行之间的认证，确保了交易数据的安全性、完整可靠性和交易的不可否认性，成为目前公认的信用卡/借记卡的网上交易国际安全标准。主要应用于B to C模式中保障网上购物信息支付信息的安全性。

SET使用的安全技术包括对称密钥系统、公钥系统、信息摘要、数字签名、数字信封、双重签名、认证技术等。

2. SET协议的信用卡支付流程

持卡人请求订单，并验证商家身份；商家返回空白订单，并传送商家证书。

持卡人发送给商家一个完整的订单及支付指令，订单和支付指令由持卡人进行数字签名，同时利用双重签名技术保证商家看不到持卡人的账号信息；支付指令包含信用卡信息，说明持卡人已经做出支付承诺，这是SET协议的核心。

商家接受订单后，利用其中的客户证书审核其身份，并将双重签名的订单和支付指令通过网关和金融专线，向发卡行请求支付认可，批准交易，发卡行返回信息给商家；批准即意味着银行承诺为持卡者垫付货款，货款并未真正到账。商家将支付批准信息返回持卡人，确认其购买并组织送货，完成订购服务。

在线商店接受订单后，向消费者所在开户银行请求支付认可。信息通过支付网关到收单银行，再到电子货币发行公司确认。批准交易后，返回确认信息给在线商店。商家可请求银行立即将支付款转移到商家账号，也可以成批处理。

可见，SET协议充分发挥了认证中心的作用，以维护在任何开放网络上的电子商务参与者所提供信息的真实性和保密性。

3. SET协议的优点和缺点

（1）SET协议的优点。

维护电子参与者所提供信息的真实性和保密性。与SSL协议相比，SET协议更加符合网上交易的国际安全标准。网上银行采用SET协议，确保交易双方身份的合法性和交易的不可否认性，使商家只能得到客户的订购信息，而银行只能获得有关的支付信息，保证了交易数据的保密性、完整性和不可否认性。

(2) SET 协议的缺陷。

协议提供了多层次的安全保障，但显著地增加了复杂程度，因而变得昂贵，可操作性差，实施起来有一定的难度。

### 四、国际电子支付模式

国际电子支付主要是依赖网上支付系统。

#### （一）NPS 支付系统

NPS 网上支付系统是一个提供给全世界的商家进行电子商务的支付平台，为各行业各地区的商家提供一个更方便进行网上交易的工具，是联结消费者、商家和金融机构的桥梁，实现了 Internet 上的支付、资金清算、查询统计等功能。实行跨行跨地域、提供国内国外多种银行卡的网上交易和网上支付服务。

1. NPS 支付系统的特点

通过二次结算模式，创造出良好的、使买卖双方彼此信任的交易环境。在买卖双方发生纠纷时，NPS 可为仲裁机构提供交易存证，保证判决的公正性；接入简便，有升级保障，自动化程度高；多银行，多卡种，多支付方式；专业性强。

2. NPS 的主要功能

（1）自动订单查询。

如果通过"NPS 网上安全支付平台"进行网上交易的过程中，存在支付后不能取货的情况，或是需要核实网上支付订单处理的情况，可以通过本系统查询，NPS 客服部会及时处理请求，在一个工作日内通过 EMAIL 给予答复。

（2）在线汇款。

为实现客户实时转账的需要，使客户能够随时随地掌控自身财富，可对在网上注册 NPS 的所有账户（会员、NPS 商家、NPS 代理商）进行同城和异地转账汇款服务。同时还可以对交易明细和各类交易信息进行查询。

3. NPS 的支付接口

（1）NPS 支付接口是一个互联网实时服务平台。

此平台提供安全、多方式、多语言及多种货币的支付服务，已经有多个著名机构使用。

（2）客户端整合。

此方法的好处是便捷。另外，系统提供支付处理流程接口，商户只需进行简单连接，便可在极短的时间内运作。

4. 安全保密性

从商家网站上向 NPS 提交支付订单、发起交易时，采用了 128 位的 SSL 安全加密（客户的浏览器要支持 128 位安全加密，NPS 网站上提供升级下载链接），保证了传输数据的信息安全。

NPS 支付通道服务器安装了服务器证书，增加了客户对 NPS 网站的信任感。对支付订单、交易信息中的各项数据进行数字签名和高强度加密。NPS 接收到商家提交过来的支付请求后，验证商家的数字签名，校验加密数据；生成支付反馈结果信息时，也采用数字签名和高强度加密算法进行数据加密，确保数据的安全。

订单支付成功后，实时反馈结果，同时采用 E-mail、商家客户端软件即时消息通知、商家支付结果反馈路径三种方式通知商家相关管理人员与系统，保证了支付结果反馈的准确性。

5. 网上支付技术处理流程介绍

生成订单；将订单发送给 NPS 系统；NPS 系统对请求数据进行解密；验证签名有效性；选择银行进行支付；NPS 系统接收银行信息；订单信息、支付信息和签名加密信息组成通知信息；NPS 系统用 E-mail 给商家发送支付结果；商家进行解密，完成签名校验。

## （二）移动支付平台

移动支付也称手机支付，是用户使用其移动终端（通常是手机）对所消费的商品或服务进行账务支付的一种服务方式。它首先在发达国家被应用，随后在全球推广。在构建手机支付应用过程中，最关键的是构建包括支付网关、客户钱包、商家账号和结算系统等为主的移动商务服务器。

1. 移动支付的运营模式涉及多种形式

网络运营商独立运营；银行独立运营；网络运营商与金融组织联合运营；技术供应商参与运营；第三方运营商独立运营。

2. 移动支付的方式

（1）联动优势移动支付。

联动优势科技有限公司（以下简称联动优势）是中国移动、中国银联的合资公司。联动优势作为专业化的移动支付服务商，旨在为中国移动用户提供手机钱包服务，为广大商户提供方便、快捷的支付渠道，扩大中国商业银行的银行卡使用环境。

"手机钱包"是通过把客户的手机号码与银行卡等支付账户进行绑定，使用手机短信、语音、WAP、K-Java、USSD等操作方式，随时随地为拥有中国移动手机的客户提供移动支付通道服务。使用该通道服务，可完成手机缴费、手机理财、移动电子商务付费等个性化服务，具体包括：查缴手机话费、动感地带充值、个人账务查询、购买彩票、手机订报、购买数字点卡、电子邮箱付费、手机捐款、远程教育、手机投保、公共事业缴费等多项业务。它通过工商银行、民生银行开通，提供手机缴费、软件服务、影视宽频、远程教育、报刊订阅等服务功能。

(2) 捷银支付。

上海捷银信息技术有限公司（以下简称捷银）成立于21世纪初，是一家致力于移动支付领域的专业公司。拥有自主知识产权的移动支付平台，同时负责移动支付系统的建设和全方位运营。

捷银移动支付是手机用户将自己的手机号和拥有的个人银行账号绑定后，通过手机购买商品或者服务，所需话费的金额从绑定的银行账户中扣除。提供话费充值、公用事业费缴费（仅上海地区开通）的服务功能。

### （三）支付宝

1. 支付宝流程

支付宝在处理用户支付时有两种方式。

一是买卖双方达成付款的意向后，由买方将款项划至其所在支付宝账户（其实是支付宝在相对应银行的账户），支付宝发电子邮件通知卖家发货，卖家发货给买家，买家收货后通知支付宝，支付宝于是将买方先前划来的款项从买家的虚拟账户中划至卖家支付宝账户。

二是支付宝的即时支付功能，"即时到账交易（直接付款）"，交易双方可以不经过确认收货和发货的流程，买家通过支付宝立即发起付款给卖家。

2. 支付宝模式中的法律问题

一是商业许可、法律地位；二是支付宝在网络交易行为中的责任。

## 五、国际电子资金划拨

随着计算机在金融领域的应用，银行在一定程度上已能将现钞、票据等实物表示的资金转变成由计算机中存储的数据表示的资金，将现金流动、票据流动转变成计算机网络中的数据流动。这种以数据形式存储在计算机中并能通过计算机网络使用的资金被形象地称为电子货币，其赖以生存的银行计算机网络系统被称为电子资金划拨系统。

### （一）小额电子资金划拨与大额电子资金划拨

电子资金划拨系统分为小额电子资金划拨系统与大额电子资金划拨系统。小额电子资金划拨系统是为广大消费者服务的电子资金划拨系统，所以又称为零售电子资金划拨系统，主要有自动柜员机与销售点终端设备。ATM安装于银行营业厅内外，供银行客户存取现金。POS则是安装于大型商场或零售商店中、与银行主机联网的多功能终端，供消费者将其银行账户的资金划拨至商户的银行账户。ATM与POS的运行都离不开信用卡。信用卡的插入与个人密码的输入是ATM与POS运行的必要条件。小额电子资金划拨主要涉及银行客户与银行之间的关系。

### （二）贷记划拨与借记划拨

大额电子资金划拨与票据支付存在重要区别。票据在出票以后，一般是通过银行以外的途径传送的，票据支付的银行程序开始于票据的收款人向银行提示票据。这种由收款人发动银行程序的资金划拨，称为借记划拨。而在大额电子资金划拨中，发动银行程序的是付款人，它向银行发出支付命令，指示银行借记自己的账户并贷记收款人的账户。这种由付款人发动的银行程序的资金划拨，称为贷记划拨。

### （三）大额电子资金划拨的当事人

大额电子资金划拨均为贷记划拨，因此大额电子资金划拨的当事人即贷记划拨的当事人，包括以下几类人。

1. 发端人

即向银行签发最初支付命令者，他是付款人，往往也就是债务人，其支付命令启动了电子资金划拨的银行程序。

2. 发端人银行

如果发端人不是银行，发端人银行是发端人支付命令的接收银行；如果发端人是银行，发端人本身同时就是发端人银行。无论发端人与其支付命令的接收银行事先是否存在账户关系，发端人支付命令的接收银行都是发端人银行。

3. 受益人

即发端人在支付命令中指定的收款人，往往就是债权人。

4. 受益人银行

受益人银行是受益人在该行的账户根据支付命令被贷记的银行；或支付命令没有规定贷记受益人账户时，则是以其他方式向受益人支付的银行。同样，无论受益人与向其支付的银行事先是否存在账户关系，向受益人支付的银行都是受益人银行。

5. 中间银行

中间银行是既非发端人银行又非受益人银行的接收银行。在一项电子资金划拨中，中间银行可以没有，也可以有一家或多家。

另外，大额电子资金划拨的当事人中，还有发送人与接收银行这两个概念，这两个概念是一个总称：发送人是向接收银行发出指令的人，而接收银行是发送人指令发往的银行。发端人、发端人银行及中间银行都可以是发送人；而发端人银行、中间银行及受益人银行都可以是接收银行。大额电子资金划拨进行的过程，就是发送人签发支付命令，接收银行接受支付命令与执行支付命令的过程。

### （四）大额电子资金划拨的业务程序

大额电子资金划拨的业务程序为：发端人与受益人签订合同，约定通过电子资金划拨方式支付款项；发端人向发端人银行签发支付命令；发端人银行接收支付命令；发端人银行接受支付命令；发端人就支付命令向发端人银行做出支付；发端人银行签发支付命令；中间银行接收支付命令；中间银行接受支付命令；发端人银行与中间银行结算；中间银行签发支付命令；受益人银行接收支付命令；受益人银行接受支付命令；中间银行与受益人银行结算；受益人银行贷记受益人账户，以此向受益人支付。

### （五）大额电子资金划拨当事人的权利与义务

1. 大额电子资金划拨当事人的权利与义务产生的时间

大额电子资金划拨中发送人与接收银行的权利和义务，产生于接收银行接受发送人的支付命令之时。一旦接收银行接受了发送人的支付命令，支付命令的发送人与接收银行就都受支付命令的约束，承担相应的义务并享有相应的权利。接收银行的种类不同，做出接受的方式也不同。

2. 大额电子资金划拨当事人的权利与义务的主要内容

当支付命令被接受时，接收银行的种类不同，产生的权利与义务也不同。受益人银行以外的接收银行接受支付命令以后，接收银行承担对发送人的义务；受益人银行接受支付命令以后，受益人银行承担对受益人的义务。接收银行接受支付命令以后，支付命令的发送人的基本义务，是向接收银行支付该命令的金额；接收银行的基本权利是要求发送人支付被接受的支付命令的金额。发送人的权利是使它的支付命令，在正确的时间，按正确的金额，向正确的地方得到执行；受益人银行以外的接收银行的义务是向中间银行或受益人银行签发一项自己的支付命令以执行收到的支付命令，受益人银行的义务是向受益人支付。对受益人银行与受益人来说，在接受了支付命令以后，受益人银行有义务就支付命令付款，而受益人有权利得到付款。

### （六）大额电子资金划拨损失责任的承担

1. 诈骗损失的承担

诈骗是指第三人以银行客户的名义，向客户的银行签发一项支付命令，指示从客户的账户划拨一定数额的款项到自己或其同伙的银行账户。这就产生了两个问题。一是如何防止诈骗;二是在不能找到诈骗人时,损失由谁来承担。在票据支付中,通过核对签字或印鉴即可有效地防止诈骗的发生,但是在电子资金划拨中,这种方法无法使用。

2. 错误支付命令的损失承担

错误支付命令是指在支付命令的内容上存在错误,或在支付命令的传递中出现了差错,主要有支付命令错误指定受益人、支付金额错误、支付命令重复等几种情况。美国《统一商法典》第4A编规定,除非发送人能够证明:它遵循了与接收银行间关于检测错误支付命令的安全程序;接收银行没有遵循安全程序。如果接收银行遵循了安全程序,错误本来能够检测出来,则因错误支付命令导致的损失应由发送人承担。

3. 间接损害赔偿问题

在电子资金划拨没有完成,或者银行未执行、迟延执行、未适当执行支付命令的情况下,每一个发送人,包括电子资金划拨的发端人,以及在电子资金划拨链中支付命令的每一个后继发送人,是否有权主张间接损害赔偿,这是一个长期争论的问题。

# 第十一章 国际贸易程序简化

## 第一节 国际贸易程序简化含义

### 一、国际贸易程序简化的原因

随着科学技术与经济的快速发展，国家与国家之间的经济关系越来越紧密，世界经济已经成为一个不可分割的整体。几乎所有国家都参与到世界经济活动中。这就是所谓的经济全球化。在经济全球化过程中，国际贸易正快速发展，世界贸易量大幅增加，这为我们提供了新的机遇和挑战。了解和掌握国际贸易程序简化和标准化，对于促进国际贸易非常重要。

中国自21世纪加入WTO（世界贸易组织），无须再一年一度地与美国和欧盟等国家谈判贸易最惠国待遇问题。美国、欧盟等国家也因此取消了对进口我国产品的配额、许可证等限制，促进了我国国际贸易的快速发展。加入WTO后，我们应全面了解和掌握WTO的规则，只有这样，才能在竞争中处于不败之地。消除了WTO缔约国之间的关税壁垒，为我国的外贸出口带来了新的机遇和挑战，但非关税壁垒特别是技术壁垒将长期存在，并将成为我国企业进入国外市场的重要障碍。贸易技术壁垒与技术法规以及标准紧密相连，因此，我们不仅要了解掌握WTO的规则和国际贸易惯例，同时还应了解和掌握国际贸易技术壁垒存在的原因、历史、现状、所构成的内容和解决办法。技术壁垒通常以技术法规和标准形式出现。国际贸易程序简化的目的就是使国际贸易交易中的手续、程序、文件、操作简单化和标准化。

国际贸易标准化组织是一个全球性的非政府组织；是目前世界上最大、最有权威性的国际标准化专门机构，其宗旨是："在全国范围内促进标准化工作的开展，以促进国际货物及服务的流通和交流，并扩大在知识、科学、技术和经济方面的合作。"联合国贸易简化与电子业务委员会是另一个专门从事研究、制定、发布和推广国际贸易程序简化与标准化的机构，其宗旨就是消除国际贸易中的技术壁垒，促进全球国际贸易的发展。

国际上开展贸易程序简化工作已有30多年的历史。在20世纪50年代末，联合国欧经会的贸易发展委员会召开了第一次贸易程序简化会议。从那以后，大量的贸易程序简化建议和标准陆续由欧经会贸易发展委员会的国际贸易程序简化工作组提出。该工作组就是后来负责制定 UN/CEFACT 标准的著名的第四工作组；第四工作组所提出的一部分建议已经成为国际标准化组织的标准，这些建议在国际贸易领域中引起了一场贸易伙伴间业务实践的变革，其中电子数据交换的发展对纸面文件的生成和处理产生了根本的影响。

贸易程序简化是贸易发展的决定性因素和企业发展的根基。它以优化商业实践的各种建议和标准、信息管理和传送工具的发展，以及再工程化技术处理的使用为基础，贸易程序简化可以理解为过去 30 年间在全球范围内逐渐被大中型企业所普遍接受的有力的信息管理概念，并且在国际性业务、公共事业和私人企业中的各个方面得到了广泛应用。贸易程序简化同时还具有开创新的国际贸易市场、扩大现有市场以及提高市场效率的潜在作用。

## 二、国际贸易程序简化的概念

国际贸易的运作产生了大量贸易、运输和支付的信息交换，在这条链上，存在着出口商、进口商、海关、银行、代理商、保险和其他实体。它们都在生成、传送、接收、处理、校验、修正和补充与贸易货物有关的许多信息元素。比如为完成一票货的托运，要涉及两个或更多国家的近 50 个实体，每次货运平均生成 50 个种类 360 份文件。直接参与国际贸易操作的人们都知道，要完成所有这些纸张工作、表格和程序，非常烦琐和费时。

在北欧从 20 世纪 50 年代修改出口文件起，就开始了减少和简化纸张文件的工作，很快就被公认为是一个国际上的努力方向。从那以后，通过在全球范围的积极促进，这项工作得到了很好的进展。从行政和商业两方面考虑，大家公认，发展贸易必须将减少单证、简化程序以及统一标准化文件和信息同时考虑在进程框架内，在国际贸易中，只有当这些工作在国际范围内推广实施，并且所有有关政府部门和国际组织都同意在发展可行的解决方案时精诚合作，贸易程序简化活动才可能取得效果。

因此，欧经会开始致力于在欧洲地区为该工作提供一个适宜的工作平台，并在后来逐渐成为全球范围内的领导者。

### （一）该工作组将其主要工作集中于两个方面

分析国际贸易中各参与方使用所需信息如法律、行政、商业等进行贸易的形式和程序；发展能替代传统纸面文件的、先进的贸易信息传递方法（计算机处理和电信传递）。

### （二）贸易程序简化、贸易过程及运输紧密相关

其关系可以描述如下：

寻求改进贸易程序，帮助政府和贸易参与方提高效率和效果，缩短时间、降低成本。这包括消除国家和国际上那些降低贸易运输效率、引起迟缓和不合理成本的要求，减少对世界贸易中日益增加的参与各方的"人为"障碍。

通过探索，及与有关各方和管理部门的合作，降低纸面单证的成本。以降低成本、统一国际贸易中的信息文件格式和进行有关简化工作，促进各国在国际贸易中的参与活动。

对国际一级的行政、商业和运输的信息流（无论是电子的还是纸面的）传递格式进行标准化，为日益增长的国际贸易提供信息的基础结构。在不阻碍国家工业发展和外贸增长的前提下，确保货物管理和服务机构的信息流通，帮助国家运用更快、更完善的运输和通信手段并获得效果。

总之，贸易程序简化可以定义为："在收集、提供、传递和处理纸面或电子数据时，通过简化、合理化，及时取消有关贸易程序，改善各组织在其领域内交换产品和提供服务的能力。"

### 三、国际贸易程序简化的目标

国际贸易程序简化包括国际贸易业务相关的手续、程序、单证和操作。其目标是简化、协调和标准化，使国际贸易业务办理比以前更为简便、快捷和节省成本。为实现这一目标，简化需要有关各方共同协商。

#### （一）简化

简化就是消除手续、文件和程序中所有多余成分和重复操作的过程。

简化的典型事例有：基于联合国单证格式、国际商会海运提单及欧盟统一管理单证之类的预定格式，将数份经营管理单证合并为一份。

#### （二）协调

协调就是按国际公约、标准和惯例对本国的手续、程序、操作及单证进行调整。

协调的典型事例有：国家为避免船舶及船上人员财产不必要的损失而遵循国际海事组织《关于简化海上运输的国际公约》，以及援引《国际贸易术语解释通则（INCOTERMS）》以代码形式指称国际公认的贸易条款。

#### （三）标准化

贸易简化中的标准化就是对惯例和程序、单证和信息在国际范围内统一形式的开发过程。

贸易简化标准化的典型事例有：联合国贸易单证格式，联合国关于行政、商务和运输的电子数据交换标准，以及针对国家、货币和地点的国际标准。

应当指出，在国际贸易和运输简化过程中，技术标准的使用也是非常重要的因素，如货运集装箱的 ISO 标准。

为了确保在某一交易环节引入解决方案不会对其他部分造成困扰，必须以协同配合的方式推进简化进程。在找到解决方案之前，无论在民间企业还是在政府机构，都必须明确各方需求，并最好由直接参与交易环节的当事方对其需求进行说明。

### 四、国际贸易程序简化的应用

国际贸易技术壁垒出现的形式多种多样且更为隐蔽。美国、欧盟等 WTO 成员方对于技术壁垒调查的实践表明，技术壁垒主要表现为以下几种形式。通关环节壁垒；对进口产品歧视性地征收国内税费；进口禁令；进口许可；技术性贸易壁垒；卫生与植物卫生措施；贸易救济措施；政府采购中对进口产品的歧视；出口限制；补贴；服务贸易方面的壁垒；与卖方有关的知识产权措施；其他壁垒。

其中通关环节壁垒是最大的技术壁垒，它通过进口国有关当局在进口商办理通关手续时，要求其提供非常复杂或难以获得的资料，甚至包括商业秘密资料，从而增加进口产品的成本，影响其顺利进入进口国市场；通关程序耗时冗长，使应季的进口产品（如应季衣服、农产品等）失去贸易机会；对进口产品征收不合理的海关税费。

## 第二节 国际贸易程序简化机构

### 一、全国性贸易简化机构概述

UN/CEFACT 在 1999 年 3 月举行的第 5 次会议上，正式通过第 4 号建议书《全国性贸易简化机构》的修订版，鼓励建立全国性的贸易简化机构，以便推动国际贸易程序简化和标准化工作。鉴于 1974 年以来在贸易和运输领域因政治、经济和技术进步所引发的诸多变化，UN/CEFACT 对该建议书进行了修改。

在第 5 次会议上，UN/CEFACT 批准对该建议书进行如下修改．

UN/CEFACT 建议各国政府建立和支持全国性贸易简化机构，统筹兼顾民间企业和政府机构，以便改进措施，使国际贸易降低成本和改善效率，协助推进上述措施，确定本国的协调中心，以收集并发布国际贸易简化的最佳实践信息，以便提高贸易简化水平和效率。

政府及贸易经营人在监管和控制货物运输、业务交接及相应的资金流动时，需要在国际贸易中办理诸多手续、程序和处理大量的文书工作。这些工作保证了各国征收关税和控制跨境运输非法毒品、武器、保护物种、有害废弃物及其他受控产品的要求，并满足了经营及统计所需的信息。

但是管理机关经常无视一些变动会对贸易总体成本和效率所产生的影响，并擅自修改或增加手续、程序和单证，其后果往往成为贸易界的一种经济负担。成本以及跨境交易相关的不确定性，加上官方法规和执行的差异，都将制约国际贸易的发展。这样的情况使许多企业，尤其是中小企业，都对国际贸易望而却步。即便商业团体或政府部门的需求相互之间可能有抵触，但也有可能对手续和流程进行简化而不对相关任何一方的基本权益造成损害。

为了保持本国经济在国际上的竞争力，有关国家应当对简化和缩减手续、程序、单证，引进相关的协商机制。许多国家和行业机构都已经提出与贸易相关的信息流和物流的改进措施，这些措施包括国际公约、标准、建议和指南。

UN/CEFACT建议各国政府建立全国性贸易简化机构就是为了上述目的。到目前为止，成立全国性贸易程序简化机构的国家和地区有：奥地利、孟加拉国、比利时、巴西、保加利亚、捷克共和国、丹麦、爱沙尼亚、法国、德国、芬兰、匈牙利、冰岛、印度、爱尔兰、以色列、意大利、日本、肯尼亚、韩国、荷兰、尼日利亚、挪威、波兰、罗马尼亚、俄罗斯联邦、塞内加尔、西班牙、斯里兰卡、瑞典、瑞士、坦桑尼亚、泰国、赞比亚、文莱达鲁萨兰国、哥伦比亚、加拿大、中国台湾地区、加蓬、中国香港地区、印度尼西亚、马来西亚、马耳他、蒙古、中华人民共和国、菲律宾、新加坡、斯洛文尼亚、南非、土耳其、英国、美国、新西兰、澳大利亚。

## 二、全国性贸易简化机构指南

经济全球化和贸易自由化为包括发展中国家在内的所有国家和经济体在转型期间提供了在世界经济中发挥更加积极作用的机会，同时为国际贸易的增长提供了前所未有的动力。而缺乏有效和透明的贸易相关服务是一个主要的障碍。

### （一）各国的国际贸易对于本国经济至关重要

这需要高效的"门到门"物流服务链，简化的贸易手续、程序和操作，还要加上一个支持国际贸易的海关当局。这就意味着需要进行结构化的变革，推动改进贸易和运输惯例，尤其是在使用现代技术方面以及在海关操作和程序方面的改进。

有效运用现代化运输方式和交接设施，起到减少实际壁垒和制度障碍并简化法定体制的作用，也是有效改善国际贸易和运输作业必要的先决条件。不仅要关注改善运输网络物质配置的措施，更重要的是重视提高运输经营及辅助业务性能方面，在政府机构和运输服务供应商以及国际贸易和运输的用户之间引进全新的关系方面的措施。

过时的程序、复杂且非标准的单证，会导致交易成本增加，造成货物运输不必要的延误。新的惯例适当利用现代运输服务链和信息技术，不仅能够起到减少成本的作用，还可以创造新的机会和市场。计算机化可以对一些程序方面和单证处理方面的问题提供解决方案。但是，对以涉及监控国际贸易流通多方事务的计算机化，则只有首先对现行的行政和商务惯例进行深入改革才能获益。

为使企业界和本国经济的行政费用缩减到最低限度，必须通过引进简化程序、理顺并统一单证处理和计算机化来改进通关手续。完成了这方面的改革，海关的表现就会像为贸易商提供服务的一方，即通过高效快捷的进出口货物清关来协助国际贸易，又不会使国家财政受损。

提高国际贸易的效率需要结合"门到门"物流服务、贸易简化、海关改革和自动化的一系列对策及措施。不仅涉及国际贸易事务（含货物运输）的经济、商务和操作等方面，还要涉及其他一些有关运输简化（包括货物中转责任）方面的问题。

### （二）三个主要参与方的关系

这些对策和措施的实施，意味着需要考虑到与本国贸易和运输密切相关的三个主要参与方相互衔接的作用，三方可以一起为业务成长发展伙伴关系。

政府（如运输部、贸易部、财政部，包括海关以及其他相关机构）掌握国家有关贸易和运输法规的制定和实施。

服务提供商（承运人、货运代理人、多式联运经营人、金融机构、保险公司等）在本国和国际贸易以及运输业务框架中提供面向市场的贸易和运输解决方案。

贸易方案和运输服务的用户（出口商和进口商），可以在其处理国际贸易事务时从这类解决方案中获益。

## 三、全国性贸易和运输简化委员会

全国性贸易和运输简化委员会（NTTFC）是一个正式建立的机构。因为涉及国际贸易和运输的所有相关参与方都能提出各自的问题，并通过共同协商取得共识，寻求相互都能认可的解决方案。所以，NTTFC 所起到的作用就像一个促进简化的行业协会间的协商会议，研究国际贸易和运输法规，编写建议书，并使主要的贸易和运输问题明朗化。

NTTFC 是一个协商机构，这个机构产生由委员会相关成员自愿采用或推行的建议措施或对策。

### （一）NTTFC 的作用

全国性贸易和运输简化委员会的作用是促进贸易和运输业的现代化，以支持本国的国际贸易。

### （二）NTTFC 的具体目标

为国际贸易和运输所用的手续、程序和单证处理的简化（简化目标）提供一个全国性的协商机制；提出运输和贸易相关法规与惯例的草案（制度化目标），上报政府审批；编制有关未来运输和贸易投资政策的建议书（发展策略目标）；增强运输和贸易简化的条例和效益意识（培养目标）。

### （三）为实现以上四个具体目标，需要进行的工作

1. 简化目标

确保在国际贸易和运输简化领域的正常协作；以简化和协调的观点保持对包括多式联运在内的国际贸易所需程序的审核；收集和发布有关国际贸易和运输手续、程序、单证处理及相关事项的信息；贯彻以联合国格式为基础进行的贸易和运输单证简化和定位体系，

包括为用于计算机或其他自动系统所设计的单证；推广采用标准化的贸易和运输技术，以及贸易和运输信息的国际代码体系（EDI 通信）。

2. 制度化目标

根据商务法典或其他法律文本，以及现行法规和惯例对相关义务、民事责任、金融和多式联运（包括集装箱）规章进行审核、注解、更正并提交政府审批；与相关各方合作，并通过管理渠道跟踪那些最终报批核准的相关法规和惯例；检查依照国际贸易和运输简化的协定是否能为本国取得效益，这些国际协定包括《联合国海上货物运输公约》《国际货物多式联运公约》《京都公约（关于简化和协调海关程序的国际公约)》、1972 年《集装箱海关公约》和《集装箱临时入境公约》。

3. 发展策略目标

审核多式联运投资（如可能需要的集装箱内陆通关堆场）政策内容，并在适当情况下推动运输和贸易技术/投资（如 EDI 技术）的引进和开发；作为全国性协商机构，提出有关区域和国际多式联运机构的发展问题（如本公司的国际责任范围、政府责任和设施管理、合资企业等）。

4. 培养目标

组织针对政府机构中的政策制定者和高级决策者、国有企业和运输经营人、海关及其他管理机构，进行宣传简化单证处理和程序的效益和必要性的相关活动；为政策制定者、高级决策者、中低层运输业务经理组织并提供系列专题研讨会，使其认识到国际贸易和运输的原理、惯例及其连带关系；在初步认识计划之后，继而组织短期参观活动，由技术专家提出如何改进贸易事务、如何使运输物流通畅和如何从简化中获取最大效益。

### （四）NTTFC 的成员

NTTFC 的成员由来自全国所有关键的贸易参与方构成，既有来自政府机构的代表，也有民间企业。

主要的（并非完整）公共机构组织，它们都是主管或负责政策、监管和控制有关全国贸易和国际运输业务的机构，包括劳工部、运输和交通部（包括码头经营人）、财政部（特别是海关）、贸易部、全国承运人协会（包括货运代理人协会）、全国运输用户协会（进口商、出口商、托运人协会）等。全国金融机构协会、全国保险公司协会和各国的国际商会。

### （五）NTTFC 的机构设置

NTTFC 由 20～40 名政府机构和民间企业的代表组成。有一个专项委员会负责制定政策供委员会取舍。

这个专项委员会参与方的数量有所限制（10 个以下），由最为相关的单位（运输部、贸易部、财政部，加上民间关键的企事业单位：银行、保险、运输经营人、运输用户等）

发起组成。专项委员会可以基于委员会的特别要求组建特别工作组来统筹相关工作，还可以发挥现有机构的有利条件，例如根据最初的第 4 号建议书建立的贸易简化机构。这些工作组的提案由相关的行业单位起草，专项委员会的任务就是为委员会编制文件，对其决策过程提供协助。

因专项委员会的成员都是各相关单位的正式员工，只能期望他们以有限的时间投入专项委员会的文档编写工作。因此应当考虑适当配置技术秘书，其职责应当是保证专项委员会的日常工作，为 NTTFC 的会议准备文件。

### （六）NTTFC 工作计划

委员会应制订并实施其工作计划：推进协调的全国贸易和运输法规，并组织贸易简化和多式联运培训活动；设计贸易简化和多式联运问题的政策与解决方案，尤其是关于口岸的日常管理问题、内陆运输及海关相关问题；在全国范围推进 EDI 系统的开发。

委员会应定期（如每年 2～3 次）召开会议，或按主席或任何成员的要求召开会议。指定作为主席的政府部长应当主持委员会的会议。商会的代表可以担任执行秘书，并由 NTTFC 的技术秘书予以协助。

## 四、我国全国电子业务标准化技术委员会

我国的国际贸易程序简化机构成立于 1995 年，秘书处最早设在商务部计算机中心。其工作章程基本采用 UN/CETACT 第 4 号建议书提供的指南。由于该机构的主要任务就是研制与 UN/CETACT 建议书、标准和技术规范相对应的中文版本的标准，并在全国范围内实施和推广它们，因此，大部分工作都是由中国标准化研究院来承担和完成。

1999 年 10 月我国的电子业务标准化技术委员会（TC83）正式成立，秘书处设在中国标准化研究院，同时我国的国际贸易程序简化机构被 TC83 替代。TC83 的工作业务直接对口 UN/CETACT，工作范围包括 EDI、国际贸易数据交换、国际贸易单证格式和文件格式、电子商务和政务标准化。经过有关科研人员的辛勤努力，目前已经研制出一大批符合我国国际贸易程序简化的国家标准，建成了我国 EDI、国际贸易数据交换、国际贸易单证格式、电子商务和电子政务标准体系。

## 第三节　国际贸易程序简化方法

### 一、海运单证简化程序措施

#### （一）概述

国际贸易中，买方和卖方都有对等的责任，即卖方交付货物的责任和买方支付货款的责任。而且，地理和政治、法律和金融等要素脱节，导致了一种商务惯例的建立，就是将支付与"推定"交货关联，而不是与实际交货关联。在这种关联中，"推定"交货是根据卖方向买方转交由独立的第三方（货物的承运人）签发的"运输单证"而被认定生效的。这份单证具有一种法律效力，使之可以对货物进行物权转让，也可使之具有商务或更为简化的效力，仅对货物的控制权进行转让。

20世纪60年代，随着集装箱化货物的海运和多式联运的出现，"多式联运单证"被开发出来，它只是证明多式联运合同的文件，并可以在适用法律所许可的范围内由电子数据交换报文所替代，而且可以以可转让方式签发，或者列明指定的收货人，以不可转让的方式签发。在1979年3月举行的UN/CEFACT第9次会议上，批准通过了第12号建议书《海运单证简化程序措施》，向国际贸易参与方，包括船舶所有人、收货人、银行和保险公司承保人及其他海上货运相关各方，以及政府、有关国际组织及各国贸易简化推进组织正式发布。

在1991年3月举行的UN/CEFACT第33次会议上，批准通过了有关法律问题的工作计划的提案，促进关注包括上述建议书在内的"先期批准的各项建议书"。

提案指出，第12号建议书试图在官方和商务惯例中进行某种变更，以便尽可能减少可转让运输单证的使用，并鼓励转而使用海运提单或其他不可转让的运输单证；鼓励只用一份正本运输单证；鼓励使用背面空白的和标准的运输单证，从而避免因最终目的地单证晚到而引起的问题。鉴于采用的正本单证处理，在1991年3月第33次会议上，程序和单证专家主导的研究就强调了对第12号建议书进行修改的需要，并由UN/CEFACT的下属机构国际贸易程序工作组进行了修改。

UN/CEFACT在其1999年3月举行的第5次会议上，通过以下建议：一是国际贸易参与方，包括船舶所有人、收货人、银行和保险公司承保人及其他海上货运相关各方都应当接受并实施简化措施；二是政府、有关国际组织及各国贸易简化推进组织接受并鼓励简化措施的实施，并应报告实行本建议书所采取的动向。

## （二）范围

《海运单证简化程序措施》旨在简化、合理化和协调在海上运输中用于证明货运合同的程序和单证。

《海运单证简化程序措施》适用于基于托运货物证明合同，或承办船舶货运以及相关程序的单证。在适当情况下还适用于多式联运。《海运单证简化程序措施》不适用于租船合同，但可适用于租船合同项下订立的提单及类似单证。

## （三）定义

《海运单证简化程序措施》的定义如下。

### 1. 海运单

证明海上货物运输合同和货物已由承运人接管或装船，以及承运人保证据以向单证指定的收货人交付货物的不可转让单证。

### 2. 提单

证明货物运输合同和货物已由承运人接管或装载，以及承运人保证据以交单放货的单证。

### 3. 联运提单

证明两地间分段运输并至少有一段为海运的运输合同，以及签单承运人据以承担联运提单所述运输责任的提单。

### 4. 正本提单

指定为提单正本的提单。

目前，在我国的各主要贸易港口都建立了 EDI 中心，出口贸易运输绝大部分都采用了 EDI 技术，并推广 UN/CEFACT 第 12 号建议书《海运单证简化程序措施》和不可转让海运提单的使用。

# 二、进口清关确定法律问题简化程序措施

## （一）概述

UN/CEFACT1976 年确定了国际贸易程序简化相关的法律问题，并随之进行了更加全面的研究，一个小型专家组的工作形成了《贸易简化法律问题综述》，记述了一些已知的问题，明确了与之密切相关的参与方，并建议可能有助于加速解决问题而收集资料的方法。

UN/CEFACT 意识到海关合作理事会已在《关于简化和协调海关程序的国际公约》（以下简称《京都公约》）的附件中。鼓励海关当局加速货物清关的特别措施，同时意识到进

口当局关注的主要是所提交信息的完整性和准确性,而非其呈现形态,问题则常常集中于对满足辅助信息的需求上。回顾了已经进行特别程序的一些国家。不再要求对货物进行详细的实际查验,并在进口地点呈交正式凭证,允许经过核准的进口商直接将货物送到其自己的场所,有时还以延期支付为条件,这些条件包括以下几项:一是可以检验货物;二是必要时即可办理进口清关并呈交符合要求的辅助凭证;三是保留这类信息,以便后续检查;四是保证支付安全并保证对货物负责。

UN/CEFACT 还回顾了正在进行改进的国家规章制度,或者是考虑到电子或其他自动方式的数据传输而对"单证"和"签名"的术语设定更加宽泛的定义。

### (二) 建议

建议各国政府进一步推广各项简化国际贸易程序措施;建议各国政府注意《京都公约》条款;建议各国政府研究并评估接受按照特定标准以电子或其他自动技术传输数据的可能性;建议各国政府与欧洲经济委员会就其研究沟通各自观点;建议起草上述建议书及所附的研究报告提请海关合作理事会和关税及贸易总协定的考虑。

### (三) 进口程序和需求

#### 1. 程序

关注进口货物和验放的进口管理当局有多方考虑,而其需求通常具体表现在法定表格之中。但是,他们常常会根据某项法案获取相当宽泛的权利去制定细则。这种细则通常就会要求一份正式的单证,一份进口申报单,应当由进口商或其货物代理人呈交。这份申报单可能会出现不同的格式,取决于以下几项:一是进口的性质(纳税货物、加工/补偿和再出口货物、库存货物等);二是国家的要求,比如对空运、海运要用不同的专用表格;三是关税同盟或类似集团的规定。

海关申报的主要目的是使任何应收的税费或其他款项都能得到核查和征收,特别是要控制本国限制进口的货物,如通过使用许可证、配额或其他管制措施,并要经常提供信息,编制贸易统计。它们还要对因违反要求而采取的法律行动提供依据。由于海关申报单要满足如此之多的不同目的,常常就成为一份非常复杂的单证,并且不得不附上各种辅助单证,如商业发票副本(或专门的海关发票)、价值申报单、进口许可证、原产地证书或其他为申请减免税费进行辅助的单证。呈交海关申报单及任何必要的辅助单证的责任由货物的进口商或其代理人(报关代理、传播及货运代理、报关行等)承担。

#### 2. 需求

进口申报单所需的信息要由进口商或其代理人通过不同的来源收集,并且能够按照以下分类进行广泛的记述:一是货物——包装、货名、价值、数量、原产地;二是相关参与方——进口商、发货人、代理人;三是运输——运输方式和运输工具、装货地点和卸货地点、集装箱编号；四是特别条款——许可证、配额、库存货物。

在出口商发货之前或之后不久，申报人可能从商业发票、包装记录单和提单获取其中的一些信息，特别是在一旦获取这些信息就立即进行传输的情况下，例如，通过电传发送商业发票数据或通过计算机连接发送运输单证数据。运输信息有时只是在货物实际到达时才能得到，而运输单证常常可能由国际货运车辆的司机随车携带。一旦掌握托运货物的详细资料，进口商就应清楚地知道特别条款，并应按照要求自行负责确保取得进口许可证以及原产地证书、检疫证书等。在某些情况下，进口商还要求为征收应付费预付准备金。

### （四）辅助凭证问题

一系列的贸易简化问题并非产生于进口清关需求本身，因为对于在货物清关地点成交的单证，可以在进口国填写和验证。当然，困难可能起因于单证填写是否正确。但是，法规常常要求额外的辅助凭证，以满足进口管理当局的要求。增加呈交辅助凭证以及对其进行验证与核查的要求，看起来更像是贸易壁垒。

单证发生问题主要在于以下几点。一是商业发票，通常必须签名，有时甚至要进一步验证；二是海关发票或领事发票，同样要签名和验证；三是原产地证书，需要签名和验证；四是检疫、重量或其他性质的专用证书。

单证处理的许多数据内容对于进口管理当局进行有效的进口清关是至关重要的。但是，必须实现的是进行识别、验证、分类和估价的需要。毫无疑问，对书面单证及签名的正式要求迎合了正当的需要，这已被历史所证实，但是正在变革的环境需要对需求进行重新评估。在任何情况下，单证的价值并非全部在纸张本身，而在其记载的信息。书面单证的优势在于耐久不变、稳定可靠，而且即使对这种单证另加信息也不会丧失其原本的固有性质。尽管书面单证的信息常常可能缺失，或可能部分不准确，甚至有错，也仍然保持着其主要特征。但问题是书面单证本身不适合快速的数据传输。

### （五）进口程序的改进

进口海关通常只有在收到进口申报并同意出货后才会放货。但是，随着货运方式（滚装运输、集装箱运输）的变化，海关当局已经采取了各种特别的措施，在呈交简化的申报单的基础上，到内陆点提交完整的申报，才允许办理货物接管，其目的是从机场、港口、边境邮局加速出货。

海关当局对进口货物特别处理方式的发展已经发生了根本的改变，并反映出关系到自然地理、口岸布局和发展、运输流量和变化、贸易需求和管理效率等方面所带来的不同压力，迫使管理当局在经费或其他限制能力范围内，重新部署资源和调整程序。海关当局以计算机和传真的方式参与数据和单证传输，这样一种变革的姿态也随之日益提高。

### （六）ADP 系统

部分海关管理机构对于改变传统的程序为电子或其他自动信息交换的积极性，在某种程度上已经与签名和凭证问题密切相关。在执行和管理方面事先就已明确两个主要的要求：一是必须保证法定要求得到执行；二是必须核对单证的真实性。

呈交经过签名的申报单是一项法定要求，对不一致、内容错误和欺诈性违规人申报单都有具体惩罚措施。

大部分海关管理机构都要承担执行法律赋予的责任，保证关税收入，防止欺诈和瞒报或漏税。某些情况下，法庭要求提供指控的合法证据，而缺少签名的单证，原则上被认为是会给胜诉带来困难的。某些国家的法律意见目前倾向于，当单证的签名仍为值得保留的证据要素时，除非绝对罪案，其缺失可由其他证据进行弥补。

可是，如果传统单证让位于电子或其他自动信息交换，则还有必要保证国家的司法部门批准修订法规，就可以采用新技术设定这种责任（输入设备、输入安全识别卡、安全密码系统）。

### （七）书面单证方案

必须认识到，即使当大批交易数据通过非书面方式传输时，也可能会遗留一定数量的纸面单证。在这种情况下，对传真收发设备善加利用就是对应的方案，或者可以对海关当局所需的事务系统进行扩充，借此可在收到全部辅助单证之前就予以放货，单证则在规定时间内出具后再进行办理。

1. 各种选择方案

传真件保留了正本单证大部分的效用，但由于费用高昂，使其不太可能被作为证据接受。常用的电传能确定来源，但在数据内容的准确性方面不理想。

电子数据传输快速有效，在某些情况下获益良多。相对于数据在纸上的永久呈现，通过各种电子传输的数据在传输过程中被转换为电子信号，并且必须重新转换为可视形式。然而，为了核查，可能还要在两端进行打印输出，一些控制方法正在开发，并已逐渐为法律所接受。这种数据传输方法的使用正在日益扩大，并在某些条件下提供更迅速和更可靠的选择方案。

2. 在急需更加有效地进口清关的情况下，必须进行的工作

至关重要的是需要进口管理机构对数据准确性和完整性的验证；需要进口申报单和在进口地点承担进口税费、数据和货物正确性责任的人员；需要法定安全措施；需要提供解决方案，使进口清关更为有效，既保留传统的书面单证，也坚持发展更为先进的程序。

### （八）合理的解决方案

使用磁带进行进口、统计信息的申报。与港口、边境邮局的快速放货程序相连；接受进口程序所需的传真信息或计算机传输数据，以便可以及早放货；接受通过传真输送进口申报所需的辅助单证；为贸易商将计算机系统与海关系统相连进行进口申报提供方便；在

涉及多个国家的贸易参与方的情况下，接受由进口国计算机联机出具的出口发票；接受内陆直接出货方案，以递交简单申报、税费缓交安排和在贸易商场所执行稽查性质的监管为条件；扩大准许货物临时清关的业务范围，前提条件是及时出具所需单证的正式法定承诺；在法律许可的情况下，使用符合贸易规范的出口单证；海关方面合理地接受以贸易单证提供海关所要求的专用信息，以取代更多的正式进口申报单，尽管目前这在美国和其他一些国家尚无定论；研究对本国法律进行必要的修改，认可在计算机上存储证据信息首先是对计算机进行输入的准确记录；研究避免除常规单证向海关当局开放数据验证时可选的方法。

### 三、贸易单证认证简化程序

#### （一）概述

UN/CEFACT 工作会议已经明确了牵涉到因需要验证用于国家贸易交易数据或单证的签名而在国际贸易数据流方面产生的某些法律问题。国际商会召集了一个非正式专家团队对这些问题展开了研究，指出以不同、可选的验证方式取代签名的可能性。

长期以来，国际贸易的一个要求就是某些单证必须通过签名才能交易。目前，远离纸面单证处理转而进行电子或其他自动信息交换的传输方式日益增多。当以这种方式发送信息时，就不能以同样的传输完成一项签名。有意见认为，少了一项签名，就减少了信息的价值和真实性，而且通过机器传输的信息是不可接受的，除非由一份经过签名的单证加以证实。签名的需求无疑已经成为国际贸易简化的障碍。

#### （二）手工签名程序

1. 某些国家法律对签名所采取的一些司法判定

书面签名不能由指纹、首字母、标记（印章）或画叉组成；已婚妇女以其丈夫名字出具的签名、根据假名（笔名）或以商务名称或借助于影印方式也可被承认为合法的签名。首字母是否同样有效，还存有质疑，但画叉、指纹、印章、在打印信函印花、加盖或冲压名章确非签名；即使在遗嘱中的签名能够通过个人惯用标记编辑，也不可能认同；在名字可以辨认时，正确和完整的签名就得以认定成立，无论是否为签字人惯用的字体。但考虑书写字符的构成也是必要的，否则会缩减为标记。

就证据而言，法律把握的是签名的特定状态。签名是同意、要求或核准的外在形态。立法的原意是通过签名这一绝对事实对签字人进行约束，并以其自身的行为来获取证词；一盘记有录音的磁带，相当于一段已知的案情，法官可以从中得出结论，借助磁带做出推定。

2. 签名的功能

贸易单证的签名有三个主要用途：一是确定单证来源，即制单人；二是确认单证中的信息；三是构成签单人为单证信息正确性和完整性负责的证据。

3. 签名的需求

无论是国际公约还是各国的法律，可能都要求一项签名作为具有正式法律效力的证据。它可能有专门的用途，也可能只不过是根据商务惯例所做的要求。在强制要求的场合签名都是必需的，除非修改或废止法律。为了使通过电子方式传输数据像合法单证一样被法律接受，必须选用验证方法取代签名。

通常情况下，对以下几个方面会有影响：一是贸易；二是运输；三是金融；四是官方。

问题主要出现在"流转的单证"，通常称之为"运输单证"，即只传输发货单据的单证必须用于目的地的货物清关。实际上货物也随带某些单证，如船舶的载货清单或危险品清单，这些单证不可能构成问题。还应当想到，一些单证可能与更多地参与方相关联，不只是单证的最初发送方和最终接收方。

## （三）手工签名的替代方法

对签名的要求关系到书面单证的使用。电子及其他自动数据传输方法越来越多的使用，意味着需要寻找数据及其来源的新的约定方式。一些国际公约及其他政府间协定已被采纳，或正在起草，它们都考虑到了这些发展。

可用方法如下。

1. 电传

应答码系统对识别数据来源和接受约定似乎能给予足够的安全保障。

2. 远程复印

这种方法已经使用，但可能费钱而且耗时。现在的技术进步表明可以显著减少传输时间，假以时日，有可能成为主要的替代方法。

3. 磁带传输

这种方法的使用正在稳定增长，无论对内部系统还是公司间信息交换，都被证明非常可靠。

4. 计算机到计算机的传输

这种方法越来越受欢迎和信赖。随着电子数据交换技术在国际范围的发展，这种方法有望成为国际电子数据传输的标准方法。

5. 计算机打印输出

这种方法具有值得关注的地方，是在出口和进口地点对应拷贝打印输出的延伸使用。

## 四、有关国际贸易程序简化措施

### （一）概述

尽管近年来国际贸易业务有了重大的发展，但在许多国家中货物贸易和服务的自由流动依然存在相当多的障碍，尤其是发展中国家和正在进行转型的国家。这些障碍对国际贸易造成不必要的额外成本和纠纷，从而阻碍国家和企业从国际贸易中获益。

UN/CEFACT 第18号建议书为国际贸易的简化和协调提供了一套全面的关于国际最佳惯例和标准的建议，从最初的商务单证到支付方式和官方监管措施以及货物运输。单证反映了当前贸易惯例的变化，而正在发生的变化又促使采纳电子商务工具和相关业务模式。涉及电子商务的具体建议体现了 UN/CEFACT 对贸易简化所做的努力的价值和希望所在，并鼓励商务伙伴进行电子化交易以推进这些措施，减少或避免托运货物交付的任何不必要的延误。

为理解国际贸易中商务交易关键要素的复杂性，UN/CEFACT开发了国际供应链模型。基于这一模型开发了具体措施，涵盖了商务交易过程的关键因素。这些要素主要分为四大类，它们是商务措施、国际支付措施、官方监管和运输相关措施。

要了解国际贸易的复杂性，就要有一个清楚的供应链模型，使用国际上认可的建模技术，从而完整地制定出必要的贸易简化措施，为 UN/CEFACT 各个工作组正在进行的标准化工作和实施贸易简化行动提供支持。这也是在为将来建立更简化、更可靠的国际供应链铺平道路。它们基于国际商务交易都要包含的商务、运输和支付过程这一前提，提出了真正简化的供应链模型。与模型中的流程相关的建议措施分为以下3类：一是购买——适用于所有与订购货物相关的商务活动；二是运输——用于所有实际运输货物的作业，包括官方监管；三是支付——适用于所有涉及支付货款的业务。

### （二）简化措施

1. 总则

UN/CEFACT 第18号建议书依据的前提条件是，在符合官方法律要求的情况下，所需时间、所用程序以及所涉及的费用都是可预见的、透明和无差别的。而且，UN/CEFACT 第18号建议书基于以下的指导原则，可以使用上述一类或多类的建议措施。这些指导原则包括程序和数据要求、单证和信息技术。

2. 程序和数据要求

程序数量应保持在最低限度；程序应面向商务处理，并与贸易和运输要求有更紧密的结合；程序应当是简化的、协调一致的，并应符合国际标准；要求的数量应保持在最低限度；数据应当是简化的、协调一致的和标准的，以方便信息的流通；法律规定和其他有关程序和数据要求的信息应当便于所有参与方访问。

3. 单证

要求的单证数量应保持在最低限度；单证应当符合 UN/CEFACT 第 1 号建议书《联合国贸易单证式样》；应当接受使用普通纸张，直接或看似由自动或计算机系统打印生成的单证；不应要求呈交辅助单证；书面单证（如发票）的手写签名及其等效手续尽可能消除。

4. 信息技术

共同实行以电子信息交换或电子单证取代书面单证的移交策略；对信息和通信技术以及由此产生的电子化解决方案的采用应当予以鼓励。对电子单证和标准格式的使用应当予以支持。验证的需求可以通过技术方案实现：无须要附带签名和书面验证文件。

5. 第 1 类措施——商务措施

供应链管理是为了满足市场需求，对货物的供给、制造/装配、仓储、运输和支付进行纵向和横向集成的处理策略。

主要目标是通过信息系统自动和集成的方法，减少各环节中业务人员的数量，减少中间环节或缓冲存储和订货到交货的时间。这些都可以通过全面协商和长期合作，利用专业机构加以实现。

物资流通越来越多地由中间服务提供商承担，其往往会提供准时在指定地点向客户交付货物的成套服务，即第三方国际物流服务提供商。

快速发展的电子商务以取代传统书面信息的电子报文(单证)和电子数据处理为标志。它为复印和重复循环的例行程序提供了精确性，而传输和处理的时间降至几分之一秒不足为奇。此外，电子商务提供更为透明的市场环境和支持更快反映行情的流程。按时交付已成一般惯例。

6. 第 2 类措施——国际支付措施

在对各种支付方式都加以考虑的时候，焦点就对准了来往账户，反映出国际贸易中使用这一支付方式的扩大趋势。为便于推广，措施直接按照贸易商国际银行、各国政府和国际组织进行划分。这一方法强调，只要对最佳措施给予更大的关注，就可能有重大改善。就此而言，有两项建议的确需要在国际上取得一致，一项是国际标准化组织（ISO）；另一项是世界贸易组织（WTO）。

7. 第 3 类措施——官方监管

贸易自由是经济发展的一个关键因素。在许多情况下，有关方便和加快跨境货物流通的意见一般得不到反映，自由和运输业还在遵循一些妨碍新的贸易和运输发展方案和增加交易环节不必要成本的程序与手续。

但是对跨境货物的许多监管是对各国和国际公共利益的正当反映。税收必须征收，危险品、有害废弃物及核材料需要监控，而违禁药物也必须禁止。

应当在持续合作的基础上建立民间和政府利益之间必要的平衡。事实上，各管理机构都与为进行贸易简化所需的协调和透明行政密切相关。海关管理当局对简化和协调海关制度的国际公约进行修订，有助于世界各地海关制度和管理更为紧密的配合。

8. 第4类——运输相关措施

安全可靠地将交易的货物从供应商向其客户进行实际的转交，是一宗商业交易取得良好结局的基本要求。

因此，运输是国际贸易中的主要功能之一，而且与运输相关的程序在其效率方面极为重要。这些程序主要涉及对运输的选择和约定、确定保管货物的责任以及与之对应的保险范围、装载货物的记录、采取的告知措施以及对提供服务的支付要求。

除运输经营人和承运人之外，当货物在出口商和进口商之间的途中时，货运代理人、报关代理人以及港口、仓库和货运集散场站经营人所扮演的一个基本角色就是提供中间服务。有时候，这些服务只在中间地使用，但更为常见的还是用于国际贸易货物运输的起运地和最终目的地。所用的运输单证反映业务活动的主要方面，可分为两类：合同单证和收货单证。

# 第十二章 国际服务贸易

## 第一节 国际服务贸易含义

### 一、国际服务贸易的概念及特征

#### (一)国际服务贸易的含义

从一般意义上来说,国际服务贸易是指不同国家之间所发生的服务买卖与交易的活动。这一词最早出现在 1971 年经济合作与发展组织的一份报告中,并且美国在其 1974 年贸易法中首次使用了这一概念,因此在 20 世纪 70 年代后期,"服务贸易"便成为共同使用的贸易词汇。

然而,由于服务贸易本质的复杂性,对于这一概念国际上并没有达成统一的共识。直到 GATT 的乌拉圭回合谈判,经过谈判各方的共同努力,终于达成多边国际贸易体制下第一个有关服务贸易的框架性法律文件《服务贸易总协定》,使得服务贸易有了较为准确和统一的定义,因此具有一定的权威性和指导性,并且为世界各国所普遍接受。具体来讲,《服务贸易总协定》在其第一条中指出服务贸易有以下四种形态。

1. 跨境交付

跨境交付是指服务提供者从一成员方的领土向任何其他成员方领土内的消费者提供服务。如通过卫星、电信、互联网等实现的视听服务。这种服务形态强调买卖双方在地理界限上的不同,跨越国境的只是服务本身。

2. 境外消费

境外消费是指服务的提供者在一成员方领土内向来自其他任何成员方的消费者提供服务。如接待外国旅游者、接收外国留学生等。这种服务形态的特点主要是消费者到境外去享受境外服务者提供的服务。

3. 商业存在

商业存在是指一成员方的服务提供者在任何其他成员方领土内通过"商业存在"(建立任何形式的商业或专业机构)的方式为后者领土内的消费者提供服务。如开设商店、律师事务所或建立分支机构等。这种服务形态有两个主要特点：一是服务的提供者和消费者在同一成员的领土内；二是由服务的提供者到消费者所在国的领土内提供服务。

4. 自然人存在

一成员方的服务提供者以自然人的身份在任何其他成员方的领土内提供服务。如艺术家出国演出、专家学者出国讲学等。这种服务形态强调服务提供者以个人身份在消费者所在国家提供服务，其与商业存在的主要区别是服务提供者没有设立商业机构或专业机构。

以上四种服务提供方式的定义并不是服务贸易具体部门的划分，事实上，许多服务贸易部门都可以同时具有以上各种服务提供方式。

### （二）国际服务贸易的特点

与传统的国际货物贸易相比，国际服务贸易有以下特点。

国际服务贸易提供的是服务活动，不是货物与货币的交换，而是服务与货币的交换，其交易标的一般具有无形性。

在国际服务贸易的交易过程中，由于服务的提供者和消费者从属于不同国家和地区，因此服务的生产和消费过程具有国际性。

在国际服务贸易中，服务的提供与生产、销售和消费是同时发生的，这是由服务的不可储存性决定的。

在国际服务贸易中，价值和使用价值通常是分离的，二者不能同时发生转移。而在货物贸易中，商品的价值和使用价值是同时转移的。

国际服务贸易的统计要比货物贸易困难。许多国家和国际组织在各国国际收支平衡中反映的服务贸易的进出口情况的数据往往是失真的、偏小的，而货物贸易的统计数据是通过各国海关来实现的，因此是相对真实的。

## 二、国际服务贸易的产生及发展

随着世界经济的不断发展，各国的产业结构也将不断进行调整，逐步由第一产业过渡到第二产业，再由第二产业向第三产业过渡，这样就产生了服务业及服务贸易。可以说，国际服务贸易的产生与发展是与世界经济的发展及国际分工的产生有着密切联系的。

### （一）国际服务贸易的产生和初步发展

在工业社会以前，人类处于以农业生产为主导经济的社会阶段。在该阶段，人们主要从事农业、狩猎、渔业等利用自然资源的行业的生产，劳动方式以简单的体力劳动为主。这一时期的社会财富取决于土地、矿产和资源的可支配性，以及气候条件的优劣，因此社会劳动生产率极其低下，以家庭为基本生产单位、以手工为主要生产方式的自给自足的小农经济在社会中占主导地位，生产的目的主要是为满足家庭生活需要而不是交换。

到了工业社会阶段，首先产生的大都是以农牧业产品为原材料的轻工业，如棉纺、毛纺、粮食加工、食品、酿酒、制糖、卷烟、造纸、木材加工等，后来逐渐发展出具有地方市场的制造工业，工业活动在社会活动中的比重不断提升。此时，人口中的一部分群体从农村向城市迁移，劳动者开始走进工厂，生产率不再仅仅取决于人力，而是更多地取决于机械的管理能力。与此同时，运输、通信、银行和其他服务开始出现，并逐渐成为社会运行的基础。随着工业社会专业化的发展，为了提高规模效益，工业企业开始将一部分原属于企业内部从事的工作交给外部机构来进行，逐渐形成了各种服务行业。在工业社会后期阶段，大部分人口从事服务业，农业人口比例大大下降。此时，人们的生活质量开始取决于诸如教育、交通运输、医疗卫生等服务，而不再只取决于产品的数量。劳动主要表现为通过职业能力和创造性的智力工作，而不再是体力或者机械的管理能力。

　　随着经济结构的优化和社会分工的深入发展，服务业在经济和社会的发展中起到了决定性的作用。如果没有运输系统，无论是农业、工业还是采矿业都无从发展。同样，如果没有银行、保险、销售、咨询等服务，社会生产也无法顺利进行。因此，公共服务的运行与质量决定了社会的进步和发展。后来随着生产国际化的发展，服务业开始成为国家之间相互依靠、相互合作的基础，服务业的竞争能力也影响着各国在国际贸易中获取利益的能力，服务业逐渐成为现代国际社会的基础。

　　从工业革命开始到"二战"之前，也是国际服务贸易发展的重要转折时期。由于工业革命的产生，分散而脆弱的商品经济开始向以大生产为基础的商品经济过渡。在完成这一转变的过程中，世界各国往往都面临着特定的国际政治经济环境和国内自然经济基础所带来的特殊问题，因而常常采取适应本国政治经济制度的政策体系去引导转变。一般的规律是，这一转变的发生和持续，要以商业革命为先导。商业革命对这种转变自身有两个方面的贡献：一是商业革命的完成，实际上也就是原始资本积累的完成；二是商业革命使大批原来根本不提供商品或仅创造少量商品的产业进入商品生产的行列中，因而也就建立了新的商品交换体系和劳动交换体系，并为新的社会分工体系和新的区域经济格局的形成奠定了基础。工业革命的发生、发展过程是与交通运输业和邮电业的发展变化相联系的，这一时期也是服务经济的突飞猛进时期。

　　总之，在工业革命之前，农业社会的服务业虽然产生但难以发展，国际服务贸易更是难以发展。而工业革命以后，社会分工开始细化，大大提高了劳动生产率，使社会生产力获得了巨大的发展，社会分工又进一步深化。各主要资本主义国家在工业发展的同时，服务业也随之得到发展，国际贸易加快，国际服务贸易也开始产生与发展。

## （二）"二战"后国际服务贸易的发展

　　"二战"后世界经济的发展分为三个阶段，即 20 世纪 40 至 70 年代初为第一阶段，70 年代初至 80 年代末为第二阶段，80 年代末至今为第三阶段。

1. 第一阶段：20世纪40—70年代初

"二战"后初期，世界经济处于恢复和发展时期，此时第三次科技革命也产生和快速发展，给整个世界经济带来了巨大的变革，生产率得到极大的提高。生产力的提高促进了国际分工，带动了国际贸易的发展，国际服务贸易也随之增长。尤其是20世纪60年代后期，国际服务贸易迅速增长。然而这一时期，世界各国还没有意识到服务贸易作为一个独立实体的存在，在实际经贸活动中，服务贸易基本上还是以货物贸易附属的形式进行的，如运输、仓储、保险等服务。

2. 第二阶段：20世纪70年代初至80年代末

20世纪70年代以来，由于国际分工的深化，产业结构不断调整，国际贸易增长迅速，特别是国际服务贸易尤为突出。这一时期，服务贸易从货物贸易的附属地位中逐渐独立出来，并且获得了快速发展。20世纪80年代后，服务贸易的增速开始超过货物贸易。在服务贸易中，特别是劳务输出、技术贸易、国际旅游、银行保险等服务部门发展更加迅速。

3. 第三阶段：20世纪80年代末至今

从20世纪80年代末以来，国际服务贸易继续保持较快的增长势头，其增速已超过货物贸易的增长速度。进入21世纪以来，国际服务贸易的增长更是远超货物贸易，而且贸易结构也逐渐走向高级化。

在世界服务贸易发展中，贸易结构呈现出由传统服务贸易逐渐向现代服务贸易倾斜的趋势。这表现为运输、旅游等传统服务贸易所占比重下降，而以其他商业服务（主要包括通信、建筑、保险、金融、计算机和信息服务、专有权利使用和特许、咨询、广告宣传、电影音像和其他商业服务）为代表的现代服务贸易发展迅速，增长强劲，所占比重提升。在过去10年中，服务贸易结构趋向高级化的变化趋势更加明显，其他商业服务已成为世界服务贸易中贸易额最大、增长最快的类别，年贸易额占世界服务出口贸易总额的一半以上。

## （三）国际服务贸易发展的动因

在当代，随着社会生产力和科学技术的发展，人类社会进入了知识经济时代。这一时代的重要特征之一就是资本和劳动从物质生产部门向服务领域的转移加速，从而使得社会分工更加深化，也使得国际服务贸易得以迅速发展。国际服务贸易发展的主要原因如下。

1. 科学技术的进步推动世界服务贸易的发展

科学技术的发展，特别是20世纪60年代兴起的信息技术革命，使服务的不可储存性和运输的传统特性发生了改变。科技进步极大地提高了交通、通信和信息处理能力，为信息、咨询和以技术服务为核心的各类专业服务领域提供了新的服务手段，使原来不可能发生贸易的许多服务领域实现了跨国贸易，如原来不可贸易的知识、教育服务现在可以存储在光盘中，以服务产品的形式交易，或者通过卫星电视、因特网直接发送。又如银行、保险、商品零售等行业可以通过计算机网络在全球范围内开展业务等。高新技术被广泛地应用于服务业，不仅为附加服务提供了贸易机会，从而使国际服务贸易的种类增加，而且科技革命还推动和加快了劳动力和科技人员的国际流动，促进跨境服务的扩大。

2. 跨国公司的扩张带动了世界服务贸易的发展

信息技术的发展使跨国公司得以在全球组织生产，而反过来跨国公司国际化经营活动的开展，带来了资本、技术、人才的国际流动，又促进了与其相关或为其服务的国际服务贸易的发展。具体而言：第一，跨国公司在世界范围扩张过程中所带进的大量追随性服务，如设立为本公司服务的专业性公司，这些服务子公司除满足本公司需求之外，也向东道国的消费者提供服务，从而促进了东道国服务市场发展；第二，跨国公司在国际服务市场上提供的银行、保险、会计、法律、咨询等专业服务，也随着跨国公司的进入在东道国市场上获得渗透和发展；第三，制造业跨国公司对海外的直接投资，产生了"企业移民"，这种企业移民属于服务跨国流动的一种形式，随着设备技术的转移，其技术人员和管理人员也产生流动，因而带动了服务的出口。

3. 经济发展引致的消费需求扩张带动了服务需求的迅速扩大

从需求的角度来看，随着世界经济的高速发展，世界各国的人均收入水平日益提高，这样人们对各种服务的需求迅速增长。首先，根据马斯洛的需求层次理论，人的低层次需求是与物质产品有关的生理需求，在生理需求满足之后，人们开始产生其他的安全、社会尊重和自我实现需求，而这些需求是属于更高层次的服务消费需求，其边际消费倾向较高，必然会以递增的速度发展；其次，随着人们收入水平的提高，人们对环境和可持续发展的关注会逐步加深，而服务行业基本属于绿色行业，污染小，能源消耗少，各国政府普遍把服务行业作为重点发展行业之一；再次，传统的服务行业如餐饮业等属于劳动密集型产业，可以解决大量的就业问题，新型服务行业的发展可以进一步拓宽社会就业渠道。另外，服务业也是许多国家出口创汇的重要行业，如美国在货物贸易领域的巨额贸易逆差，是通过银行、金融保险等方面的服务贸易顺差来弥补的。

4. 国际货物贸易的发展为服务贸易发展提供物质基础

国际服务贸易是伴随货物贸易的发展而发展起来的，二者互相促进，相辅相成。随着科学技术的不断发展，这种互利关系日趋紧密。一方面，货物贸易的急剧扩张是服务业产生和发展的重要前提条件，因为货物贸易需要服务业的进入才能得以完成，最典型的例子就是货物进出口离不开运输、通信和保险业务；另一方面，服务业已经成为商品生产和销售过程中不可分割的重要组成部分，它们能向制造业提供多种必要的投入和促进。因此，服务一直是伴随着货物，而又以比货物生产增长更快的速度在发展。

# 第二节　国际服务贸易的分类

国际服务贸易是一个较为复杂的概念，目前国际上还没有形成统一的分类标准。有许多经济学家和国际经济组织为了分析的方便和研究的需要，从各自选择的角度对国际服务贸易进行划分，本节主要从民间、国际货币基金组织和 WTO 这些有代表性和影响的主流分类标准的角度加以介绍。

## 一、民间分类

民间形成的国际服务贸易的分类标准主要有以下五种。

### （一）以移动为标准的分类

该标准按照服务是否在提供者与使用者之间移动，将国际服务贸易分为四类。

1. 分离式服务

分离式服务是指服务提供者与使用者在国与国之间无须要移动而实现的服务。例如，国际运输服务就是典型的分离式服务。

2. 需要者所在地服务

需要者所在地服务是指服务的提供者转移后产生的服务，一般要求服务的提供者需要与服务的使用者在地理上毗邻、接近。例如，银行、金融、保险服务就是这类服务的典型代表。

3. 提供者所在地服务

提供者所在地服务是指服务的提供者在本国国内为外籍居民和法人提供的服务，一般要求服务的消费者跨越国界来接受服务。例如，国际旅游、教育、医疗便属于这一类服务贸易。

4. 流动的服务

流动的服务是指服务的消费者和生产者相互移动所接受和提供的服务，服务的提供者进行对外直接投资，并利用分支机构向第三国的居民或企业提供服务。例如，外国投资者在东道国境内为第三国消费者提供的服务就属于这类服务。

### （二）以行业为标准的分类

根据国民经济各部门的特点，一些经济学家以服务行业各部门的活动为中心，将服务贸易分为七类。

1. 银行和金融服务

银行和金融服务是服务贸易中较重要的部门，其范围包括：零星银行业服务，如储蓄、贷款、银行咨询服务等；企业金融服务，如金融管理、财务、会计、审计、追加资本与投资管理等；与保险有关的金融服务；银行间服务，如货币市场交易、清算和结算业务等；国际金融服务，如外汇贸易等。

2. 保险服务

保险服务其职能是为保险单持有者提供特定时期内对特定风险的防范及其相关的服务，如风险分析、损害预测咨询和投资程序。

3. 国际旅游和旅行服务

国际旅游和旅行服务主要指为国外旅行者提供旅游服务，旅游服务贸易包括个人的旅游活动，也包括旅游企业的活动，在国际服务贸易中占的比重较大。

4. 空运和港口运输服务

空运和港口运输服务是一种传统的服务贸易项目，一般的货物由班轮、集装箱货轮、定程或定期租轮运输，特殊的商品通过航空、邮购、陆上运输。

5. 建筑和工程服务

这类服务主要包括基础研究、工程项目建设、维修和运营过程的服务，一般涉及政府的基础设施与公共部门投资项目。因此，政府部门是这类服务的主要接受者。

6. 专业（职业）服务

这类服务主要包括律师、医生、会计师、艺术家等自由职业的从业人员提供的服务，以及在工程、咨询和广告业中的专业技术服务。

7. 信息、计算机与通信服务

这类服务涉及三种主要方式：计算机信息服务、计算机服务及电信服务。通常，发达国家在这类服务中占有绝对优势。

上述分类方法是以"行业"为核心的，其与 GATT 乌拉圭回合服务贸易谈判小组的划分有类似之处。

### （三）以生产过程为标准的分类

根据服务产品与其生产过程之间内在联系的不同，国际服务贸易被划分为三类。

1. 生产前服务

这种服务主要涉及市场调研和可行性研究等。通常是在生产过程开始前完成，对生产规模及制造过程均有重要影响。

2. 生产服务

这种服务主要是指在产品生产或制造过程中为生产过程的顺利进行提供的服务，如企业内部质量管理、软件开发、人力资源管理、生产过程之间的各种服务等。

3. 生产后服务

这种服务是联结生产者与消费者的服务，如广告、营销服务、包装与运输服务等。通过这种服务，企业与市场进行接触，便于研究产品是否适销、设计是否需要改进、包装是否满足消费者需求等。

### （四）以要素密集度为标准的分类

同商品一样，服务在生产的过程中也需要投入各种要素。按照服务贸易中对资本、技术、劳动力等投入要素要求的密集程度，经济学家将服务贸易分为三类。

1. 资本密集型服务

这类服务包括空运、通信、工程建设服务等。

2. 技术与知识密集型服务

这类服务包括银行、金融、法律、会计、审计、信息服务等。

3. 劳动密集型服务

这类服务包括旅游、建筑、维修、消费服务等。

### （五）以商品为标准的分类

民间对服务贸易的分类又有以下四类。

1. 以商品形式存在的服务

这类服务以商品或实物形式体现，如电影、电视、音响、书籍、计算机及专用数据处理与传输装置等。

2. 对商品实物具有补充作用的服务

这类服务对商品价值的实现具有补充、辅助功能，如商品储运、财务管理、广告宣传等。

3. 对商品实物形态具有替代功能的服务

这类服务伴随有形商品的移动，但又不是一般的商品贸易，不像商品贸易实现了商品所有权的转移，只是向服务消费者提供服务。例如，技术贸易中的特许经营、设备和金融租赁及设备的维修等。

### 4. 具有商品属性却与其他商品无关联的服务

这类服务具有商品属性，其销售并无须要其他商品补充才能实现，如通信、数据处理、旅游、旅馆和饭店服务等。

## 二、世界贸易组织分类

乌拉圭回合服务贸易谈判小组在乌拉圭回合中期审评会议后，加快了服务贸易谈判进程，并在对以商品为中心的服务贸易分类的基础上，结合服务贸易统计和服务贸易部门开放的要求，在征求各谈判方的提案和意见的基础上，提出了以部门为中心的服务贸易分类方法，将服务贸易分为11大类。

### （一）商业性服务

商业性服务指在商业活动中涉及的服务交换活动，服务贸易谈判小组列出了六类这种服务，其中既包括个人消费的服务，也包括企业和政府消费的服务。

#### 1. 专业性（包括咨询）服务

专业性服务涉及的范围包括法律服务、工程设计服务、旅游机构提供服务、城市规划与环保服务、公共关系服务等。专业性服务中包括涉及上述服务项目的有关咨询服务活动；安装及装配工程服务（不包括建筑工程服务），如设备的安装、装配服务；设备的维修服务，指除固定建筑物以外的一切设备的维修服务，如成套设备的定期维修、机车的检修、汽车等运输设备的维修等。

#### 2. 计算机及相关服务

这类服务包括计算机硬件安装的咨询服务、软件开发与执行服务、数据处理服务、数据库服务及其他。

#### 3. 研究与开发服务

这类服务包括自然科学、社会科学及人类学中的研究与开发服务、在纪律约束下的研究与开发服务。

#### 4. 不动产服务

这类服务指不动产范围内的服务交换，但是不包含土地的租赁服务。

#### 5. 设备租赁服务

这类服务主要包括交通运输设备，如汽车、卡车、飞机、船舶等，以及非交通运输设备，如计算机、娱乐设备等的租赁服务。但是，不包括其中有可能涉及的操作人员的雇佣或所需人员的培训服务。

6. 其他商业性服务

这类服务指生物工艺学服务；翻译服务；展览管理服务；广告服务；市场研究及公众观点调查服务；管理咨询服务；与人类相关的咨询服务；技术检测及分析服务；与农业、林业、牧业、采掘业、制造业相关的服务；与能源分销相关的服务；人员的安置与提供服务；调查与保安服务；与科技相关的服务；建筑物清洁服务；摄影服务；包装服务；印刷、出版服务；会议服务；等等。

### （二）通信服务

通信服务主要指所有有关信息产品、操作、储存设备和软件功能的服务。通信服务由公共通信部门、信息服务部门、关系密切的企业集团和私人企业间进行信息转接和服务提供。主要包括邮电服务；信使服务；电信服务，其中包含电话、电报、数据传输、电传、传真；视听服务，包括收音机及电视广播服务；其他电信服务。

### （三）建筑服务

建筑服务主要指工程建筑从设计、选址到施工的整个服务过程。具体包括选址服务，涉及建筑物的选址；国内工程建筑项目，如桥梁、港口、公路等的地址选择等；建筑物的安装及装配工程；工程项目施工建筑；固定建筑物的维修服务；其他建筑服务。

### （四）销售服务

销售服务指产品销售过程中的服务交换。主要包括商业销售，主要指批发业务；零售服务；与销售有关的代理费用及佣金等；特许经营服务；其他销售服务。

### （五）教育服务

教育服务指各国间在高等教育、中等教育、初等教育、学前教育、继续教育、特殊教育和其他教育中的服务交往，如互派留学生、访问学者等。

### （六）环境服务

环境服务指污水处理服务、废物处理服务、卫生及相似服务等。

### （七）金融服务

金融服务主要指银行和保险业及相关的金融服务活动，包括以下两类。

1. 银行及相关的服务

银行存款服务；与金融市场运行管理有关的服务；贷款服务；其他贷款服务；与债券市场有关的服务，主要涉及经纪业、股票发行和注册管理、有价证券管理等；附属于金融中介的其他服务，包括贷款经纪、金融咨询、外汇兑换服务等。

2. 保险服务

货物运输保险，其中含海运、航空运输及陆路运输中的货物运输保险等；非货物运输保险，具体包括人寿保险、养老金或年金保险、伤残及医疗费用保险、财产保险服务、债务保险服务；附属于保险的服务，如保险经纪业、保险类别咨询、保险统计和数据服务；再保险服务。

### （八）健康及社会服务

健康及社会服务主要指医疗服务、其他与人类健康相关服务、社会服务等。

### （九）旅游及相关服务

旅游及相关服务主要指旅馆、饭店提供的住宿、餐饮服务、膳食服务及相关的服务；旅行社及导游服务。

### （十）文化、娱乐及体育服务

文化、娱乐及体育服务是指不包括广播、电影、电视在内的一切文化、娱乐、新闻、图书馆、体育服务，如文化交流、文艺演出等。

### （十一）交通运输服务

交通运输服务主要包括货物运输服务，如航空运输、海洋运输、铁路运输、管道运输、内河和沿海运输、公路运输服务，也包括航天发射及运输服务，如卫星发射等；客运服务；船舶服务，包括船员雇佣；附属于交通运输的服务，主要指报关行、货物装卸、仓储、港口服务、起航前查验服务等。

## 三、国际货币基金组织分类

国际货币基金组织按照国际收支统计将服务贸易分为以下几种。

### （一）民间服务（或称商业性服务）

民间服务是指 1977 年国际货币基金组织编制的《国际收支手册》中规定的货运；其他运输、客运、港口服务等；旅游；其他民间服务和收益。具体来讲，包括：第一，货运：运费、货物保险费及其他费用；第二，客运：旅客运费及有关费用；第三，港口服务：船公司及其雇员在港口的商品和服务的花费及租用费；第四，旅游：在境外停留不到一年的旅游者对商品和服务的花费（不包括运费）；第五，劳务收入：本国居民的工资和薪水；第六，所有权收益：版权和许可证收益；第七，其他民间服务：通信、广告非货物保险、经纪人、管理、租赁、出版、维修、商业、职业和技术服务。

通常，我们把劳务收入、所有权收益、其他民间服务统称其他民间服务和收益。

## （二）投资收益

投资收益是指国与国之间因资本的借贷或投资等所产生的利息、股息、利润的汇出或汇回所产生的收入与支出。

## （三）其他政府服务和收益

其他政府服务和收益是指不列入上述各项的涉及政府的服务和收益。

## （四）不偿还的转移

不偿还的转移是指单方面的（或片面的）、无对等的收支，即意味着资金在国际移动后，并不产生归还或偿还的问题。因而，又称单方面转移。一般指单方面的汇款、年金、赠予等。根据单方面转移的不同接受对象，又分为私人转移与政府转移两大类。政府转移主要指政府间的无偿经济技术或军事援助、战争赔款、外债的自愿减免、政府对国际机构缴纳的行政费用及赠予等收入与支出。

# 第三节 国际技术贸易

20世纪70—80年代以来，以信息技术为主导的新技术革命兴起并迅速发展，使世界经济进入了全新的发展时期，经济全球化的发展加速，使得各国之间的经济竞争更加激烈和白热化，而科技水平的较量则成为各国进行经济竞争的重要决定因素。在这样的背景之下，技术贸易作为服务贸易中的一种特殊形式，成为国际贸易中的重要组成部分，并且获得了迅速发展。

## 一、技术和技术贸易的有关概念

关于技术的含义，国际上并没有明确、统一的定义，目前最主流的说法是世界知识产权组织在1977年版的《供发展中国家使用的许可证贸易手册》中，给技术下的定义："技术是制造一种产品的系统知识，所采用的一种工艺或提供的一项服务，不论这种知识是否反映在一项发明、一项外形设计、一项实用新型或者一种植物新品种，或者反映在技术情报或技能中，或者反映在专家为设计、安装、开办或维修一个工厂或为管理一个工商业企业或其活动而提供的服务或协助等方面。"这是迄今为止国际上给技术所下的最为全面和完整的定义，实际上知识产权组织把世界上所有能带来经济效益的科学知识都定义为技术。根据这一定义，我们可以知道技术包括三个方面的内容：技术是制造一种产品的系统知识；技术是一项工艺的系统知识；技术是一项服务的系统知识。

国际技术转让又称为技术转移，是指跨越国境的技术转让行为，分为非商业性的技术转让和商业性的技术转让。其中，商业性的技术转让属于狭义的技术转让，而包括非商业性和商业性在内的技术转让属于广义的技术转让。

非商业性技术转让是指以政府援助、交换技术情报、学术交流、技术考察等方式进行的技术转让，这种转让方式通常是无偿的，或者转让条件极其优惠。

商业性技术转让就是我们通常所讲的国际技术贸易，国际技术贸易是指不同国家的企业、经济组织或个人之间，按照一般商业条件，向对方出售或从对方购买软件技术使用权的一种国际贸易行为。

## 二、国际技术贸易的特点

国际技术贸易与传统的货物贸易相比有着明显的区别，其特点大体有以下几个方面。

### （一）技术贸易的交易标的是无形的

货物贸易的标的是有形的物质商品，易计量、论质和定价；而技术贸易的标的是无形的知识，其计量和定价十分复杂。技术贸易的商品不能也无须报关和通关，因此海关无法对其征收关税。另外，技术也无法进行商检，关税壁垒和非关税壁垒对其也没有任何约束。

### （二）技术贸易双方当事人往往有较长期的合作

货物贸易的卖方始终是以销售商品为目的的，而技术贸易中的卖方（转让方），一般并不是为了转让，而是为了自己使用才去开发技术的，只是在某些特定情况下才转让技术。技术输出方一方面希望通过转让技术获取更多的利润，另一方面又不希望引进方迅速掌握和发展该技术从而成为自己的竞争对手，因此双方的合作往往有较长的时间。

### （三）技术贸易的作价较为复杂

技术贸易的作价通常采用利润分成的原则，或者根据使用技术后的效益来作价。所以技术贸易中的价格谈判十分困难与复杂，一项技术的报价与成交价格往往相差悬殊。这就需要引进方在引进前认真调查研究，避免花冤枉钱。

### （四）技术贸易所涉及的问题和法律较为复杂

与货物贸易相比，技术贸易涉及的问题更多，更为复杂和特殊。如技术贸易涉及工业产权保护、技术风险、技术定价、限制与反限制、保密、权利和技术保证、支持办法等问题。而且技术贸易中涉及的国内法律和国际法律、公约也比货物贸易多，因此从事技术贸易远比从事货物贸易难度大。

### （五）政府对技术贸易的干预程度较大

在贸易实践中，政府对技术贸易的干预程度往往大于对货物贸易的干预程度。由于技术出口实际上是一种技术水平、制造能力和发展能力的出口，所以出于国家安全和经济利益的考虑，国家对技术出口审查较严。此外，在技术贸易中，技术转让方往往在技术上占优势，为了防止其凭借这种优势迫使引进方接受不合理的交易条件，以及出于国内经济、社会、科技发展政策上的考虑，国家对技术引进也予以严格的管理。

## 三、国际技术贸易的形式

国际技术贸易的标的物是知识产权，一般只涉及使用权的转让，而技术的所有权并不随着使用权的转让而转移。目前，最常见的国际技术贸易方式有许可证贸易、技术咨询、技术服务与协助、国际合作生产、国际工程承包等。

### （一）许可证贸易

许可证贸易是国际技术贸易中最常见、使用最广的交易方式。这种方式是技术许可方与技术接受方签订许可证合同或协议，许可方允许被许可方取得其所拥有的专利、商标或专有技术的使用权来实施、制造、销售产品，被许可方则需支付技术使用费及其他报酬并承担保守技术秘密等义务。这里的"许可证"实际是一个合同，一个对买卖双方都有约束力的契约。首先，许可合同是一个长期合同，世界上多数国家规定其有效期一般为5~15年，我国规定许可合同一般为10年，经批准还可以延长。其次，许可合同是一种内容比较复杂的合同，条款多、涉及面广，有些还是技术性很强的合同。再次，许可合同也是一种具有很强法律性的合同，合同本身要符合法律规定，只有这样才能受到法律的承认和保护。

许可证贸易买卖的不是技术本身，而是一种权利的转让，即某种技术的使用权，某种商品的生产权和销售权。许可证协议一般包括专利、商标及专有技术中的一项、两项或全部项目。

许可证贸易按照授权的范围可以分为独占许可、普通许可、排他性许可、从属许可和互换许可等。

1. 独占许可

独占许可是指在一定地域内被许可方对许可方提供的工业产权、专有技术等享有独占使用权。

2. 普通许可

普通许可是指在签订技术转让许可证协议后，许可方自己仍有权使用这项工业产权或专有技术，也有权再与其他人签订同样的许可证协议，把同样的技术给其他人使用。

3. 排他性许可

排他性许可是指签订许可证协议后，在规定的地域内，许可方仍保留使用该项技术的权利，但许可方不得将此项技术许可给其他人使用。

### 4. 从属许可

从属许可是指被许可方将其得到的权利再转让给第三方的交易方式。出让从属许可的企业大部分是跨国公司的子公司或其驻外机构，这些跨国公司由于某些原因不能直接出让许可给第三者，就将技术出让给其子公司或海外机构，然后再由这些子公司与第三者签订从属许可技术贸易合同。

### 5. 互换许可

互换许可又称交叉许可证贸易，是指许可方和被许可方双方将各自拥有的专利权、商标权和专有技术使用权提供给对方使用，其实质是双方以价值基本相等的技术，在互利互惠的基础上，交换技术的使用权。互换贸易的交易双方更多的是合作关系，而不是单纯的买卖关系。

## （二）顾问咨询

顾问咨询是一种雇佣关系的智力引进，是指引进方与国外的工程咨询公司签订合同，由咨询公司负责对引进方提出的技术课题提供建议或解决方案。咨询服务的内容十分广泛，主要包括项目的可行性研究、技术方案的设计和审核、招标任务书的拟定、生产工艺或产品的改进、设备的购买、工程项目的监督指导等。当技术引进国由于技术力量不足，或由于解决某些技术课题缺乏经验和条件时，可以通过这种方式来聘请国外的工程咨询公司提供咨询服务，这样就可以避免走弯路和浪费建设资金。顾问咨询的费用一般按照工作量来计算，也可以采用技术课题的包干定价方式来计算。

## （三）技术服务与协助

技术服务也称技术协助，是国际上广泛采用的一种较为灵活的技术贸易方式，即由服务方以自己的技术知识为另一方提供有偿服务，以解决生产中的某个技术问题。通常来讲，是由技术输出方根据协议派出专家和技术人员到引进方企业指导生产、传授技术、调试设备及进行企业或产品的诊断，必要时输出方还可以提供专利、专有技术、数据、资料、图纸等，以协助引进方解决技术难题，提高产品质量和市场竞争能力。技术服务与协助的定价由输出方根据其与引进方所签订的协议，按产品最终的销售数量获取一定比例的分成来计算。

## （四）国际合作生产

国际合作生产是指两国企业根据签订的合作生产合同，合作生产与销售某些大型设备及产品。这种合作一般是技术弱方（引进方）在技术强方（输出方）的指导下，由技术强方提供专利、专有技术或商标，提供图纸、资料与技术，并派专家指导技术弱方生产该产品的某一部分。这种方式多用于机器制造业，特别是在制造某些复杂的机器时，引进方为了逐步掌握所引进的技术，且能尽快地生产出产品，需要和许可方在一个时期内建立合作生产关系，按照许可方提供的统一技术标准和设计进行生产，引进方在合作过程中达到掌握先进技术的目的。随着合作的发展，引进方还可以不断增加自己所生产的部分。这种合作生产的方式常常和许可证贸易结合进行，有时合作双方还可以共同研究、共同设计、共同确定零部件的规格型号，双方互相提供技术，取长补短。多年来，利用国际合作生产来引进国外的先进技术，已成为各国的普遍做法。

### （五）国际工程承包

国际工程承包也是国际技术贸易的一种重要方式。国际工程承包是通过国际的招标、投标、议标、评标、定标等程序，由具有法人地位的承包人与发包人按一定的条件签订承包合同，承包人提供技术、管理、材料、组织工程项目的实施，并按时、按质、按量完成工程项目的建设，经验收合格后交付发包人的一项系统工程。国际工程承包项目多是大型建设项目，而且在具体施工过程中，一般都伴随着技术转让。其内容包括工程设计、技术设备器材提供、厂房建设等项目，有时还包括生产管理、产品销售，有些项目还涉及操作人员的技术培训、生产运行中的技术指导，以及专利和专有技术的转让。这些综合起来被称为"工程"。目前，国际上流行的交钥匙工程和建设—经营—转让建设方式中技术转让的内容十分广泛，许多国家都希望通过国际工程承包来改善本国基础设施条件和推动本国企业的技术改造。

## 四、国际技术贸易发展的新趋势

在当今时代，随着世界科技水平的不断提升，以及经济全球化、一体化的纵深发展，作为国际贸易重要组成部分的国际技术贸易发展迅猛。而国际技术贸易的发展，又加速了生产要素的国际转移，促进了科学技术在世界范围内的普及和提高，加快了国际技术贸易参与国家的经济发展，缩短了有关国家经济现代化和科学技术现代化的进程。近年来，国际技术贸易格局发生了深刻的变化，呈现出许多新的特点。

### （一）国际技术贸易方式发生重要变化

国际技术贸易的传统方式主要有许可证贸易、特许专营、咨询服务、技术服务与协助、承包工程等。但是近几年来，随着科学技术的进步，特别是信息技术的广泛应用，其方式开始走向多样化，并发生许多重要变革。

1. 企业兼并成为国际技术贸易的一种新方式

企业兼并是市场竞争的结果，在过去，企业兼并主要是企业间的"以强吞弱"，在这种技术先进型企业吞并技术落后型企业的情况下，企业兼并活动中的技术转让或贸易的成分并不明显，甚至根本不存在。随着以知识为基础的国际竞争的加强，当前的企业国际兼并活动主要体现在技术先进企业之间的"强强联合"上，企业进行兼并的目的是进一步壮大自己的实力，使自己的资金、技术和产品流通能在较短的时间里跃上一个新的台阶。伴随着这种性质的企业兼并，必然有着较多的国际技术转让或贸易存在。换言之，此时的企业国际兼并事实上已成为直接获取国外先进技术的特殊贸易方式了。

2. 电子商务的兴起

电子商务是一种新兴的、处于发展过程中的现代商务方式，从20世纪90年代中期以来得到了迅速发展，显现了巨大的现代商业价值。电子商务通常是指在全球各地广泛的商业贸易活动中，在因特网开放的网络环境下，基于浏览器/服务器应用方式，买卖双方不谋面地进行各种商贸活动，实现消费者的网上购物、商户之间的网上交易和在线电子支付，以及各种商务活动、交易活动、金融活动和相关的综合服务活动的一种新型的商业运营模式。电子商务有利于形成新的国际技术营销方式，能满足消费者多样化需求，并且改善了国际技术贸易的运行环境，推动了国际技术贸易的大幅度增长，还促使产生了新的国际技术贸易模式，实现贸易模式的多样化。

3. 第三方技术供给的出现

近年来，在国际技术贸易的发展过程中出现了一些新现象，其中就包括独立于合作双方的专业研发技术型企业开始涌现，即所谓的第三方技术供给。这种第三方供给既不是企业自己研究开发，也不是从具有竞争关系的其他制造企业引进技术，而是将研究开发活动外包给专业化的研发与设计企业来承担；第三方技术供给的出现是企业进行专业化分工与合作的结果，有力地促进了国际技术贸易的发展与变革。

### （二）国际技术贸易结构出现新特点

当代国际技术贸易结构的新特点可以从技术商品结构和贸易主体结构两个方面加以说明。

1. 技术商品结构

第一，近年来，国际技术贸易逐渐向"知识型""信息型"等软件技术倾斜，由于信息技术对生产经营与市场竞争的重要性日益凸显，有关信息产业的交易额已急剧增加，从而直接推动了国际技术贸易商品软件化的进程；第二，由于专利国际化的推进，专利贸易在国际技术贸易中日趋重要，专利权成为一种重要的贸易商品，专利国际化的趋势加快；第三，以电子技术、生物工程和新材料为主的高新技术产品自20世纪90年代以来逐渐成为国际技术贸易的重要对象，高新技术贸易逐渐繁荣；第四，国际技术贸易与国际资本转移交织在一起，使得纯粹的技术商品买卖行为拓展为以技术商品为中心的复合型的国际经济技术合作；第五，目前气候变暖、物种灭绝、环境破坏和污染等已成为全球性问题，解决环境问题的技术潜力也逐渐国际化。人类对解决环境问题和实现国际环境技术合作的迫切要求，使得国际环境技术贸易得以发展起来。

2. 贸易主体结构

在当今时代，参与国际技术贸易的国家、地区、组织和个人越来越多，这表明当代国际技术贸易主体结构呈现多元化的发展趋势。在国际技术贸易发展的过程中，发达国家和地区一直是国际技术贸易的主要参与者和推动者，跨国公司成为国际技术贸易活动中最为活跃的主体，而新型工业化国家成为国际技术贸易的重要参与者。

### （三）国际技术市场快速发展

随着世界经济一体化和科技全球化的发展，世界性的国际技术贸易市场正在形成并趋于成熟，特别是1990年达成《服务贸易总协定》以来，这种趋势更加明显。大量高新技术、新发明的问世，特别是信息技术的快速发展和信息网络设施的广泛应用，大大缩短了国际技术贸易市场的空间距离，提高了国际技术贸易的市场效率。另外，网络信息技术的进步增加了技术保密难度，在此背景下，国际技术市场竞争日趋激烈，出现了垄断与竞争并存的格局。国际技术市场呈现出美国、日本、欧盟三足鼎立的局面。

### （四）国际技术贸易所需的外部环境大为改善

进入21世纪后，国际技术贸易所需的外部环境得到了很大程度的改善。越来越多的国家对国际技术贸易的政策比以往任何时期都要更加开放，如美国政府自1993年开始就大幅度地放宽本国对技术出口的限制；而更多的发展中国家则从过去对西方跨国公司和外资涌入主要持批评和反对态度转而采取欢迎和鼓励的立场。另外，一批与国际技术贸易相关的国际性、区域性协议、法规和国际组织相继问世，为国际技术贸易的正常开展也创造了条件。

# 第十三章 区域经济贸易一体化

## 第一节 区域经济贸易一体化的含义

区域经济贸易一体化起始于第二次世界大战之后，20世纪50—60年代，出现了大批经贸集团，20世纪70—80年代初则处于停顿状态，20世纪80年代后期又掀起了全世界范围的经贸集团化高潮。

### 一、区域经济一体化的概念

所谓区域经济一体化，是指地理区域比较接近的两个或两个以上的国家之间，所实行的某种形式的经济联合，或者是组成的区域性经济组织。各成员方通过达成经济合作的某种承诺，或者签订条约、协议，建立起国家的决策与管理机构，制定出共同的政策措施，实施共同的行为准则，规定出比较具体的共同目标，实现成员方的产品甚至生产要素的本地区的自由流动。

### 二、区域经济一体化的形式

区域经济一体化包括不同的类型与不同的程度，无论是从内容还是层次来看，差异都很大。从不同的角度来考虑，可以划分为不同的类型。

#### （一）按照一体化的程度划分

1. 优惠贸易安排

优惠贸易安排是指在成员方之间，通过协定或其他形式，对于全部商品或一部分商品给予特别的关税优惠，也可能会包含小部分商品完全免税的情况。这是经济一体化当中最低级与最松散的一种形式，典型的有1932年英国与部分其旧时代的殖民地国家之间实行的英联邦特惠制，同时"二战"后初建的东南亚国家联盟，也属于此种类型。

2. 自由贸易区

自由贸易区是由签订有自由贸易协定的国家组成一个贸易区，在区内各成员方之间废除关税与进口数量限制，实现区内商品的完全自由流动。但是，每个成员方仍然保留对于非成员方的原有壁垒。这是一种区域内的自由贸易形式，其基本特点为，用关税措施突出了成员方与非成员方之间的差别待遇。1960年成立的欧洲自由贸易联盟与1994年1月1日建立的北美自由贸易区，便是典型的自由贸易区形式的区域经济一体化。

3. 关税同盟

关税同盟是指各成员方之间完全取消关税或其他壁垒，同时协调其相互之间的贸易政策，建立对外的统一关税。这是在自由贸易区的基础上更进了一步，开始带有超国家的性质。它除了包括自由贸易区的基本内容以外，而且成员方对于同盟外的国家，建立了共同的、统一的关税税率。世界上最早最著名的关税同盟，是比利时、卢森堡与荷兰组成的关税同盟。比利时与卢森堡早在1920年之时，便建立了关税同盟，在第二次世界大战当中，荷兰加入了比卢关税同盟，组成了比卢荷关税同盟。

4. 共同市场

共同市场是指除了在成员方以内，完全废除关税与数量限制，并且建立对于非成员方的共同关税壁垒以外，还取消了对于生产要素流动的各自限制，允许劳动、资本等在成员方之间的自由流动。

由上可见，共同市场是在关税同盟的基础上的进一步，即在服务贸易、资本流动与劳动力等生产要素上的自由化。服务贸易的自由化，意味着成员方之间在运输、通信、咨询、金融、信息等服务类行业实行了自由流动；资本的自由化，意味着成员方的资本在成员方内可以自由地流通，投资更加自由化：而劳动力的自由化，则意味着成员方的公民可以自由地选择在共同市场内任何一个国家工作，而没有国籍等的限制。欧洲经济共同体在20世纪80年代时，已经接近这一水平。

5. 经济同盟

经济同盟与共同市场相比又进了一步，在成员方之间不仅实现商品与生产要素的自由流动，建立起对外的共同关税，而且制定与执行某些共同经济政策和社会政策，逐步地废除政策方面的差异，形成一个庞大的经济实体。这些政策的制定权，需要一部分转交给超国家机构统一管理，这意味着各成员方不仅让渡了关于内部经济的财政政策与货币政策、保持内部平衡的权利，也让渡了干预外部经济的汇率政策，维持着外部平稳的权利。这些制度制定的让渡，对于共同体内部形成自由的市场经济，发挥了"看不见的手"的作用，是非常有意义的。

6. 完全经济一体化

完全经济一体化是区域经济一体化的最高级形式。完全经济一体化不仅包括经济同盟的全部特点，而且各成员方还统一所有重大的经济政策，比如，财政政策、货币政策、福利政策、农业政策，以及有关贸易及生产要素流动的政策，并且由其相应的机构执行共同的对外经济政策。如此一来，该集团便相当于具备了完全的经济国家地位。

## （二）按照一体化的范围划分

按照参加经济一体化的范围，可以将区域经济一体化分为如下各项。

1. 部门一体化

部门一体化是指区域内各成员方的一种或几种产业（或商品）的一体化，部门区域经济合作的范围很广，但不是每一个区域经济合作都包括所有的合作范围。一些区域只具备部分资源或条件，因此可以寻求与资源或条件丰富的区域，来开展部门经济合作。资源、行业、交通规划等方面的合作，属于部门经济合作。

2. 全盘一体化

全盘一体化是指在政府的推动之下，区域之间开展包括区域市场建设、要素区域配置、区域交通建设、区域金融合作、区域信息网络建设等全面的经济合作。区域基础设施建设、区域环境保护、区域政策法规制度建设等，都属于区域经济的全面合作。欧洲经济共同体（欧洲联盟）便属于此类。

## （三）按照参加国的经济发展水平划分

按照参加国的经济发展水平来划分，可以将经济一体化分为如下各项。

1. 水平一体化

水平一体化又称横向一体化，是由经济发展水平相同或接近的国家所形成的经济一体化形式，区域经济合作是在合作各方经济发展水平相当、产业技术含量基本一致的基础上展开。从区域经济一体化的发展实践来看，现存的发达国家一体化大多数便属于此种形式，比如中美洲共同市场。

2. 垂直一体化

垂直一体化又称为纵向一体化，是由经济发展水平不同的国家所形成的一体化。垂直型区域经济合作，是与垂直区域分工模式相联系的合作类型，它是指合作各方在经济发展水平相差较大，技术差距明显的情况之下，各参加方依照比较优势原则进行合作。该类型的合作，主要是发生在发达国家与发展中国家之间。

## 三、区域经济一体化的特点

区域经济一体化实际是一个超国家的组织，为了共同的利益而组成各种形式的经济联合，并且建立起相应的管理机构，共同制定出行为准则，以实现成员方的产品、生产要素等在各国之间自由流动,以使得成员方家间的资源配置更加优化,实现产业在更大范围内(更多国家间)的专业分工,促使经济发展更加迅速,国际地位得以提高,等等。当然,区域经济一体化的成员方,在得到一体化带来的好处的同时,也将放弃一部分国家主权,由一体化的管理机构来行使统一的超国家经济干预与调节。

区域经济一体化,具有如下几个特点。

### (一)区域经济一体化地理位置

区域经济一体化通常是建立在各成员方地理位置相近、经济发展水平接近或具有互补性、文化背景相似,或有相同的社会政治体制等这些因素之上的,并且会慢慢地不断向周边与其他国家扩展。区域经济一体化的形成都是由易到难,最初多数都是从地理位置相近的国家开始,而往往这样的国家及其经济发展水平、文化背景等各方面,彼此之间往往会有很多的相似性,于是便避免了在达成一体化协议前的很多矛盾。随着区域合作逐渐成熟与合作的深化,再逐步地向周边与其他国家扩展。

### (二)区域经济一体化实行"内外有别"的歧视性贸易政策

虽然各个区域经济一体化组织的合作程度有所不同,但是对于区域内的成员,一体化组织的共同目标是逐步地实现自由化,即全面降低关税或取消关税,取消关税壁垒,实现商品的自由流通,降低投资"门槛",放宽投资限制,逐步地实现投资自由化、人才流动自由化、资本流动自由化等。

但是对于区域以外,则依然会实行各种关税与关税壁垒,并且利用各种贸易保护措施来限制与约束非成员方和其成员方的贸易往来,这便违背了世界贸易组织定下的非歧视性原则。

### (三)区域经济一体化过渡阶段

区域经济一体化实际上是全球经济一体化的一个过渡阶段,因为在现阶段各国各地区的发展还不平衡,各国各地区的差距与差别还很大,区域经济一体化是尝试先建立区域的多边机制,并且以此为基础逐渐地吸收周边的或有共同利益的国家和地区,从而以区域的经济一体化为跳板,并且在全球的区域经济一体化走向成熟的基础上,顺利地实现全球经济的一体化。

## 第二节 区域经济贸易一体化的理论

区域经济一体化的理论,最早能追溯到欧洲联合的联邦主义思想。当时在欧洲联合进程当中,有着重要影响的思想主要是联邦与邦联;第二次世界大战结束之后开始的欧洲一体化进程,主要是按照联邦主义思想来进行的。

从 20 世纪 50 年代开始,欧洲的联邦主义者很快便在欧洲一体化的进程当中,分裂成为两种不同的学派:法制派与职能派。在煤钢共同体成立以后,职能派的思想占据着主导地位,并且在 20 世纪 50 年代形成了一种新职能学说,成为当时欧洲联合的主流思潮。随着欧洲联合进程的不断加快,西方其他一些发达国家也开始对于区域经济一体化的发展理论进行研究。

20 世纪 50 年代,区域经济一体化的学术研究达到了第一次高潮。区域经济一体化的传统主干理论的核心,是关税同盟理论。之后又出现了大市场理论以及协议性分工理论等,丰富了区域经济贸易一体化的理论。

### 一、关税同盟理论

对于关税同盟理论的研究,最有影响的有美国经济学范纳(Jacok Vine)与李普西(K.G.Lipsey)。关税同盟理论主要是研究关税同盟形成之后,对内取消关税、对外设置共同关税,对于国际贸易所产生的静态与动态效应。所以,按照范纳的关税同盟理论,完全形态的关税同盟应当具备如下这三个特征。一是完全取消各成员方之间的关税;二是对于来自成员方以外的国家与地区的进口,设置统一的关税;三是通过协商的方式,在成员方之间分配关税收入。

这种自由贸易与保护贸易相结合的结构,能够使得关税同盟对于整个世界经济福利的影响呈现出双重性,即贸易创造与贸易转移并存。

#### (一)关税同盟的静态效应

所谓关税同盟的静态效应,是指假定在经济资源总量不变、技术条件未改进的情况之下,关税同盟对于集团内外国家、经济发展以及物质福利的影响。关税同盟的静态效应,主要是指贸易创造效应与贸易转移效应。

1. 贸易创造效应

贸易创造效应是指由于关税同盟内部实行自由贸易之后,产品从成本较高的国内生产,转往成本较低的成员方生产,从而成员方的进口量得到增加,新的贸易得以"创造"。此外,一国由原先从同盟外国家的高价购买,而转向结盟成员方的低价购买,也属于贸易创造。

2. 贸易转移效应

假定缔结关税同盟以前，关税同盟国不生产某种商品而是采取自由贸易的立场，无税（或关税很低）地从世界上生产效率最高、成本最低的国家进口产品；关税同盟建立之后，同盟成员方该产品转由同盟内生产效率最高的国家进口。如果同盟内生产效率最高的国家并不是世界上生产效率最高的国家，则进口的成本会较之同盟成立以前增加，消费的开支扩大，会使得同盟国的社会福利水平下降，这便是贸易转移效应。

### （二）次优理论和关税同盟的其他静态效应

1. 次优理论

范纳认为，关税同盟的建立既可能会增加，也可能会减少成员方与世界其他国家的福利，而这取决于产生关税同盟的实际环境，这便是次优理论。该理论认为，如果福利最大化或者帕累托最优所需要的条件不能够全部满足，那么尽量满足尽可能多的条件是没有必要的，并且这样做通常会导致次优情况的发生。后来，巴格瓦蒂在《扭曲和福利的一般理论》当中，是这样总结各国贸易政策的福利排序的，具体为如下各项：一是当限制条件是贸易水平之时，关税会最优，其他对于生产、消费的国内税与补贴，为次优政策；二是当限制条件是生产水平之时，生产的国内税收和补贴为最优政策，关税或者要素国内税与补贴为次优政策，消费相关政策将不会产生作用；三是当限制条件是消费水平之时，最优政策是消费国内税与补贴，关税将为次优，而生产的国内税与补贴都不会发生效用；四是当限制条件为生产要素之时，对于要素征收国内税与补贴是最优政策，生产国内税和补贴为次优，而关税作为一种贸易的补贴则成为再次，消费税和补贴则根本就不会起作用了。

2. 关税同盟的其他静态福利效应

关税同盟的其他静态福利效应，总结起来包括如下各项：一是关税同盟使得各成员方的海关人员、边境巡逻人员等有所减少，而导致行政费用会减少；二是贸易转移型关税同盟，通过减少对于同盟成员方之外的其他国家的进口需求与出口供给，有可能使得同盟成员方共同的贸易条件得到改善；三是任何一个关税同盟，在国际贸易投票当中以一个整体来行动，较之任何一个独立行动的国家而言，可能具有更强大的讨价还价之能力；四是关税同盟建立之后，可以减少走私。由于关税同盟的建立，商品可以在同盟成员方之间自由地移动，在同盟之内便消除了走私产生的根源。如此一来，不仅可以减少查禁走私的费用支出，还有助于提高全社会的道德水平。

### （三）关税同盟的动态效应

所谓关税同盟的动态效应，是指关税同盟对于成员方贸易以及经济增长的推动作用。关税同盟的动态效应，具体表现在如下这几个方面。

1. 规模经济效应

美国经济学家巴拉萨认为，关税同盟可以使得生产厂商获得重大的内部和外部经济利益。内部规模经济主要来自对外贸易的增加，以及随之而来的生产规模的扩大与生产成本的降低；外部规模经济则源于整个国民经济或一体化组织内的经济发展，某一部门的发展可能会在许多方面带动其他部门的发展。同时区域性的经济合作，还可以导致区域内部市场的扩大，市场扩大势必会带来各行业的相互促进。总之，关税同盟建立之后，成员方的国内市场会向统一的大市场转换，自由市场扩大，从而使得成员方获取贸易转移与规模经济效益。

2. 加强竞争

关税同盟的建立，会促使成员方之间的市场竞争加剧，专业化分工向着深度与广度拓展，使得生产要素与资源更加优化地配置。在同盟成立之前，有一部分生产者在高关税的保护之下，会缺乏动力去降低成本、提高效率；但是同盟成立之后，原来的市场垄断者不得不面对成员方国内更多的生产者竞争，这会迫使他们提高效率、降低成本，来增强自身的竞争力。

3. 刺激投资

关税同盟对内取消关税，实行生产要素的自由流动，结果是扩大了市场规模，改善了投资环境。如此一来，它对于成员方内部的投资者与外部非成员方的投资者，都大大地加强了投资吸引力。一方面，关税同盟成立之后，成员方市场变成了统一大市场，企业为了提高竞争力，必须增加投资、更新设备、提高装备水平、改进产品质量，从而扩大了投资；另一方面，非成员方的企业为了避免贸易转移的消极影响，到成员方内进行直接投资建厂，就地生产、就地销售，以此举来绕开关税壁垒，结果增加了对于成员方的投资。

4. 促进了要素的自由流动

区域经济一体化的建立，促进了区域内商品的自由流通，使得生产要素趋于自由流动，资本与劳动力从边际生产力低的地区流向边际生产力高的地区，使得生产要素的配置更加合理，要素利用率得到提高，降低了要素闲置的可能性，从而使得产量增加，提高了经济效益。

## 二、大市场理论

大市场理论是分析共同市场成立和效益的理论。共同市场相比关税同盟，又进了一步。共同市场是将被保护主义分割的小市场统一起来，形成大市场，通过大市场内的激烈竞争，来实现专业化、批量化生产等各方面的利益。大市场理论的代表人物，是德纽与西陶斯基。

大市场理论的提出者认为：以前各国之间推行狭隘的只顾本国利益的贸易保护政策，将市场分割得狭小而又缺乏适度的弹性，如此一来，只能为本国生产厂商提供狭窄的市场，而无法实现规模经济与大批量生产的利益；在共同市场或自由贸易条件之下，会最终出现一种积极扩张的良性循环，即"产生大市场—大量生产规模转换—生产成本下降—大量消费的增加—竞争进一步激化"。

大市场理论分析了共同市场的意义与作用，但是仍然不十分完善，具体的说明包括如下各项：一是大市场理论强调扩大市场之后出现的累积动态过程，不一定要通过共同市场的形态才能完成。只要企业家大量地引进先进技术，扩大生产规模，积极地竞争，同样可以达到目的；二是即使不组成共同市场，只要有世界性的自由贸易存在，也可以取得大规模市场的各种利益。上述两点，即为大市场理论的缺陷所在。

### 三、协议性国际分工原理

协议性国际分工原理，是由日本著名教授小岛清提出的。所谓协议性国际分工，是指一国放弃某种商品的生产，并且将国内市场提供给另一国，而另一国则放弃另外一种商品的生产，并且将国内市场提供给对方，即两国达成相互提供市场的协议，以此来实行协议性国际分工。协议性分工，并不能指望通过价格机制自动实现，而是必须通过当事国的某种协议来加以实现，也就是通过经济一体化的制度，将协议性分工组织化。

#### （一）协议性国际分工理论的内容

协议性国际分工原理，是建立在成本长期递减理论基础之上的。国与国的分工方向，并不是因为各自在生产某种产品上拥有比较优势，而是由于在一体化范围之内，能够相互提供市场：首先进行分工，实现规模经济，导致分工商品的成本递减，最终相互买到廉价的商品。

#### （二）协议性国际分工的条件

必须是两个（或多个）国家的资本、劳动禀赋比率没有比较大的差别，工业化水平与经济发展阶段大致相等，协议性分工的对象商品在哪个国家都能够进行生产。在这种状态之下，在互相竞争的各国之间扩大分工与贸易，既是关税同盟理论所说的贸易创造效果的目标，也是协议性国际分工理论的目标。而在要素禀赋比率与发展阶段差距比较大的国家之间，由于某个国家只能陷入单方面的完全专业化或比较成本的差距很大，所以还是以比较优势原理为宜，并无须要建立协议性的国际分工。

作为协议分工对象的商品，必须是能够获得规模经济的商品。因此产生出如下的差别即规模经济的获得，在重化工业当中为最大，在轻工业当中比较小，而在第一产业中几乎难以得利。

无论是对于哪个国家，生产协议性分工的商品之利益，都应该没有很大的差别。等于说，自己实行专业化的产业与让给对方的产业之间，并没有优劣之分，否则便不容易达成协议。这种利益或产业优劣，主要是取决于规模扩大后的成本降低率，以及随着分工而增加的需求量及其增长率。

上述这三个条件表明，经济一体化更容易在同等发展阶段的国家之间建立，而发达国家可以进行协议性分工的商品范畴比较广，因而利益也会比较大。

## 四、综合发展战略理论

综合发展战略理论，对于发展中国家经济一体化现象进行了阐述。综合发展战略理论认为，经济一体化是发展中国家的一种发展战略，要求有着强有力的共同机构与政治意志，来保护比较不发达国家的优势。所以，有效的政府干预对于经济一体化是很重要的，发展中国家的经济一体化，是变革世界经济格局、建立国际经济新秩序的要素。

### （一）综合发展战略理论的内容

综合发展战略理论的原则为经济一体化，是发展中国家的一种发展战略，它不限于市场的统一，也不必在一切情况之下都寻求尽可能高的其他一体化形式。

两极分化是伴随着一体化出现的一种特征，只能通过强有力的共同机构与政治意志制定系统政策来避免。鉴于私营部门在发展中国家一体化的进程当中，是导致其失败的重要原因之一，故而有效的政府干预，对于经济一体化的成功是至关重要的。

发展中国家的经济一体化，是集体自力更生的手段与按照新秩序逐渐改变世界经济的要素。

### （二）发展中国家地区经济一体化的主要因素

1. 经济因素

区域内经济发展水平及各国之间经济发展水平的差异；各国之间经济的相互依赖程度；新建经济区的最优利用情况，特别是资源与生产要素的互补性及其整体发展潜力；与第三国经济关系的性质，外国经济实体（比如跨国公司）在特定经济集团当中的地位。

2. 政治与机构因素

各国之间社会政治制度的差异；各国之间有利于实现一体化的政治意志状况及稳定性；该集团对外政治的关系模式；共同机构的效率，及其有利于集团共同利益的创造性活动的可能性。

### （三）制定经济一体化政策时应当注意的问题

各成员方的发展战略与经济政策，应当有利于经济一体化发展；生产与基础设施是经济一体化的基本领域，集团内的贸易自由只应当是这一进程的补充；在形势允许之时，经济一体化应当包括尽可能多的经济与社会活动；应当特别重视通过区域工业化来加强相互依存性，并且减少发展水平的差异；通过协商来协调成员方利用外资的政策；对于较不发达成员方给予优惠待遇，以减轻一体化对于成员方两极分化的影响。

### （四）综合发展战略理论的特点

综合发展战略理论相比于其他理论，具有如下各项特点：

突破了以往经济一体化理论的研究方法，抛弃了用自由贸易与保护贸易理论来研究发展中国家的经济一体化进程，而是主张用与发展理论紧密相连的跨学科研究方法，将一体化作为发展中国家的发展战略，不限于市场的统一。

充分地考虑了发展中国家经济一体化过程当中国内外的制约因素，将一体化当作发展中国家集体自力更生的手段，以及按照新秩序变革世界经济的要素。

在制定经济一体化政策之时，主张综合考虑政治、经济因素，强调经济一体化的基础生产及基础设施领域，必须有着有效的政府干预。

## 第三节 区域经济贸易一体化的影响

因为经济一体化的层次不同，其对于成员之间产生的贸易与经济效应各有不同，对于世界贸易的影响也不同。一般来说，经济一体化的程度越高，所产生的效应与影响也就越大。

### 一、区域经济一体化带来的积极影响

#### （一）区域经济一体化的潜在效益

1. 自由贸易区和关税同盟

提高生产率，使得按照比较优势的规律性提高专业化的水平成为可能。由于较好地开发出规模经济的优势，使得生产水平得以提高，进而使市场规模的扩大成为可能。

改进在国际谈判当中的地位，使得大规模地获得较好的国际贸易条件成为可能。强化竞争，带来了经济效益的强制调整，从而加强企业的融合与竞争。技术的进步，引起生产要素数量与质量的变化。

2. 共同市场与经济同盟

除了获得以上经济一体化的潜在经济效益，还可以获得如下三种潜在的经济效益：一是要素在成员之间跨境流动；二是货币与财政政策的协调；三是接近充分就业、高经济增长与良性收入分配，成为统一的目标。

## （二）促进经贸集团内贸易的增长

在不同层次的众多经济一体化组织当中，通过削减关税或免除关税，取消贸易的数量限制，削减非关税壁垒，形成区域性的统一市场；加上集团内国际分工向着纵深发展，使得经济的相互依赖加深，致使成员方之间的贸易环境要比第三国市场好得多。从而使得区域经贸集团内成员方之间的贸易迅速增长，集团内部贸易在成员方的对外贸易总额当中所占的比重有所提高。

## （三）加大经贸集团在世界贸易当中的影响力

1. 提高谈判能力

经贸集团的建立，对于成员方的经济发展会起到一定的促进作用，联合起来的贸易集团其经济实力会大大地增强。

2. 增强辐射能力

在世界经济一体化的进程当中，正在形成欧洲、北美、亚太三大贸易圈。在欧洲，以欧洲联盟为中心的贸易圈正在形成。欧洲联盟大市场的前景，吸引了其他的欧洲国家，"欧洲自由贸易协会"同欧洲联盟。东南欧与独联体国家，也积极地谋求同欧盟建立联系，北欧与东欧一些国家已经提出参加欧盟的申请，并且获得欧盟的批准。

## 二、区域经济一体化的负面效应

### （一）出现贸易转移

区域经济一体化的安排，增加了改革的可信度，因而成员内部的协商不会像多边谈判那么麻烦，彼此之间产生了吸引力。这种安排如果设计得当，有可能通过提高地区经济一体化组织内生产商的效率，来提高其竞争力。同时，通过扩大对于来自区域之外的生产资料与生活用品的需求，来促进全球贸易。但是，支持贸易壁垒的区域性安排，可能会人为地将来自外部国家的进口供应，转移给经贸集团内的国家，如果被排斥的外部供应厂商能够以更低的价格供应商品的话，则有可能会导致经贸集团参与者生产效率的下降。这种贸易转移可能会像国家壁垒一样，将不利于全球的出口竞争。某些区域性安排当中的"原产地条款"、用技术性检验与认证协议来保护经贸集团成员的措施，都有可能会提高生产成本、降低竞争力，产生扼杀当地企业之后果。

### （二）对 WTO 构成挑战

在 1947 年关贸总协定与 1995 年成立的 WTO 有关协定和协议当中，对于地区经济一体化的内部优惠采取了例外，即不实施最惠国待遇条款。实际上，对于非经贸集团的成员已经构成了不平等待遇。在关税同盟建立之后,成员方内的厂商采购产品,可能会从高成本的集团内部进口,取代了成员外更低成本产品的进口,不利于世界性的资源的合理配置,违背了 WTO 宗旨。此外,在关税同盟之下,成员在关税统一过程当中,决策机构会更多地而非更少地偏向于保护或者干预。比如,欧盟的贸易政策制定具有"餐馆账单问题"之特点。

例如,一批人去餐馆就餐,并且分摊饭费。每个人都会想点他们平时吃饭时不会去点的高价菜肴,因为在某种程度上都会期待他人负担一部分的费用。这种情况,也会出现在欧盟贸易政策的制定当中。保护的代价由欧盟所有的消费者承担,与各个国家的国内生产总值呈正比。生产商得到的好处,与每个国家在欧盟当中有关产品的生产份额呈正比。如果欧盟内部大国能够使得欧盟委员会在某一具体领域以内提出保护主义的政策建议,所有的欧盟成员都将会有一种愿望,想使他们的一些产品也得到保护,这势必会加重贸易保护的普遍压力,对 WTO 的作用构成了严重挑战。这种情况也会出现在其他层次的区域经济一体化形式当中。

## 第四节 区域经济贸易一体化的现状与趋势

### 一、区域经济贸易一体化的现状

区域经济贸易一体化在最近几年发展势头很快,成为国际经济领域里十分突出的现象,各种类型的区域经济贸易一体化组织遍布于各地,对于世界政治经济产生了多方面、多层次的影响。

而中国在区域经济一体化的进程当中,速度也不容忽视。中国已经签署自贸协定,涉及多个国家与地区,分别是东盟、新加坡、巴基斯坦、新西兰、智利、瑞士、秘鲁、哥斯达黎加、冰岛、韩国与澳大利亚,另外还有内地与中国香港、澳门的更紧密经贸关系安排(CEPA),以及大陆与中国台湾的海峡两岸经济合作框架协议(ECFA)。

此外,中国已经完成了与印度的区域贸易安排(RTA)联合研究,正在与哥伦比亚等开展自贸区联合可行性研究,还加入了"亚太贸易协定"。

### 二、区域经济贸易一体化的未来发展趋势

区域经济贸易一体化是不可逆转的潮流与趋势,自进入 21 世纪以来,区域经济一体化组织的数量增长迅速,内涵也在明显地扩展。区域经济一体化在经济全球化的大背景之下,呈现出一些新的发展态势。

## （一）合作形式多样化，合作机制灵活化

虽然目前的区域经济一体化组织安排是以自由贸易协定的形式为主导，但是其他名称的区域经济组织也在不断地出现，比如投资保障协议、紧密经济伙伴关系与经济伙伴关系协定等。

传统的经济一体化组织，要求各成员方的地理位置相接近，然而自进入 21 世纪以来，区域合作的构成基础，打破了原来狭义的地域相邻之概念要求。另外，部分区域经济一体化组织互相交叉重叠，或者是大区域组织包容次区域组织，或者是一个国家或地区参与多个不同层次的区域经济一体化组织，因而相互之间的关系错综复杂。

同时，在新浪潮之下，区域经济一体化在运行机制上显得更为灵活，制度性区域经济组织与功能性区域经济组织并存。制度性区域经济组织，是指成员方以贸易协定、条约等法律契约的形式，作为基础的区域经济组织。而功能性区域经济组织，则为各成员方之间相互进行信息交流、经济联系，协调各方面贸易政策等提供一个舞台。制度性区域经济组织，仍然占据着主导地位，而功能性区域经济组织也在日益地出现。

## （二）合作的程度更深，范围更广

新一轮的区域经济组织，在合作的程度上表现得更为深入，在合作的范围上体现得更为广泛。传统的区域经济组织，主要是以货物贸易自由化为发展目标。而新浪潮当中的区域经济组织合作的程度在不断地加深，不仅包括货物贸易的自由化，还包括服务业的投资，贸易争端解决机制，统一的竞争政策，共同的环境标准与劳工标准，知识产权保护标准与超国家的制度安排等。

在合作范围方面，传统的区域经济组织要求合作成员方的社会政治制度要相似，而新一轮的区域经济组织已经拓宽了合作范围，混合性区域经济组织的不断出现，表明全球区域经济合作正在步入一个新的发展阶段。

## （三）区域经济一体化进程当中，经济与政治合作相互渗透

自 20 世纪 90 年代以来，在世界各地迅猛发展的区域经济一体化组织，其合作内容已经开始包罗万象，尽管主要是涉及经济合作内容，但是政治内容已经成为各方面关心的内容。政治合作为经济合作的更进一步开展提供了重要的环境。尽管在政治合作方面存在的障碍要比经济合作多，但是各国开展区域经济一体化的最初目的，便是获得本国经济发展的必要与良好的外部环境。针对于这一点而言，政治的合作便必不可少。比如，欧盟在取得经济一体化重大发展的条件之下，不遗余力地试图推进政治合作。尽管经济合作与政治合作这两个方面并不平衡，但是政治合作也不容忽略。

在今后相当长的一段时期中，区域经济贸易一体化仍然会获得蓬勃的发展。在此过程

当中，国家利益和集团利益之间的矛盾、集团之间的矛盾与摩擦，以及许多不确定的因素依然会存在。所以，区域经济一体化的道路将是不平坦的，各区域集团在贸易上对外部市场都有很大程度的依赖，因此，区域集团的成员虽然具有排他性，但是也不可能采取全封闭政策。

此外，随着资金、技术与生产的日益国际化，西方国家的经济渗透已经达到很高的程度，而集团之间的投资与企业兼并，又进一步地加强了国际化与相互依存度。

# 第十四章 国际货物运输保险

## 第一节 海洋运输货物承保的责任范围及费用

### 一、海上风险

海上风险是指保险人承保的在海上和海上与陆上、内河与驳船相连接的地方所发生的风险。海上风险主要分两类。一类是一般海上风险；另一类是外来风险。

#### （一）一般海上风险

一般海上风险包括自然灾害和意外事故。

1. 自然灾害

自然灾害是指由于自然界的变异引起破坏力量所造成的现象，如恶劣气候、雷电、地震、海啸、火山爆发、洪水等。

2. 意外事故

意外事故是指船舶搁浅、触礁、沉没、互撞或与其他固体物，如流冰、码头碰撞，以及失踪、失火、爆炸等意外原因造成的事故或其他类似事故。

#### （二）外来风险

外来风险是指由于自然灾害和意外事故以外的其他外来原因造成的风险，但不包括货物的自然损耗和本质缺陷。依风险的性质可分为一般外来风险和特殊外来风险两类。第一，一般外来风险是指由于一般外来原因所造成的风险，主要包括：偷窃、渗漏、短量、碰损、钩损、生锈、雨淋、受热受潮等；第二，特殊外来风险是指由于军事、政治、国家政策法令和行政措施等以及其他特殊外来原因，如战争、罢工、交货不到、被拒绝进口或没收等。

### 二、海上损失和费用

#### （一）海上损失

海上损失是指被保险货物在海洋运输中由于发生海上风险所造成的损坏或灭失，又称为海损。

根据货物损失的程度，海损可分为全部损失与部分损失；按货物损失的性质，海损又可分为共同海损和单独海损，二者在保险业务中均属于部分损失的范畴。

1. 全部损失

简称"全损"，是指运输中的整批货物或不可分割的一批货物的全部损失。全部损失又可分为实际全损和推定全损两种。

（1）实际全损。

实际全损是指被保险货物（保险标的物）全部灭失或指货物毁损后不能复原或完全丧失原有用途，已不具有任何使用价值；或指货物无法挽回地全部被海盗劫走等。如货物沉没海底无法打捞或水泥被水浸泡后变质、完全丧失原有用途等。

（2）推定全损。

推定全损是指被保险货物受损后，完全灭失已不可避免或修复、恢复受损货物的费用将超过货值；或被保险货物遭受严重损失后，继续运抵目的地的运费将超过残损货物的价值。

在发生推定全损时，被保险人可以要求保险人按保险货物的部分损失赔偿，也可以要求按推定全损赔付。在按推定全损赔付时，必须向保险人提出委付（Abandonment），经保险人同意，才能按推定全损赔付。所谓委付是指保险标的发生推定全损时，被保险人自愿将保险标的的一切权利转移给保险人，请求保险人按保险标的的全部保险金额予以赔偿的表示。

2. 部分损失

部分损失是指被保险货物的一部分毁损或灭失。部分损失可以分为共同海损和单独海损。

（1）共同海损。

共同海损是指载货船舶在航行途中遇到威胁船货共同安全的自然灾害和意外事故，船长为了维护船货的共同安全或使航程得以继续完成，有意识地、合理地采取措施而造成的特殊损失或支出的额外费用。

构成共同海损必须具备以下条件。第一，危难真实存在：载货船舶必须确实遭遇危及货、船等共同安全的风险，风险必须实际存在而且不可避免地产生，而不是主观臆断。如果因船长判断错误，采取了某些措施或因可以预见的常见事故所造成的损失，不能构成共同海损。第二，自愿的和有意识的行动：共同海损牺牲的产生是由人为的故意行动，而不是遭遇海上风险造成的意外损失。第三，牺牲和费用必须是合理的、额外的，船长不能滥用职权，任意扩大物资牺牲和费用的支出。支出的目的仅限于保船、货等各方面的共同安全。第四，共同海损的分摊。共同海损的牺牲和费用均为使船舶、货物和运费免于遭受损失而支出的，因而，不论损失与费用的大小，都应由船方、货主和付运费方按最后获救价值共同按比例分摊。这种分摊称为共同海损的分摊。

(2) 单独海损。

单独海损是指货物由于遭受承保范围内的风险所造成非属共同海损的部分损失，它是针对共同海损而言的。

共同海损和单独海损均属部分损失，但二者的性质、起因和补偿方法有较大的区别：共同海损的起因是人为有意识造成的，而单独海损是承保风险所直接导致的损失；共同海损要由受益方按照受益大小的比例共同分摊，而单独海损由受损方自行承担损失。

### (二) 海上费用

海上费用是指海上风险造成的费用损失。海上费用包括施救费用和救助费用。

1. 施救费用

施救费用，又称单独海损费用，是指当被保险货物遭受保险责任范围内的自然灾害和意外事故时，被保险人或其代理人或其受雇人等为抢救被保险货物，防止损失继续扩大所支付的费用。保险人对这种施救费用负责赔偿。

2. 救助费用

救助费用是指被保险货物遭受承保范围内的灾害事故时，除保险人和被保险人以外的无契约关系的第三者采取救助措施，获救成功，依据国际上的法律，被救方应向救助的第三者支付的报酬。救助费用应由保险人负责赔偿。保险人在赔付时，必须求救助成功，在国际上，一般称为"无效果—无报酬"。

## 第二节 海洋运输货物保险条款

中保财产保险有限公司为适应我国对外经济贸易的发展需要，根据我国保险工作的实际情况并参照国际上的一般做法，制定我国的海洋货物运输保险条款，在这个条款里列明了保险公司承保责任范围、除外责任、责任起讫、被保险人的义务和索赔期限等内容。

### 一、承包责任范围

在承包责任范围条款里规定的保险险别有基本险和附加险两大类。

#### （一）基本险

基本险，也称主险，是可以独立承保的险别。海洋货物运输保险的基本险包括平安险、水渍险和一切险。

1. 平安险

平安险这一名称的英文原意是指单独海损不负责赔偿。根据国际保险界对单独海损的解释，它是指保险标的物在海上运输途中遭受保险范围内的风险直接造成的船舶或货物的灭失或损害。因此，平安险原来的保障范围只赔全部损失。但在长期实践的过程中对平安险的责任范围进行了补充和修订，当前平安险的责任范围已经超出只赔全损的限制。

概括起来，这一险别的责任范围主要包括：一是被保险货物在运输途中由于恶劣气候、雷电、海啸、地震、洪水等自然灾害造成整批货物的全部损失和推定全损；二是由于运输工具遭受搁浅、触礁、沉没、互撞、与流冰或其他物体碰撞以及失火、爆炸、意外事故造成货物的全部或部分损失；三是在运输工具已经发生搁浅、触礁、沉没、焚毁、意外事故的情况下，货物在此前后又在海上遭受恶劣气候、雷电、海啸等自然灾害所造成的部分损失；四是在装卸转船过程中，被保险货物一件或数件落海所造成的全部或部分损失；五是运输工具遭受自然灾害或意外事故，需要在中途的港口或者在避难港口停靠，因而引起的卸货、装货、存仓以及运送货物所产生的特别费用；六是发生共同海损所引起的牺牲、公摊费和救助费用。

2. 水渍险

水渍险又称"单独海损险"，英文原意是指单独海损负责赔偿，是海洋运输货物保险的主要险别之一。它的责任范围除了包括上列"平安险"的各项责任外，还负责被保险货物由于恶劣气候、雷电、海啸、地震、洪水等自然灾害所造成的部分损失。

3. 一切险

一切险的承保责任范围，除包括平安险和水渍险的责任外，还包括被保险货物在运输过程中，由于一般外来原因所致的全部损失或部分损失。一切险实际上是平安险、水渍险与偷窃、提货不着、淡水雨淋、短量、混杂、玷污、渗漏、碰损、破碎、串味、受潮受热、钩损、包装破裂和锈损等附加险责任的总和。

（二）附加险

附加险是不能单独承保的险别。它必须依附于基本险项下，即只有投资基本险其中一种之后，才可增保附加险，并须另外支付一定的保险费。附加险分为一般附加险和特殊附加险。

1. 一般附加险

一般附加险承保一般外来原因引起的货物损失，亦称普通附加险，它们包括在一切险之中。若投保了一切险，就无须另行加保。若投保了平安险或水渍险，则由被保险人根据货物特性和运输条件选择一种或几种附加险，经与保险人协议加保。

一般附加险有下列 11 种险别。

（1）偷窃、提货不着险。

投保平安险和水渍险的基础上加保此险，保险人负责赔偿对被保险货物因被偷窃，以及被保险货物运抵目的地后整件未交的损失。但是，被保险人对于偷窃行为所致的货物损失，必须在提货后 10 天内申请检验，而对于整件提货不着，被保险人必须取得责任方的有关证明文件，保险人才予以赔偿。

(2) 淡水雨淋险。

投保平安险和水渍险的基础上加保此险，保险人负责赔偿承保货物在运输途中遭受雨水、淡水以及雪融水浸淋造成的损失，包括船上淡水舱、水管漏水以及舱漏所造成的货物损失。不过，保险人承担赔偿责任，要求被保险人必须在知道发生损失后的 10 天内申请检验，并要以外包装痕迹或其他证明为依据。

(3) 渗漏险。

投保平安险和水渍险的基础上加保此险，保险人负责赔偿承保的流质、半流质、油类货物在运输途中因容器损坏而引起的渗漏损失，或用液体储藏的货物因液体渗漏而引起的腐烂变质造成的损失。如以流体装存的湿肠衣，因为流体渗漏而使肠衣发生腐烂、变质等损失，均由保险公司负责赔偿。

(4) 短量险。

投保平安险和水渍险的基础上加保此险，保险人负责赔偿承保的货物因外包装破裂或散装货物发生数量损失和实际重量短缺的损失，但不包括正常运输途中的自然损耗。被保险人对于包装货物的短少，应当提供外包装发生破裂现象的证明；对于散装货物，则以装船重量和卸船重量之间的差额作为计算短量的依据。

(5) 混杂、玷污险。

投保平安险和水渍险的基础上加保此险，保险人负责赔偿承保的货物在运输过程中因混进杂质或被玷污，影响货物质量所造成的损失。此外保险货物因为和其他物质接触而被玷污，例如布匹、纸张、食物、服装等被油类或带色的物质污染因而引起的经济损失。

(6) 碰损、破碎险。

投保平安险和水渍险的基础上加保此险，保险人负责赔偿承保的金属、木质等货物因震动、颠簸、碰撞、挤压而造成货物本身的损失，或易碎性货物在运输途中由于装卸野蛮、粗鲁及运输工具的颠震所造成货物本身的破裂、断碎的损失。

(7) 串味险。

投保平安险和水渍险的基础上加保此险，保险人负责赔偿承保的食用物品（如食品、粮食、茶叶、中药材、香料）、化妆品原料等因受其他物品的影响而引起的串味损失。该险主要承保被保险货物因在运输过程中配载不当而受其他物品影响，引起的串味损失。如茶叶、香料与皮张、樟脑等堆放在一起产生异味，不能使用。

(8) 受潮受热险。

投保平安险和水渍险的基础上加保此险，保险人负责赔偿承保的货物因气温突然变化或由于船上通风设备失灵致使船舱内水汽凝结、受潮或受热所造成的损失。

(9) 钩损险。

投保平安险和水渍险的基础上加保此险，保险人负责赔偿承保的货物（一般是袋装、箱装或捆装货物）在运输过程中使用手钩、吊钩装卸，致使包装破裂或直接钩破货物所造成的损失及其对包装进行修理或调换所支出的费用。如粮食包装袋因吊钩钩坏而造成粮食外漏的损失。

（10）包装破裂险

投保平安险和水渍险的基础上加保此险，保险人负责赔偿承保的货物在运输过程中因搬运或装卸不慎造成包装破裂所引起的损失，以及因继续运输安全的需要修补或调换包装所支出的费用。

（11）锈损险

投保平安险和水渍险的基础上加保此险，保险人负责赔偿承保的货物在运输过程中由于生锈而造成的损失。但生锈必须是在保险期内发生的，如原装船时就已生锈，保险公司不负责。此外，在海上保险实务中，保险人一般不对裸装的金属材料承保锈损险。

2. 特殊附加险

特殊附加险是以导致货损的某些政府行为风险作为承保对象的，它不包括在一切险范围内，不论被保险人投任何基本险，要想获取保险人对政府行为等政治风险的保险保障，必须与保险人特别约定，经保险人特别同意，否则，保险人对此不承担保险责任。特殊附加险只能在投保"平安险""水渍险"和"一切险"的基础上加保。特殊附加险共有七种。

（1）海上货物运输战争险

海上货物运输战争险是特殊附加险的主要险别之一，是保险人承保战争或类似战争行为导致的货物损失的特殊附加险。战争险的承保责任范围包括：直接由于战争、类似战争行为、敌对行为、武装冲突或海盗行为等所造成运输货物的损失；由于上述原因所引起的捕获、拘留、扣留、禁制、扣押等所造成的运输货物的损失；各种常规武器（水雷、炸弹等）所造成的运输货物的损失；由本险责任范围所引起的共同海损牺牲、分摊和救助费用。但由于敌对行为使用原子或热核制造的武器导致被保险货物的损失和费用不负责赔偿；或根据执政者、当权者，或其他武装集团的扣押、拘留引起的承保航程的丧失和挫折而提出的任何索赔不负责赔偿。

战争险的责任起讫采用"水面"条款，以"水上危险"为限，是指保险人的承保责任自货物装上保险单所载明的起运港的海轮或驳船开始，到卸离保险单所载明的目的港的海轮或驳船为止。如果货物不卸离海轮或驳船，则从海轮到达目的港当日午夜起算满15日之后责任自行终止；如果中途转船，不论货物在当地卸货与否，保险责任以海轮到达该港可卸货地点的当日午夜起算满15天为止，等再装上续运海轮时，保险责任才继续有效。

（2）海上货物运输罢工险

海上货物运输罢工险是保险人承保被保险货物因罢工等人为活动造成损失的特殊附加险。罢工险的保险责任范围包括：罢工者、被迫停工工人或参加工潮暴动、民众斗争的人员的行动所造成的直接损失，恐怖主义者或出于政治目的而采取行动的人所造成的损失；

任何人的敌意行动所造成的直接损失；因上述行动或行为引起的共同海损的牺牲、分摊和救助费用。海洋运输货物罢工险以罢工引起的间接损失为除外责任，即在罢工期间由于劳动力短缺或不能运输所致被保险货物的损失，或因罢工引起动力或燃料缺乏使冷藏机停止工作所致冷藏货物的损失。其责任起讫采取"仓至仓"条款。罢工险与战争险的关系密切，按国际海上保险市场的习惯，保了战争险，再加保罢工险时一般不再加收保险费；如仅要求加保罢工险，则按战争险费率收费。所以一般被保险人在投保战争险的同时加保罢工险。

(3) 进口关税险

该险承保的是被保险货物受损后，仍要在目的港按完好货物缴纳进口关税而造成相应货损部分的关税损失。但是，保险人对此承担赔偿责任的条件是货物遭受的损失必须是保险单承保责任范围内的原因造成的。

进口关税险的保险金额应根据本国进口税率确定，并与货物的保险金额分开，在保险单上另行列出。而保险人在损失发生后，对关税损失部分的赔付以该保险金额为限。投保进口关税险，往往是针对某些国家规定，进口货物不论是否短少、残损均须按完好价值纳税而适用的。

(4) 舱面险

该附加险承保装载于舱面（船舶甲板上）的货物被抛弃或海浪冲击落水所致的损失。有些货物因体积大或有毒性或有污染性或根据航运习惯必须装载于舱面，为对这类货物的损失提供保险保障，可以加保舱面险。

(5) 黄曲霉素险

该附加险承保被保险货物（主要是花生、谷物等易产生黄曲霉素）在进口港或进口地经卫生当局检验证明，其所含黄曲霉素超过进口国限制标准，而被拒绝进口、没收或强制改变用途所造成的损失。按该险条款规定，经保险人要求，被保险人有责任处理被拒绝进口或强制改变用途的货物或者申请仲裁。

(6) 拒收险

当被保险货物出于各种原因，在进口港被进口国政府或有关当局拒绝进口或没收而产生损失时，保险人依拒收险对此承担赔偿责任。但是，投保拒收险的条件是被保险人在投保时必须持有进口所需的一切手续（特许证或许可证或进口限额证明）。如果被保险货物在起运后至抵达进口港之前期间，进口国宣布禁运或禁止进口的，保险人只负责赔偿将该货物运回出口国或转口到其他目的地所增加的运费，且以该货物的保险金额为限。同时，拒收险条款还规定：被保险人所投保的货物在生产、质量、包装、商品检验等方面，必须符合产地国和进口国的有关规定。如果因被保险货物的记载错误、商标或生产标志错误、贸易合同或其他文件存在错误或遗漏，违反产地国政府或有关当局关于出口货物规定而引起的损失，保险人概不承担保险责任。

(7) 交货不到险

该险承保自被保险货物装上船舶时开始，在六个月内不能运到原定目的地交货。不论何种原因造成交货不到，保险人都按全部损失予以赔偿。但是，被保险人应将货物的全部权益转移给保险人，因为造成交货不到的原因并非运输上的，而是某些政治原因（如被另一国在中途港强迫卸货等），所以，被保险人在投保该险别时必须获得进口货物的一切许可手续，否则投保该险是无效的。同时，由于该附加险与提货不着险和战争险所承保责任范围有重叠之处，故保险公司在条款中规定，提货不着险和战争险项下所承担的责任，不在交货不到险的保险责任范围之内。

## 二、除外责任

除外责任是由保险公司明确规定不予承保的损失和费用。除外责任中所列的各项致损原因，一般都是非意外的、偶然性的或者是比较特殊的风险，由保险公司明确作为一种免责规定。除外责任还起到划清保险人、被保险人和发货人各自应负责任的作用。

除外责任一般规定有：被保险人的故意行为或过失；发货人的责任；保险责任开始前保险货物早已存在的品质不良和数量短差；保险货物的自然损耗、本质缺陷、特性；保险货物的市价下跌；运输延迟等造成的损失和引起的费用。还有对战争险、罢工险等承保的责任往往在一般货物运输险中也可作为除外责任。

## 三、承保责任的起讫期限

### （一）基本险的责任起讫期限

平安险、水渍险和一切险的承保责任的起讫期限是采用国际保险业务中惯用的"仓至仓"条款规定方法。它规定保险责任自被保险货物运离保险单所载明的起运地发货人仓库开始时生效，包括正常运输过程中的海上运输和陆上运输，直至该项货物到达保险单所载明的目的地收货人仓库为止。该条款中所指的"运离"，是指货物一经离开发货人仓库，保险责任即为开始；所指"到达"是指货物一经进入收货人最后仓库，保险责任即告终止，在仓库中发生的损失概不负责。如果被保险货物从海轮卸下后放在码头仓库、露天或海关仓库，而没有运到收货人仓库，保险责任继续有效，但最长负责至卸离海轮60天为限。如在上述60天内被保险货物需转运到非保险单所载明的目的地时，则以该项货物开始转运时终止。另外，被保险货物在运至保险单所载明的目的地或目的地以前的某一个仓库而发生分配、分派的情况，则该仓库就作为被保险人的最后仓库，保险责任也以自货物运抵该仓库时终止。

此外，被保险人可以要求扩展保险期限，例如，我们对某些内陆国家的出口业务，如在港口卸货转运内陆，无法按保险条款规定的保险期限在卸货后60天内到达目的地时，即可申请扩展，经保险公司出具凭证予以延长，须加收一定的保险费。但是，在办理扩展责任时必须注意：在买卖合同的保险条款中对扩展期限和扩展地点应做出具体明确的规定。对于没有铁路、公路、内河等正常运输路线的地区，除非事先征得保险公司同意，一般不能规定扩展保险责任，对于散装货物一般也不办理扩展责任。

### （二）海运战争险的责任起讫期限

海运战争险的责任起讫是自保险单所载明的起运港装上海轮或驳船时开始生效，直至到达保险单所载明的目的港卸离海轮或驳船时为止。如果货物不卸离海轮或驳船，则保险责任最长延至货物到达目的港之当日午夜起 15 天为止。如果在中途转船，则不论货物在当地卸载与否，保险责任以海轮到达该港或卸货地点的当日午夜起算满 15 天为止，等到再装上续运海轮时责任恢复有效。

## 第三节  其他运输方式货物保险条款

随着科学技术的发展，国与国之间经济联系日益密切和频繁，商品贸易量的急剧增加，以及集装箱等成组化运输的出现并迅速得到发展。货物通过陆上、航空和邮包运输数量不断增加，特别是通过国际多式联运的货物数量与日俱增，在整个国际贸易货物运输量中的比重也是明显上升，因此，陆上、航空、邮包及多式联运货物保险业务均脱离海上运输保险，成为各自独立的保险条款。

### 一、陆运险与陆运一切险

陆运险的承保责任范围与海洋运输货物保险条款中的"水渍险"相似。保险公司负责赔偿被保险货物在运输途中遭受暴风、雷电、洪水、地震等自然灾害，或由于运输工具遭受碰撞、倾覆、出轨，或在驳运过程中因驳运工具遭受搁浅、触礁、沉没、碰撞，或由于遭受隧道坍塌、崖崩，或失火、爆炸等意外事故所造成的全部或部分损失。此外，被保险人对承保责任内遭受风险的货物采取抢救、防止或减少货物损失的措施而支付的合理费用，保险公司也负责赔偿，但以不超过该批被救货物的保险金额为限。

陆运一切险的承保责任范围与海上运输货物保险条款中的"一切险"相似。保险公司除承担上述陆运险的赔偿责任外，还负责被保险货物在运输途中由于外来原因所造成的全部或部分损失。

陆上运输货物险的责任起讫也采用"仓至仓"责任条款。保险人负责自被保险货物运离保险单所载明的起运地仓库或储存处所开始生效，包括正常运输过程中的陆上和与其有关的水上驳船在内。直至该项货物运达保险单所载明的目的地收货人的最后仓库或储存处所或被保险人用作分配、分派的其他储存处所为止，如未运抵上述仓库或储存处，则以被保险货物运抵最后卸载的车站满 60 天为止。

陆上运输货物险的索赔时效为从被保险货物在最后目的地车站全部卸离车辆后，最多不超过 2 年。

## 二、航空运输险与航空运输一切险

航空运输险的承保范围与海洋运输货物保险条款中的"水渍险"大致相同。保险公司负责赔偿被保险货物在运输途中遭受雷电、火灾、爆炸,或由于飞机遭受恶劣气候或其他危难事故而被抛弃,或由于飞机遭受碰撞、倾覆、坠落或失踪等自然灾害和意外事故所造成的全部或部分损失。

航空运输一切险的承保责任范围除包括上述航空运输险的全部责任外,保险公司还负责赔偿被保险货物由于被偷窃、短少等外来原因所造成的全部或部分损失。

航空运输险和航空运输一切险的除外责任与海洋运输货物险的除外责任基本相同。

航空运输货物险的两种基本险的保险责任起讫也采用"仓至仓"条款,但与海洋运输货物的"仓至仓"责任条款不同的是:如果货物运达保险单所载明目的地而未运抵保险单所载明的收货人仓库或储存处所,则以被保险货物在最后卸载地卸离飞机后满 30 天为止。如在上述 30 天内被保险货物需转送到非保险单所载明的目的地时,则以该项货物开始转运时终止。

## 三、邮政包裹险和邮包一切险

邮政包裹保险是保险公司承保邮政包裹在运送中因自然灾害或意外情况和外来原因所造成包裹内物件的损失。由于邮包的运送是使用海、陆、空三种运输,因此,保险公司在确定承保责任范围时,必须同时考虑这三种运输工具可能出现风险的因素。

邮政包裹保险也经常使用海洋运输货物保险单加贴邮包险条款的做法。各国保险公司所使用的险别和确定承保责任范围的保险条款也不尽相同,比较常见的是使用海洋运输货物险的"平安险""水渍险"和"一切险"的险别名称,但具体条款与海洋运输货物险的同名险别不完全一致。

我国保险公司参照国际上的通常做法结合我国邮政包裹业务的实际情况制定了较为完备的邮政包裹保险条款。

邮包险是指保险公司承保被保险邮包在运输途中由于恶劣气候、雷电、海啸、地震、洪水等自然灾害或由于运输工具搁浅、触礁、沉没、碰撞、出轨、倾覆、坠落、失踪,或由于失火和爆炸意外事故所造成的全部或部分损失;另外,还负责被保险人对遭受承保责任内风险的货物采取抢救、防止或减少货损的措施而支付的合理费用,但以不超过该批被救货物的保险金额为限。

邮包一切险的承保责任范围除包括上述邮包险的全部责任外,还负责被保险邮包在运输途中由于外来原因所致的全部或部分损失。

邮包险和邮包一切险的保险责任是自被保险邮包离开保险单所载明起运地点寄件人的处所运往邮局时开始生效,直至被保险邮包运达保险单所载明的目的地邮局发出通知书给收件人当日午夜零时起算满 15 天为止,但在此期限内邮包一经递交至收货人的处所,保险责任即告终止。

## 第四节　保险单据

保险单据是一份法律文件。它是保险人与被保险人之间有关权利与义务关系的书面证明，也是保险人的承保证明。一旦发生保险责任范围内的损失，它就是被保险人要求赔偿的依据。海运货物保险单据的形式主要有四种。

### 一、保险单

保险单，俗称大保险单或正式保险单，它是使用最多的普通保险单，用于承保一个指定的航区内某一批货物发生的损失。凡是指明航程或指明一批货物都可出示这种保险单。世界各地保险公司签发的海上货物运输保险单，格式互有差异，但其内容基本一致。中保财产保险有限公司的保险单的内容如下。

#### （一）保险单正面的内容

证明双方当事人建立保险关系的文字，说明保险人根据被保险人的要求，由被保险人缴付约定的保险费，按照该保险单被保险人的要求，由被保险人缴付约定的保险费，按照该保险单条件承保货物运输险。

载明被保险货物的情况，包括货物品名、标记、数量、包装、保险金额以及载货船名、起运港和目的港、开航日期等。承保险别和理赔地点及保险人声明所保货物如遇危险，凭该保险单及有关证件给付赔款。

#### （二）保险单背面的内容

保险单背面所列保险条款是确立保险人与被保险人之间权利与义务关系的依据，主要包括承保责任范围、除外责任、责任起讫、被保险人的义务、索赔期限等。

### 二、保险凭证

保险凭证，俗称小保单，它是简化的保险合同，所以它也是保险公司表示接受承保的一种证明文件。保险凭证仅载明被保险人名称，被保险货物名称、数量、标记，运输工具种类和名称，承保险别，起讫地点和保险金额等，而对保险公司和被保险人的权利和义务等方面的详细条款则不予载明，通常按保险公司的保险单所载条款办理。保险凭证具有与保险单同等的效力，但是，如果信用证内规定提供保险单时，受益人一般不能以保险凭证代替。

### 三、联合凭证

联合凭证是指保险公司将承保险别、保险金额和保险编号加列在外贸公司开具的出口货物商业发票上，作为已经承保的证据。至于其他项目，均以发票上所列明的为准。它是发票与保险单相结合的一种凭证，是最简单的保险单据。这种单据目前只适用于对港澳地区部分华商和少数新加坡、马来西亚地区的出口业务，对其他地区，除双方有约定外，一般均不使用。

### 四、预约保险单

预约保险单是保险公司承保被保险人在一定时期内发运的以 CIF 条件成交的大批量的出口货物或以 FOB 和 CFR 条件成交的进口货物使用的保险单。这种保险单载明预约保险货物的范围、险别和保险费率以及每批货物的最高保险金额、保险费结算办法等。凡属于预约保险范围内的进出口货物，一经起运，即自动按预约保险单所列条件承保。通常是被保险人以启动通知书或其他书面形式将预约保险的货物名称、数量、保险金额、运输工具的种类和名称、航程起讫地点、开航日期等情况通知保险公司。

# 第十五章　国际电子商务下的现代物流

## 第一节　国际电子商务与物流

### 一、物流的概念及构成

**（一）物流的概念**

物流是随着国际贸易的发展而产生的，并已成为影响和制约国际贸易进一步发展的重要因素。在国际贸易中，买卖双方一般相距遥远，因而交易的商品一般需要花费较长的时间，经过较长距离的运输才能从生产地运至需要地，生产商、贸易商往往无法顾及国际贸易中的每一个环节，因此涉及商品交换的全部物流活动就由专业的物流服务商提供，他们跨越国境，提供全过程、全方位的国际物流服务，从而加快国际贸易商品的流转，提高国际物流的业务水平和作业效率。

物流一词最早出现在第二次世界大战，英国军队为把军事物资从供应地运送到作战前线提出了一整套管理方案，称之为"后勤管理"。"二战"结束后，人们把这种管理思想运用到生产和流动领域，取得了很好的效果。从此，物流的概念在流通领域逐渐形成并不断发展和完善。

美国物流管理协会对物流下的定义为："物流是指为了符合顾客的需要，所发生的从生产地到销售地的物质、服务、信息的流动过程，以及为使保管能有效、低成本地进行而从事的计划、实施和控制行为。"

按照中华人民共和国国家标准的《物流术语》中对物流概念的界定："物流是商品从供应地向接收地的实体流动过程。根据需要，将运输、储存、装卸、搬运、包装、流通加工、配送、信息处理等基本功能实施有机结合。"

**（二）物流的构成**

物流活动由物品的包装、装卸、运输、储存、流通加工、配送、物流信息等作业环节构成。又称为"物流活动的基本职能"。

249

1. 包装活动

包装活动是指在流通过程中采用某些特定容器、材料及辅助物，按一定方法将物品进行包裹，以起到保护产品、便于运输和销售的作用。包装包括产品的出厂包装，生产过程中制成品、半成品的包装以及在物流过程中换装、分装、再包装等活动。包装分为工业包装和商品包装。工业包装的作用是为了便于物品的运输、保管，提高装卸率以及装载率而进行的。商品包装的目的则主要是便于销售。

2. 装卸活动

装卸活动是指在同地域范围内（如仓库）改变物品的存放、支承状态以及空间位置的活动，衔接包装、运输、存储、派送、流通加工等物流各环节活动。因此，装卸活动是物流各环节的接合部，在整个物流过程中，只有装卸活动伴随物流活动的始终。装卸作业包括装载、卸载、堆放拆垛、分拣配货、入库、出库以及连接以上各项动作的短程移送、搬运作业。在物流活动全过程中，装卸搬运活动频繁发生，容易造成物品的损坏。因此，对不同的物品进行装卸时，要选择合适的装卸方式以及装卸机具，以减少装卸事故的发生，降低物品的损坏率。

3. 运输活动

运输活动是指使物品发生空间移动的物流活动。在运输过程中物品并未改变其实物形态，也不增加其数量，但物品通过运输克服了从生产地到需要地之间的空间距离，创造物品的空间效用。因此，运输是物流的核心。运输范围包括厂内运输、市内运输、城市之间运输、国际运输等。在城市内或区域范围内的运输中，由生产厂经由物流企业(配送中心)为用户提供商品时，生产厂到物流配送中心之间的物品空间移动称为运输（从配送中心到用户之间的物品空间移动则称为配送）。运输方式主要有铁路运输、汽车运输、船舶运输、航空运输和管道运输等。对运输活动的管理要求选择技术经济效果最好的输送方式，确定合理的输送路线，以实现运输的安全、迅速、准时、价廉的要求。

4. 储存活动

储存活动是指物品从最初的生产到最终的消费的转换过程中暂时处于停滞状态时的阶段。无论是在生产领域中，原材料、燃料、工具和设备等进入生产过程之前，还是产品从生产领域生产出来后，在进入消费领域之前，这些物资都会有一段停留时间，这就形成了物品的储存。通过对物品的储存保管，克服了物品从采购到生产，从生产到消费的时间上的差异，产生了物品的时间效用。储存活动是利用各种仓库来克服时间间隔的。在对物品进行储存时，需要对物品进行检验、整理、分类、保管、保养等工作，储存管理要求合理确定仓库的库存量，建立各种物资的保管制度，确定作业流程，提高保管技术等。

5. 流通加工活动

流通加工活动是指一种生产性辅助加工活动。它是指在流通过程中，流通企业为了促进销售、维护产品质量和提高物流效率，以便更有效地满足消费者的需要，根据用户的要求对物品进行一定程度的加工。流通加工的范围广泛，比如为保护产品所进行的诸如加固、改装、冷冻、保鲜等流通加工活动。

6. 配送活动

配送活动是指按用户的订货要求在物流据点（如配送中心）对货物进行整理、拣选、加工、包装、组配、末端运输等一系列服务。配送以物流配送中心为始点，以送达收货人为终点。配送的最终实现离不开运输，这也是人们把面向城市内和区域范围内的运输称之为"配送"的原因。总之，配送的目的是要做到收发货经济，运输过程更加完善，保持合理库存，为用户提供方便，降低缺货危险，减少订发货费用。

7. 物流信息

物流信息是指与物流活动相关的信息，包括上述各种活动的有关的计划、预测、动态信息以及相关联的费用情况、生产信息、市场信息等。由于在物流活动中产生了大量反映物流活动的资料、消息、情报、图像、数据、文件等，对这些信息的高效、系统的处理，成为组织好物流活动的非常重要的一环。随着电子计算机和信息通信技术的发展，为物流信息采用电子计算机处理提供了技术手段，为实现物流的系统化、合理化、高效率化创造了技术条件。物流信息对上述各种物流活动的相互联系起着协调作用。

## 二、国际电子商务与物流

### （一）国际电子商务与物流的关系

传统国际商务的核心内容是商品的交易，而商品交易会涉及四方面。商品所有权的转移，货币的支付，有关信息的获取与应用，商品本身的转交。即我们通常所说的商流、资金流、信息流、物流四种流。其中，商流是指商品在购销过程中商品所有权转移的运动过程，具体是指商品交易的一系列活动；资金流是指交易过程中资金的转移过程，包括付款、转账、结算等过程；信息流是指有关交易的各种信息的交流，既包括商品信息的提供、促销行销、技术支持、售后服务等内容，也包括例如询价单、报价单、付款通知单、转账通知单等商业贸易单证，还包括交易方的支付能力、支付信誉等；物流主要是指产品实体从供应者向需求者流动的过程，具体指运输、储存、配送、装卸、保管、物流信息管理等各种活动。

同样，国际电子商务的本质也是商务，在国际电子商务活动中也存在这四种流。但国际电子商务与传统的国际商务活动的不同之处在于，信息流、商流、资金流几乎都可以在互联网上实现，唯独物流在四个流中是最为特殊的一种，即国际电子商务与物流之间存在特殊的关系。

国际电子商务与物流之间存在着相互促进、共向发展的互动关系。对于物流而言，它是国际电子商务的重要组成部分，国际电子商务是物流的发展资源，是物流的电子化，缺乏电子商务的物流不能发展进步。对于国际电子商务而言，物流是国际电子商务的生存之道，国际电子商务的发展离不开物流，没有物流的国际电子商务无法成功实现。二者的关系具体表现为以下两个方面。

1. 物流成为国际电子商务不可或缺的部分

在国际电子商务环境下，信息流、商流、资金流和物流这四个部分都与传统的商务活动有所不同。商流、资金流与信息流，这三种流的处理都可以通过计算机和网络通信设备来实现。物流是指物质实体的流动过程，具体指运输、储存、加工、配货、送货、物流信息管理等各种活动。对少数商品和服务来说可以直接通过网络传输的方式进行配送，如各种电子出版物、信息咨询服务等。而对于大多数商品和服务来说，物流仍要经过运输、储存、加工、配货、送货等环节将商品和服务送达消费者手中。

国际电子商务是由网络经济和现代物流共同创造出来的，它将物流涵盖其中，包括商务信息查询、报价、还价、合议、付款、货物送达等交易的全过程，也即四个流的流动过程，用公式可以表达为：国际电子商务 = 网上信息传递 + 网上交易 + 网上结算 + 物流配送。国际电子商务与传统的国际商务相比，最大的特点是向消费者提供迅捷的商务服务，但是，不论交易形式如何变化，是现金支付还是信用支付，是面对面交易还是网上交易，货物总是要从卖者交到买者，最终到达消费者手中。在这整个的交易过程中，物流是不可或缺的，它是国际电子商务活动得以最终实现的必要条件。国际电子商务企业如果不同物流相匹配，最终会被市场所淘汰。可见，国际电子商务的物流问题是制约国际电子商务发展的重要环节，也是能否真正体现国际电子商务优势的关键因素。

2. 国际电子商务的发展推进物流的现代化进程

国际电子商务能够减少物流的周转环节和时间，通过为物流活动创造一个虚拟的运动空间，使物流的各种功能可以通过虚拟模式表现出来，人们从虚拟模式的不同组合中选择最佳物流方案，以精简周转环节，降低物流成本，提高物流效率，从而使人们真正享受到国际电子商务给他们带来的便捷和好处。另外，通过国际电子商务在网络上传递信息的功能，可以使相关的物流信息在分散经营的物流企业间交流、传递，从而实现物流资源配置的合理化。专业物流机构也必须改造和完善自己的物流功能，以适应电子商务条件下现代物流的需要。

作为一种现代化的网上销售系统，国际电子商务并不是简单的"网上订货 + 按单送货"，其对物流功能提出了不少新的要求，传统物流只有向与国际电子商务要求相适应的现代物流方向转变，才能真正适应国际电子商务发展的需要。

## （二）国际电子商务对物流各作业环节的影响

1. 国际电子商务对物流采购的影响

传统的采购极其复杂。采购员要完成寻找合适的供应商、检验产品、下订单、接取发货通知单和货物发票等一系列复杂烦琐的工作。在国际电子商务环境下，企业通过在专用网络上使用电子数据交换系统（EDI）或者使用互联网进行采购，使采购过程变得简单、顺畅。电子商务对采购的影响尤其体现在成本的降低方面，具体体现在诸如缩短订货周期、减少文案和单证、减少操作以及降低价格等方面。

2. 国际电子商务对包装的影响

由于电子商务的兴起和发展，使人们可以通过互联网搜寻到有关商品的全部信息，这些信息几乎涵盖了商品的内容，如形、状、色彩、声音以及文字说明等，远胜于传统的商业包装对商品的促销作用，从而可能导致商业包装促销作用的淡化。

3. 国际电子商务对运输的影响

国际电子商务环境下，传统运输的原理并没有改变，但运输主要形式受其影响，却有可能发生较大的变化。

一方面，传统意义上的运输被分成了运输和配送两个阶段。传统经济模式下，各个仓库位置分散，物流的集中程度比较低，这使得运输也很分散；在国际电子商务环境下，库存集中起来，这必然导致运输的集中化程度提高。随着城市综合物流中心的建成，可以使物流中心的物流量达到足够大，从而实现大规模的城市之间的直达运输。传统意义上的运输也被分割成了运输与配送两个阶段。一般把物品从中央仓库到配送中心的前端运输称为运输，把物品从配送中心到用户的末端运输称为配送。

另一方面，国际电子商务技术的广泛应用与普及，使得运输企业之间通过联盟，采用多式联运的经营方式。所谓多式联运是指至少以两种不同的运输方式，由多式联运经营人将货物从接管货物的地点运至指定交付货物的地点，以达到对托运人实行运输全程一次托运、一单到底、门对门服务的目的。

4. 国际电子商务对库存的影响

在国际电子商务环境下，通过库存合理化方案的计划与实施，可以实现所谓的"零库存"或"柔性库存"。"柔性库存"是指完全力库存，根据生产需要准时把供应商的原材料、零部件供给到生产场地。虽然在许多领域仍然需要依靠库存来保证正常的生产和供给充足的市场，但在某些领域，库存合理化的含义已被重新解释为"没有库存"之意了。之所以会如此，是由于国际电子商务增加了物流系统各环节对市场变化反应的灵敏度，从而减少了库存，节约了成本。

### 5. 国际电子商务对配送的影响

国际电子商务与传统商务相比，其特点和价值很大程度体现在快捷上，如果国际电子商务的其他环节（网上信息传递、网上结算、网上交易）都能在互联网上瞬间完成，货物的配送时限却达不到用户的要求，那么国际电子商务的价值就无法得到体现。因此，物流配送是否及时，覆盖范围是否广泛，质量是否有保障，已成为消费者选择电子商务企业的重要依据。只有国际电子商务与物流配送之间实现完全的匹配，才是真正意义上的国际电子商务。

### 6. 国际电子商务对物流信息的影响

传统的物流信息管理主要以企业自身的物流管理为中心，与外界信息交换少。随着国际电子商务活动的广泛开展，企业与企业之间的联系越来越密切，信息在相同或不同国别的企业间的快速流动、交换和共享成为信息管理的新特征。

另外，在国际电子商务条件下，现代物流技术的应用使得传统物流管理信息系统发生了革命性的变化，如在物流的运输环节，企业采用在线货运信息系统、地理信息系统、卫星跟踪系统等技术，使运输更加合理，路线更短，载货更多，而且运输从不可见变为可见。

## 三、国际电子商务下物流系统的建立

### （一）物流系统的概念

物流系统是由需要移动的货物、包装设备、装卸搬运机械、运输工具、仓储设施、物流管理人员以及通信设施等物流要素所组成的相互制约、相互联系的有机整体。

### （二）国际电子商务下物流系统的要求

电子商务时代的来临给物流的现代化发展提供了全新的舞台，国际电子商务的发展也对物流系统提出了新的要求。

#### 1. 信息化

信息化是物流现代化的基础和前提，信息技术及计算机技术在物流中的运用彻底改变了传统物流的面貌，使之向现代物流方向发展。现代物流通过对信息的实时把握，将物流各项功能有机结合在一起，使物流系统向预定目标运行。

物流信息化表现为物流信息的数据库化、物流信息处理的电子化、物流信息传送的实时化、物流信息存储的数字化等。因此，条码技术、数据库技术、电子订货系统、电子数据交换系统等技术在现代物流中得到普遍的运用。

#### 2. 自动化

物流自动化是指物流作业过程的设备、设施的自动化，包括包装、装卸、分拣、运输、识别等作业过程。如自动识别系统、自动分拣系统、自动存取系统、货物自动跟踪系统等。物流自动化可以提高物流作业能力，降低物流作业的差错，提高劳动生产率。

3. 智能化

这是物流自动化的更高层次的运用。智能化是在更大范围和更高层次上实现物流管理的自动化，如库存水平的确定、运输路径的选择、配送中心的管理、成本的核算等。物流智能化已成为电子商务下物流发展的新趋势。

4. 标准化

国际电子商务要求对物流系统中的物流要素及其活动都采用统一的标准，包括运输工具、装卸机械、仓储设备等的设备标准，以及包装、装卸、运输等物流活动的技术标准等。物流系统的标准化能够协调各项生产和流通活动，促进技术进步，也为信息的采集和处理提供了便利。

5. 快速反应化

国际电子商务的一大特色就是快捷，鼠标一点，就可完成商流、资金流以及信息流的运行。同样，在现代物流信息系统、作业系统和物流网络的支持下，为满足用户多样化、个性化、小批量、多品种、高品质的需求，物流适应用户需求的反应速度也在加快，可以实现"今日订货，明日交货，上午订货，下午交货"的理想物流。快速反应是当今物流的重要特征，同时物流企业及时配送快速补充订货、迅速调整库存结构的能力正在加强。

6. 网络化

物流的网络信息化是物流信息化的必然，全球网络资源的可用性及网络技术的普及为物流的网络信息化提供了良好的外部环境。随着专业化生产的不断深化，为保证物料的充足供应和产品的有效分销，物流领域需要建立完善的物流网络体系，网络上的供应商与物流配送中心之间、物流配送中心与物流配送中心之间、物流配送中心与最终用户之间的物流活动要保持一致性，以优化整个物流网络上的资源配置。

### （三）建立物流系统需要考虑的因素

1. 高素质人才

国际电子商务要求物流管理人员既要具有较高的物流管理水平，而且要求他们具有较高的电子商务知识，并在实际的运作过程中，将二者有效地、有机地结合在一起。他们需要通晓现代经济贸易、现代物流运作、运输与物流理论和技能、英语、国际贸易运输及物流管理等知识，成为一种复合型人才。

2. 先进的物流基础平台

物流基础平台包括物流基础设施平台和物流信息平台两大类。传统上，物流基础平台主要是提供物流服务的物流基础设施平台,这个平台主要由铁路、公路、车站、码头、机场以及在这些设施之上的仓库等构成。

在国际电子商务环境下,随着物流领域的扩展,物流基础设施平台已无法满足现代物流复杂化的要求,物流信息平台的构建已日显重要。为适应现代物流发展的需要,还必须采用先进的互联网络技术,推动物流信息平台的建设,以连接物流系统内各主要部门、主要仓储分拣配送资源库单位以及各大企业用户的宽带数据通道,提供高速的交换端口、足够的干线信息传输和交换能力,为电子商务的物流服务现代化提供信息服务。

3. 庞大的资金投入

由于物流企业业务的复杂性,不仅需要投入巨大的资金,而且其投入的范围涉及面广,如土地、仓储设施、装卸搬运设备、运输工具、分拣系统、配送中心、管理手段等,因此,一般电子商务企业不敢涉足。

4. 统一的物流管理部门

如果没有统一的物流管理部门统一物流政策和行为规范,就会使物流系统分属不同管理部门,造成流转单证不规范、不统一、不通用,货物紊乱、货流不畅,最终导致企业经营管理混乱,经营效益下降。

### (四)电子商务下物流系统的建立

国际电子商务环境下物流系统建立的目的是实现国际电子商务过程中商品的空间效益和时间效益,在保证商品满足供给需求的前提下,实现各种物流环节的合理衔接,并取得最佳经济效益。

1. 国际电子商务和普通国际商务活动共用一套物流系统

制造商、经销商可以建立基于互联网的国际电子商务销售系统,同时可以利用原有的物流资源承担国际电子商务的物流作业。

以生产制造为主的企业,其核心业务是商品开发、设计和制造,越来越多的制造商不仅有庞大的销售网络,而且还有覆盖整个销售区域的物流配送网。这些制造企业完全可以利用原有物流网和设施支持国际电子商务业务,开展国际电子商务,无须新增物流、配送的投资。对企业来说,要做的主要是物流系统的设计、物流资源的合理规划。

经销商比制造商更具有组织物流的优势,因为他们的主业就是流通,他们可以利用传统商业得天独厚的资源优势,如丰富合理的商品种类、与终端客户建立的长期业务关系、高附加值的服务以及高效的配送体系等,与国际电子商务相结合,充分发挥二者的优势,实现资源共享,优势互补。

2. 企业自建物流系统

许多规模庞大的制造企业通过自建物流系统来管理自己的物流活动,如海尔集团的物流事业推进部。这种制造企业自建物流系统的活动称为第一方物流。

企业采取自营物流的方式，原因之一是认为物流行业有很高的利润（许多经济学家将物流誉为继自然资源和劳动力之后的"第三利润源泉"），因此不愿意将此利润拱手相让，还是自营的好。但是自营物流往往使成本居高不下，而且由于企业从事的物流业务是非核心业务，往往导致物流运作效率低下，另一个不足是这种大而全的经营管理模式已不适应专业化分工的大趋势。

以国际电子商务为主业的经销商自身兼顾物流业务，建立自己的物流体系，从事物流配送业务。这类兼顾型企业既要从事国际电子商务的信息流、资金流、商流的网上服务业务，又要从事将物品送交收货人的国际物流业务。商业流通企业对其商品进行的物流活动称为第三方物流。

这种物流模式可以满足消费者的"即购即得"购物心理需求，但是经销企业要建立与自己主营业务相匹配的国际物流体系并非易事。由于电子商务的信息业务与物流业务是截然不同的两种业务，企业因面临跨行业甚至跨国别经营所产生的风险可想而知。首先是配送点的布局、人员的配备数量、商品的库存量等很难合理地确定。其次，由于要满足用户的即时需求，对配送时效有严格的要求。很显然，高配送费用需要更大的商品配送规模。

3. 外包给专业物流公司（即第三方物流企业）

面对市场竞争的日趋激烈以及专业化程度的日益加深，许多企业不得不将主要精力放在自己的核心业务上，而将运输、仓储、配送等相关业务环节交由专业的物流企业进行操作，以降低成本，提高效率。将物流外包给专业物流公司是目前跨国公司管理物流的通行做法。他们将不是自己核心业务的业务外包给从事该业务的专业公司去做，这样从原料供应到生产再到产品销售各个环节的各种职能，都是由在某一领域具有专长或具有核心竞争力的专业公司相互协调和配合来完成的。

专业物流，又称为第三方物流，是指由商品的供需双方之外的第三方完成的物流活动；第三方物流企业是专业从事物流服务的企业，有一定的物流服务资源，能进行物流解决方案的策划和设计，为客户量身定制合理化的物流系统；能组织全程物流服务，并能对物流全程进行控制；有物流实体网络和信息网络，能不断降低物流成本、提高效率。由于拥有丰富的专业物流经验和物流服务资源以及物流网络上的优势，能够最大限度地满足电子商务条件下对物流的要求，提高企业的整体物流水平。

# 第二节　国际电子商务下的供应链管理

## 一、与供应链管理

### （一）供应链

21世纪初，中国发布实施的国家标准《物流术语》对供应链的定义是："生产及流通过程中，涉及产品更新换代或服务提供给最终客户的上游或下游企业，所形成的网络结构。"

有学者把供应链定义为："供应链是围绕企业，通过对信息流、物流、资金流的控制，从采购原材料开始，制成中间产品以及最终产品，最后由销售网络把产品送到消费者手中的将供应商、制造商、分销商、零售商直到最终用户连成一个整体的功能网链结构模式。"

一般认为，供应链是包含物流系统在内的一个新型的流通系统。所谓供应链是指产品在到达消费者手中之前所涉及的原材料供应商、生产商、批发商、零售商以及最终消费者组成的供需网络。即由物料获取、物料加工，并将成品送到用户手中这一过程所涉及的企业和企业部门组成的一个网络。

供应链是20世纪80年代后期全球制造和全球经济一体化浪潮下为克服传统企业管理模式的弊端而形成的一个新概念，它是社会化大生产的产物，是重要的流通组织形式和市场营销方式。它以市场组织化程度高、规模经营的优势，有机地连接生产和消费，对生产和流通有着直接的导向作用。

### （二）供应链管理

我国21世纪初发布实施的国家标准《物流术语》对供应链管理的定义如下。利用计算机网络技术全面规划供应链中的商流、物流、信息流、资金流等，并进行计划、组织、协调与控制。

供应链管理是伴随着供应链概念的出现而在管理领域形成的一个崭新的管理思想和方法，涉及各种企业及企业管理的方方面面，是一种跨行业的管理。它对供应链中的信息流、物流和资金流进行设计、规划和控制，将供应链上各节点的企业联结成一个利益共同体，企业间加强合作关系，有效分配资源，最大限度提高效率，为追求共同经济利益的最大化而共同努力。

## 二、国际电子商务对供应链的影响

### (一)国际电子商务拉近了企业与客户的联系,缩短了供应链的距离

在传统的供应链渠道中,产品从生产企业流到消费者手里要经过多个环节,流程很长,因此造成了成本上升、利润下降等问题。采用电子商务的方式后,供应链的每个环节都发生了变化,其中发生最大变化的是分销商这一环节。分销商是传统国际贸易中必不可少的角色,但在新的贸易流程里,已经无须要这一角色。通过网上的交易平台,生产企业可以绕过传统的分销商与零售商,甚至直接与消费者联系。

流程的精简是对整个供应链的优化,供应链上的每个环节都因此而受益。

由于省去了中间环节,生产企业可以直接了解下游的销售状况,调整企业的生产进度,同时,也可以更清楚地向上游的供应商采购所需的原料,减少了产品的积压。作为上游的原料供应商也能从供应链的优化中加强对下游各厂商需求的了解,增强快速反应能力。

零售商通过网上的交易平台直接向生产商发出购物订单,无须要分销商的介入,贸易流程的减少使零售商的成本也大大降低了,产品的销售价格会大幅度下降,刺激了产品的购买。传统分销商可以通过建立商业网站,利用自己与生产企业和消费者直接相连的优势,继续充当传统经销商的角色,但转型后的分销商在互联网上只是一个虚拟的信息与组织中介,无须要设置多层实体分销网络(包括人员与店铺设施),也无须要存货,因此仍然降低了流通成本,缩短了流通时间,使物流路线缩短。

### (二)国际电子商务改变了供应链中货物流动方向

传统供应链中各节点的企业处于独立分离状态,使企业之间的需求预测、库存状态、生产计划等重要信息无法迅速、准确传递,导致供需脱节。供应链大都采用推动式运作模式,即以制造商为核心,产品生产出来以后,从分销商、零售商开始逐级推向最终消费者,属于典型的"买方市场"。这使得分销商、零售商处于被动接受地位,只能以增大库存的方法应付市场需求的变化,使整个供应链上的库存量增大,货物运转周期长,对需求变动的反应能力慢,最终影响了供应链的整体运作效率。在国际电子商务环境下,供应链实现了一体化,各节点的企业通过互联网协调彼此的合作关系。分销商、零售商能及时且准确掌握顾客信息以及产品的销售信息,通过供应链的信息系统迅速传递给上游的制造企业,制造商就可以及时为下一轮的生产进行调整,同时调整自身的采购计划,从而使原材料供应商也获得市场需求变化的信息并及时改变他们的供应计划。市场信息通过网络的快速传递使供应链上各节点的企业能够对市场需求的变化做出同步反应,使产品的流动方向转变成"拉动式",实现供应链中的"零库存"或"柔性库存"。

### (三)国际电子商务改变了供应链的企业管理模式

传统的供应链管理一般是建立在私有专用网络上。一些生产企业除了建立具有竞争优势的核心企业外,还通过投资自建、投资控股或兼并的方式将上游原材料的供应、下游产

品的销售等业务纳入自己的管理范围内，这需要投入大量的资金，只有一些大型企业才有能力进行自己的供应链建设，并且这种供应链缺乏柔性。电子商务的应用促进了供应链的发展，也弥补了传统供应链的不足。企业只需注重自己的核心业务，充分发挥核心竞争优势，将非核心业务交由其他企业完成，最大限度地取得竞争优势。原有供应链上的企业由企业的博弈对立发展为企业经营的共生，企业与企业之间通过互联网结成供应链上的企业联盟。不仅如此，国际电子商务还使供应链可以共享全球化网络，使中小型企业以较低的成本加入全球化供应链中。

### （四）第三方物流将在国际电子商务环境下成为供应链中的主要物流模式

以物流企业为主的第三方物流模式的发展，将成为国际电子商务环境下物流的发展方向。所谓第三方物流是指由供应方与需求方之外的第三方去完成物流服务的物流运作方式。

企业的产品能否通过供应链快速分销到目标市场上，取决于供应链上物流、配送网络的健全。在国际电子商务环境下，物流业的地位大大提高，供应链上的企业通过把物流业务外包给第三方物流企业，使企业能够把更多的时间和精力放在自己的核心业务上，提高供应链管理体系的运作效率。

第三方物流企业主要有两种类型。一种是拥有仓储运输资源的，可以直接提供物流服务；另一种是纯粹提供脑力劳动服务的第三方物流公司，主要是提供方案服务，有的也提供信息系统服务，使用户可以在先进的信息系统上提升原有的物流水平。

## 三、B2B 国际电子商务对供应链管理的影响

### （一）B2B 的含义

B2B 国际电子商务，是指企业对企业的国际电子商务，是在上下游企业之间通过网络从事的商务活动，它是网络经济的基础。

一般来说，电子商务分两种形式。一是 B2B，即企业与企业间的电子商务；另一个是 B2C，即企业与消费者之间的电子商务，是指企业通过互联网上消费者提供的订单完成订购商品或服务的活动。因为供应链管理主要是发生在企业与企业之间，所以 B2B 成为实施供应链管理的有效途径。

### （二）B2B 对供应链管理的有效影响

1.B2B 带来了供应链管理的变革

在 B2B 模式下，企业不仅要协调企业内计划、采购、制造、销售的各个环节，还要与包括供应商、分销商等在内的上下游企业紧密配合，构成一个电子商务供应链网络。通过该网络使企业之间的大宗交易能够更大限度地发挥电子商务的潜在效益，利用现有的分

销渠道和网络，通过供应链的集中采购、配送系统，使企业降低交易成本、缩短订货周期，从产品质量、生产经营成本和对消费者的快速响应三方面改进企业经营，增强企业竞争能力。

另一方面，B2B 电子商务模式面向整个供应链，促进企业信息化建设和组织结构的变革，从而提高了供应链管理的信息化程度，提升了企业的决策水平，并将引导企业走向国际化、全球化经营。

2. B2B 实现了供应链网络上的增值

在供应链上除资金流、物流、信息流外，根本的是要有增值。各种资源在供应链上流动，应是一个不断增值的过程，因此供应链的本质是增值链。供应链上每一环节增值与否、增值的大小都会成为影响企业竞争力的关键。所以，要增加企业竞争力，就要求消除一切无效劳动，在供应链上每一环节做到价值增值。以往的 EBP（企业资源规划）、B2C 的电子商务都只实现了本企业的供应链上的增值，而 B2B 的电子商务利用 EBP、电子商务套件和 CRM（客户关系管理）等网络技术，将上下游企业组成整个产业系统的供应链，并且与其他企业、产业的供应链相连接，组成了一个动态的、虚拟的、全球网络化的供应链网络，真正做到了降低企业的采购成本和物流成本，在整个供应链网络的每一个过程实现最合理的增值，并且最重要的是提高企业对市场和最终顾客需求的响应速度，从而提高企业的市场竞争力。

### （三）目前企业采用的 B2B 模式

1. 面向制造业或商业的垂直 B2B

垂直 B2B 可以分为两个方向，即上游和下游。生产商或商业零售商可以与上游的供应商之间形成供货关系，比如，戴尔电脑公司与上游的芯片和主板制造商就是通过这种方式进行合作的。生产商与下游的经销商可以形成销货关系，比如，Cisco 与其分销商之间进行的交易。

2. 面向中间交易市场的 B2B

这种交易模式是水平 B2B，它是将各个行业中相近的交易过程集中到一个场所，为企业的采购方和供应方提供了一个交易的机会，如，阿里巴巴、环球资源网等。

## 第三节　国际物流管理信息系统

物流信息始终是国际物流系统形成的必要条件，尤其是在国际电子商务环境下，物流信息更是成为供应链管理以及第三方物流管理的信息系统的支撑力量。

### 一、国际物流管理信息系统的概念

国际物流管理信息系统是以国际物流系统为对象，对物流活动中产生的各种与物流相关的数据与信息，通过电子通信技术或网络技术的传递，经过计算机对原始数据的处理，最终提供有助于国际物流管理和国际物流决策的信息的这样一个系统。

### 二、自动识别技术（AIDC）

自动识别技术（AIDC）主要解决的问题是实物与信息之间的匹配关系，使实物的运输、仓储过程，可以即时反映到信息网络环境中，使操作者能够迅速了解物流的全部过程，尤其是在运输途中的情况下，提高物流过程的作业效率及货物数量的准确性。在物流作业中主要使用 AIDC 技术的有两个部分，即条形码识别技术和电子标签技术（RFID）。

#### （一）条形码识别技术

条形码是一种可印制的机器语言，是由一组宽度不同、反射率不同的条和空按规定的编码规则组合起来，用以表示一组数据和符号，一般作为货物的名称、产地、价格、种类等的标记。条形码技术是研究如何把计算机所需要的数据用一种条形码来表示，以及如何将条形码表示的数据转变为计算机可以自动阅读的数据。条形码技术主要包括：条形码编制规则、条形码译码技术、条形码印刷技术、条形码扫描技术、数据通信技术及计算机技术等。

在国际物流信息系统技术中，条形码技术的应用已经成为实现供应链管理的一个重要手段。无论是在生产领域还是在物流领域，都可以通过条形码扫描器的自动识别来掌握货物的运动状态。

以物流仓储配送作业为例，由于大多数的储存货品都具备条形码，所以用条形码做自动识别与资料收集是最便宜、最方便的方式。商品条形码上的资料经条形码读取设备读取后，可迅速、正确、简单地将商品资料自动输入，从而达到自动化登录、控制、传递、沟通的目的。通过条形码技术的应用，企业实现了生产过程管理、库存管理和销售管理。

不仅如此，条形码技术还是全世界通用的商品代码表示方法，通过对条形码的识别，可以进行国际沟通，克服了语言文字的障碍，有助于实现物流的国际化。

## （二）电子标签技术（RFID）

电子标签或电子条码，其专业名称是无线射频识别技术，是一种非接触式的自动识别技术，它通过射频信号自动识别目标对象并获取相关数据。

电子标签技术与目前普遍使用的条形码相比，可以定向或不定向地远距离读写数据，不必见到对象；可以透过外部材料读取数据；可以在恶劣环境下工作；可以同时处理多个电子标签，储存的信息量很大。常用于物流跟踪、运载工具和货架识别等要求非接触数据采集和交换的场合，操作快捷方便。

电子标签技术由于可以快速、实时、准确地采集处理信息，在生产、零售、物流、交通等各个行业具有广阔的应用前景。这一技术已逐渐成为企业提高物流供应链管理水平、降低成本、企业管理信息化、参与国际大循环、增强竞争力不可缺少的手段。对制造企业而言，电子标签技术能确保他们在生产中使用正确的元器件。在生产线上采用RFID技术，通过验证元器件系列编码自动保证了选用的元器件与在制品相吻合，并使整个产品自动生产流程的各个环节得到监控和管理。在企业分销和零售业配送中，电子标签技术从货物离开仓库的那一刻起就已经开始发挥作用。当整车货物离开仓库时，RFID系统对拖车上的货物进行扫描，这样，管理人员就能够获悉每一条发运信息，及时了解库存情况。当拖车到达商店时，再经过一次扫描，商店经理就可以了解货物的实际数量，无须再对每一辆拖车进行检查。一旦商品摆在货架上，当货架商品量出现短缺时，嵌入的RFID阅读器向商店后端办公系统发送一条消息，随后货物就会按需补充，这样就避免了由于商品短缺造成的销售损失。由于条形码技术使用成本较低，目前大量使用的是条形码，随着RFID技术的发展，BFID成本不断降低，使用RFID技术的企业会越来越多。

## 三、电子数据交换（EDI）

电子数据交换是指按照同一规定的标准格式，将标准的经济信息通过通信网络传输，在贸易各方的计算机系统之间进行数据交换和自动处理。

EDI的使用消除了传统商务往来过程中的纸面单证，从而避免了制作文件的费用，因而EDI被称为"无纸贸易"。另外，应用EDI技术可以高效率地传输发票和订单，从而使交易信息瞬间送达，因而空前提高了商流和物流的速度。EDI在现代物流中的应用，主要是通过快速的数据交换和数据的自动处理，对物流供应链上物流信息进行有效的运作，比如传输物流单证等。EDI在物流运作的目的是充分利用现有计算机及通信网络资源，提高交易双方信息的传输效率，降低物流成本。

具体来说主要包括以下几方面。首先，对于制造业来说，利用EDI可以有效地减少库存及生产线待料时间，降低生产成本；其次，对于运输业说，利用EDI可以快速通关报检、科学合理地利用运输资源、缩短运输距离、降低运输成本费用和节约运输时间；再次，对于零售业来说，利用EDI可以建立快速响应系统，减少商场库存量与空架率，加速资金周转，降低物流成本；同时也可以建立起国际物流配送体系，完成产、存、运、销一体化的供应线管理。

## 四、全球定位系统（GPS）

全球定位系统是利用通信卫星对地面目标的状况进行全球性、全方位(海、陆、空)、全天候的导航定位、定时、测速等精确测定的系统。GPS 由三大子系统构成：空间卫星系统、地面监控系统、用户接收系统。

GPS 与电子地图、无线电通信网络及计算机车辆管理信息系统相结合，可以实现车辆跟踪和交通管理等许多功能，这些功能包括。

### （一）车辆跟踪

GPS 通过卫星对地面运行的车辆、船舶等运输工具进行精确定位和全程跟踪，通过用户接收系统，实时显示出车辆的实际位置，并可通过多屏幕、多窗口随目标移动，同时跟踪多辆车辆。利用该功能可对重要车辆和货物进行跟踪运输。

### （二）信息传递和查询

为车辆、船舶提供交通气象、道路以及航线运行状况等信息，并将仓库、场站等目标地的具体位置通过电子地图显示出来，还可以将运行中的车辆、船舶的相关信息传递回监控中心。

### （三）提供出行路线规划和导航

这是 GPS 的一项重要辅助功能，它包括自动线路规划和人工线路设计。自动线路规划是由驾驶者确定起点和目的地，由计算机软件按要求自动设计最佳行驶路线，包括最快的路线、最简单的路线、通过高速公路路段次数最少的路线等的计算。人工线路设计是由驾驶者根据自己的目的地设计起点、终点和途经点等，自动建立线路库。线路规划完毕后，显示器能够在电子地图上显示设计线路，并同时显示汽车运行路径和运行方法。

### （四）紧急救援

通过 GPS 定位和监控管理系统，及时掌握车辆、船舶的运行状况，当遇有险情或发生事故时，监控台的电子地图会显示求助信息和报警目标，监控中心可以向相关部门发出紧急救助通知，及时采取救助措施。

## 五、地理信息系统（GIS）

地理信息系统是以地理空间数据为基础，采用地理模型分析的方法，适时提供多种空间和动态的地理信息，是一种为地理研究和地理决策服务的计算机技术系统。

GIS 应用于物流配送系统中，可以大大提高对物流过程的全面控制和管理，实现高效、高质的物流配送服务。

GIS 借助于计算机将数据库的信息转换为电子地图形式，然后对显示结果进行浏览、操作和分析。结合全球卫星定位系统，能够比较直观地显示车辆或货物的实际位置、运输状态，对车辆或货物进行实时跟踪；提供运输线路的规划和导航；对配送范围内的仓库、场站等基础设施、运输车辆、客户等进行查询，并在电子地图上显示其位置等，从而大大提高对物流过程的全面控制和管理能力，实现高效、高质的物流配送服务。

### 六、智能交通系统（ITS）

智能交通系统是将先进的信息技术、数据传输技术、电子传感技术、控制技术及计算机技术等有效地集成，运用于整个地面交通管理的信息系统。

随着城市交通量的持续快速增长，交通堵塞问题、交通事故频发问题、交通环境日渐恶化问题、能源危机问题越来越严重，因此，利用信息技术来提高道路的通行能力成为迫在眉睫的事情，ITS 为此提出了解决方案。

ITS 将信息技术贯穿于交通运输的方方面面，通过对传统运输系统的改造，从而形成一个信息化、智能化、社会化的新型运输系统。通过对 ITS 系统的利用，能够有效减少交通阻塞、极大提高交通安全、大大减少环境污染，提高道路网的通行能力，提高汽车运输生产率和经济效益，使交通基础设施发挥最大的效能，为城市道路交通管理的可持续发展创造良好条件。

20 世纪 60 年代末，美国就开始了智能交通系统（ITS）方面的研究。之后，欧洲、日本等国也相继加入这一行列。经过近 30 年的发展，美日欧已成为世界 ITS 研究的重大基地。此外，新兴的工业国家和发展中国家也开始 ITS 的全面开发和研究。先进国家的经验表明，提高对现有路网的科学有效管理，可以提高车辆通行效率 30%。因此，ITS 的产生被看作道路建设与运输领域的一场革命。

## 第四节　国际电子商务下的物流配送

国际电子商务提供给消费者的最大好处是低价和迅捷，而物流配送是完成国际电子商务完整交易过程的一个非常重要的环节，也是实现国际电子商务整个交易过程的最终保证。国际电子商务是信息传送的保证，而物流配送是实物执行的保证。

### 一、物流配送及其构成

#### （一）配送的定义

按我国出版的《现代物流学》的表述：配送是以现代送货形式实现资源最终配置的经

济活动;按用户订货要求,在配送中心或其他物流节点进行货物配备并以最合理方式送交用户。

具体地说,配送是指在一定区域内,根据用户要求,对物品进行拣选、加工、包装、组配等作业,并按时送到指定地点的物流活动。

配送主要是利用有效的分拣、加工、组配等理货工作,降低送货成本。

### (二)配送的流程

1. 制订配送计划

根据订单或销售计划制订待分配商品的配送时间和配送组织的计划。

2. 备货

备货包括筹集货物、进货、选货以及暂存和储备。

3. 理货

是对货物的分拣、配货和分装。理货是物流配送业务中非常重要的一项工作,它可以大大提高送货效率。

4. 配送加工

在配送中心有时也要进行加工,是应特殊用户要求对货物进行简单加工,以提高配送质量。

5. 配送中心的包装

配送中心在将货物送交用户之前必须进行包装,以保护货物或商品,方便运输和消费。

6. 运送

配送中心的运送不仅属于运输中的末端运输、支线运输,而且还有将货物或商品送达用户手中之意。

### (三)配送的类型

1. 企业之间的配送

主要是供应链中各企业之间的配送,如第三方物流企业对非物流企业提供的配送,或是有上下游关系的企业由上游企业(如原材料供应商)向下游企业(如制造商)提供配送。

2. 企业内部的配送

一般有两种情况:一种是大型连锁式商业企业,建立本企业体系的物流配送中心,专门为本系统内的连锁单位按时按需提供商品,确保各连锁单位稳定经营;另一种是工业企业在工厂内把零部件和原材料按要求运送到生产线上或生产场地。

3. 企业对最终消费者的配送

企业将商品直接送达消费者手中。这里主要是商业企业向消费者提供的物流服务。在商业物流中，配送是最主要的业务。

## 二、国际电子商务下的物流配送

### （一）国际电子商务下的物流配送服务方式

1. 按电子商务经营模式划分

和 B2C 电子商务配套的"门到人"的配送，服务对象是以生活消费品为主体的最终消费者。与 B2B 电子商务配套的"门到门"的配送，服务对象是以生产物资为主体的生产企业或商业流通企业。

2. 按配送时间划分

（1）定时配送。

按规定的时间或时间间隔进行配送，每次配送的品种和数量按配送中心与客户达成的协议执行。它又有当日配送和准时配送两种。当日配送是保证货物在 24 小时内送到，准时配送是按照客户与配送中心协商的时间，准时将货物配送到用户手中的一种方式。

（2）定量配送。

按规定的批量或数量进行配送，配送的数量固定。这种配送由于可以有效利用集装箱、厢式车等，因此配送的效率高。

（3）定时定量配送。

是按照规定时间和规定数量进行配送。这是一种需要精密设计的配送方式，难度较大。

（4）定时定线路配送。

在规定的运行路线上制定运行时间表，按运行时间表进行配送，这种方式有利于安排车辆和驾驶人员。

### （二）国际电子商务为物流配送提供的解决方案

虽然国际电子商务最需要完善的是物流配送，但是国际电子商务在一定程度为物流配送提高效率提供了解决方案：

配送中心通过网络系统获得了消费者提交的货物订单，将订单投入配货系统；

通过自动配货系统搜索与订单相吻合的货架号，配货成功后进行实物配货，在货物出库之前需要利用条形码技术经过系统核对审验，点击确认才能出库；通过运输系统对运输方式进行选择和安排；

从客户提交订单→订单确认→财务确认→订单处理→库房配货→客户收货等各个环节，系统会记录操作时间并进行自动计算，可以调出进行运作分析，同时系统对每一段的处理时间进行标准化,如果超过标准化时间,系统会自动通过报警系统发送电子邮件给相关人员。

### (三)国际电子商务给物流配送系统带来了新的变化,使物流配送系统产生了新特点

1. 物流配送信息化

国际电子商务下的物流配送,实现物流配送信息化后,物流配送过程就像是一条流水线,把各自分散配送环节整合在一起,使之成为具有增值功能的综合物流配送系统。

2. 物流配送时效化

国际电子商务环境下,对物流配送的速度提出了较高要求,通过建立的物流配送信息系统,任何一条有关配送的信息和资源都能通过网络管理在几秒钟内传到有关环节,加快了物流配送各环节的处理速度,使流程得以简化,配送周期得以缩短,大大提高了配送的时效性。

3. 物流配送智能化

物流配送包括大量的运筹和决策,如运输路径的选择、物流配送中心经营管理的决策支持等问题都需要借助智能化系统解决。为了提高国际物流系统现代化的水平,适应国际电子商务的要求,物流配送智能化已成为电子商务时代物流配送系统发展的一个新趋势。

4. 物流配送柔性化

在国际电子商务环境下,物流配送采用将各种型号产品配齐集中起来向用户发货和将多个用户小批量货物集中在一起进行发货等方式灵活组织和实施货物的配送,以满足消费需求"多品种、小批量、多批次、短周期"的特点,实现配送活动的柔性化。

## 三、国际电子商务下的物混配送中心

### (一)配送中心的定义

配送中心是物流系统的一个节点,它不是以存储为主要职能,而是主要发挥配送流通的职能。建立配送中心的主要目的是降低运输成本、减少销售机会的损失。

按照我国《物流术语》中对配送中心的定义:配送中心是从事配送业务的物流场所或组织,为特定的用户服务,配送功能健全、信息网络完善、辐射范围小、多品种小批量,以配送为主、存储为辅。

配送中心是集中集货、分货、加工、运送等功能为一体的"流通型仓库",所谓流通型仓库是指货物在仓库中处于经常运动状态,停留时间较短,有较高的进出库频度。配送中心的主要工作有:配货、送货、库存控制、客户管理等。

配送中心的功能基本有三个:一是流转功能,将货物及时分拣和配送至用户;二是储

存功能，调剂货物供求；三是信息功能和交易功能信息，协助完成交易。

### （二）国际电子商务下的物流配送中心

1. 国际电子商务对物流配送中心的影响

传统的物流配送中心往往需要占用大面积的土地置备仓库，分布较为分散，不利于企业管理。国际电子商务带给物流配送中心的最大影响就是仓库的"虚拟化"。配送中心引入物流配送信息系统后，可以将分散在不同地域的仓库通过网络连接起来，进行统一的管理和调配，其服务半径和货物集散空间放大了。

传统的物流配送中心由于工作环节多、业务流程复杂，因而受人为、时间因素的影响很大。在电子商务环境下，网络的应用实现整个配送过程的实时监控、快速决策以及配送工作的机械化、自动化，大大降低了人工成本，减少了配送中心设施的损耗，加速了货物的配送进度。但同时，由于配送中心的许多工作以及设施科技含量提升，也需要配置高素质的专业人才，包括具有专业知识的决策人员、管理人员、技术人员等，而且还需要一整套科学、规范的现代化管理方法和手段。

配送中心既可以为一个企业服务，也可以为多个企业服务，产品的种类往往很多，产品的流速较快，管理的难度较大。在电子商务环境下，通过在配送中心建立配送信息系统，可以优化库存配置，保障货物或商品的配送，实现管理的科学化。

2. 构建国际电子商务下的物流配送中心

在国际电子商务环境下，消费者对配送活动的及时性和服务优质化等方面的要求越来越高。企业在满足商务服务高质量的同时，还必须考虑物流成本的最小化。

配送中心的建造是一项耗资巨大的工程，无论是配送中心地址的选择、建筑物的设计、信息处理系统的设计，还是机械设备的选择，都要考虑到较强的应变能力，以适应配送量的扩大、经营范围的拓展，实现企业效益和社会效益的最大化。

由于配送中心一般是为一定区域的客户服务，因而配送中心选址应该位于该区域的物流中心，这样会使配送总的距离缩短。

国际电子商务环境下的配送中心内部设施的构造要考虑建筑物结构、地面负荷强度、天花板高度、立柱间隔距离、建筑物的通道、卡车停车场等因素，满足各个子系统的要求。

为了使配送中心系统能更好地服务于客户，加速商品流转，实现国际电子商务的配送功能，提高经济效益和现代化管理水平，配送中心应广泛采用电子计算机、网络信息技术，合理地选择、使用各种先进的物流机械化、自动化设备。

3. 国际电子商务下物流配送中心的选择

在国际电子商务环境下，企业在物流配送中心的选择上有多种方式，可以自建、与其他企业合建、租赁其他企业的配送中心、完全委托第三方物流公司等。

## 四、配送信息系统

物流配送信息系统是保证物流配送系统畅通的关键所在,是电子商务的重要组成部分。它主要包括订单服务系统、配送系统、退货管理系统、客户满意度调查和投诉反馈系统及物流数据管理与分析系统。其中配送系统包括客户联络中心、地理信息管理、配送调度中心和员工绩效管理。

# 参考文献

[1] 夏合群，夏菲菲.国际贸易实务模拟操作教程[M].北京：对外经济贸易大学出版社.2020.

[2] 文娟，张鸿.探索建设自由贸易港蓝皮书[M].北京：中国经济出版社.2020.

[3] 权衡.金砖国家经济崛起与新发展经济学[M].上海：格致出版社.2020.

[4] 黄奇帆.分析与思考[M].上海：上海人民出版社.2020.

[5] 郑丽，郭彦丽.以学习成果为导向的商科专业课程群建设[M].北京：对外经济贸易大学出版社.2020.

[6] 李贺，马慧莲.报检与报关实务[M].上海：上海财经大学出版社.2020.

[7] 樊辉，朱雅玲.国际贸易理论与实务[M].西安：陕西师范大学出版总社.2020.

[8] 周琼琼，刘丽.国际贸易理论与实务[M].上海：上海财经大学出版社.2020.

[9] 郑辉.现代国际贸易理论与实践创新研究[M].长春：吉林教育出版社.2019.

[10] 屈大磊.国际贸易理论与实践创新研究[M].北京：现代出版社.2019.

[11] 白远.新编21世纪国际经济与贸易系列教材国际商务谈判理论·案例分析与实践英文版[M].第5版.北京：中国人民大学出版社.2019.

[12] 闵树琴，周丽.国际贸易专业"十三五"规划教材国际经济合作[M].合肥：安徽大学出版社.2019.

[13] 马帅，胡玉玺，铁凝.金融创新与国际贸易经济发展[M].北京：经济日报出版社.2019.

[14] 杨丽娟.标准与国际贸易理论与中国的经验证据[M].北京：经济日报出版社.2019.

[15] 霍建国，张燕生.国际视野下的中国对外开放丛书改革开放与贸易强国[M].广州：广东经济出版社.2019.

[16] 张海东.国际商务管理[M].第6版.上海：上海财经大学出版社.2019.

[17] 成竹，吕宛青.基于共生理论的滇越国际旅游合作研究[M].北京：中国经济出版社.2019.

[18] 郭凤华，张涵，罗春燕.国际贸易理论与实务[M].北京：北京理工大学出版社.2018.

[19] 傅龙海.国际贸易理论与实务[M].北京：对外经济贸易大学出版社.2018.

[20] 郑俊田.国际贸易理论与政策法规[M].北京：中国海关出版社.2018.

[21] 刘好.新编国际贸易理论教程[M].厦门：厦门大学出版社.2018.

[22] 徐凡.国际贸易理论与实务双语版[M].北京：对外经济贸易大学出版社.2018.

[23] 傅龙海，罗治前.国际贸易理论与实务双语教程[M].第2版.北京：对外经济贸易大学出版社.2018.

[24] 张素芳.国际贸易理论与实务英文版[M].第4版.北京：对外经济贸易大学出版社.2018.

[25] 徐超静，何智霞，杨晓丽.国际技术贸易与服务贸易的理论探索[M].北京：中国商业出版社.2018.

[26] 龙游宇，许抄军.国际贸易理论[M].北京：北京理工大学出版社.2017.

[27] 孙莉莉.国际贸易理论与政策[M].北京：北京理工大学出版社.2017.

[28] 段丽娜.国际贸易理论与政策[M].北京：北京理工大学出版社.2017.

[29] 宋海英，魏兴民，胡跃，冯涛.国际贸易理论与实务[M].北京：机械工业出版社.2017.

[30] 李永波.国际贸易理论与实务[M].东营：中国石油大学出版社.2017.